일본
직설
2

합리적 시각으로 일본을 분석하고
냉철한 통찰로 한국을 진단하다

일본 직설

日本直說

유민호 지음

2

정한
책방

한국과 일본은
영원히 상존할 수밖에 없다

이탈리아에 관한 얘기부터 시작하자. '저렴한' 겨울의 베니스에서의 체험담이다. 먼저 스포츠 영웅 유리 첸키(Jury Chechi)에 관한 얘기다. 1996년 애틀란타 올림픽 당시 체조 링 부문 금메달리스트로, 이탈리아인 모두가 존경하는 스포츠맨이다. 유리 첸키라는 인물을 알게 된 것은 베니스 스포츠센터에서다. 매일 운동하러 가던 중 첸키의 포스터를 곳곳에서 발견했다. 링에 양팔을 건 채 매달려 있는 아슬아슬한 모습이다.

특히 인상 깊은 것은 2004년 아테네 올림픽 당시 35세 고령으로 은메달을 목에 걸었을 때의 사진으로, 양다리를 수평으로 하고 링에 걸린 팔이 180도 벌어져 있다. 체지방 제로 상태로 느껴지는, 어깨, 팔, 다리에 붙은 근육이 경이롭다. 허공에 뜬 줄 사이에서 터져 나오는 팔 근육의 작은 전율이 피부에 와 닿는다.

그러나 필자가 주목한 부분은 그 같은 몸짱에 관한 것이 아니다. 0.1초도 견디기 어려운 고난도 연기를 행하는 첸키 얼굴이 관심사다. 극한을 이기려는, 악을 쓰면서 견디는 듯한 모습이 아닌 너무도

'편안한' 표정이다. 차를 마시면서 뭔가 골똘히 생각할 때의 얼굴이라고나 할까? 표정 하나 변하지 않은 채 묵묵하게 총을 쏘고 사라지는 프랑스 액션 영화 스타일이라고나 할까? 땀샘 전부가 열릴 법한 저렇게 힘든 상황에서 어떻게 '무위(無爲)'의 표정이 가능할까? 가까운 이탈리아인에게 물어봤다.

"첸키가 특별한 인물이긴 하지만 이탈리아인들에게는 아주 일상적인 표정이에요. 운동 윤리는 초등학교 체육 시간에 배우는 중요한 내용 중 하나입니다. 운동장에 나가기 전 교실에서 배우는 스포츠맨십 같은 부분이지요. 힘이 들수록, 숨이 찰수록 표정에 드러내지 말라는 내용입니다. 고대 그리스 조각을 보면 알 수 있어요. 올림픽경기장 주변에 설치된 당시 운동선수 조각 중 인상을 쓰거나 고통을 호소하는 표정은 단 하나도 없습니다. 복싱 선수, 달리기 선수의 얼굴에서 육체적 고통을 느낄 수가 없어요. 절대 얼굴에 감정을 표현하지 말아야 하는 것이 운동 윤리의 기본이지요. 고통을 직접적으로 표현하는 것이 아니라 안으로 삭히면서 평화롭게 표현하는 것이 운동 윤리의 기본입니다."

이탈리아인의 설명을 들은 뒤 다른 이탈리아 운동선수들의 표정을 살펴봤다. 놀랍게도 모두 약속이나 한 듯 육체적 고통과 거리가 먼, 평화스런 얼굴을 하고 있다. 마라톤이나 달리기에서 우승한 이탈리아 선수들의 모습을 보면 무위 그 자체다. 험악한 표정과 함께 소리를 치는, 힘에 겨운 헉헉거리는 모습과 거리가 멀다. 100킬로미터를 뛴 사람이지만 가볍게 산보를 하는 듯하다.

한국인이라면 어떨까, 라는 생각이 들었다. 정상급 선수의 얼굴을 보면 첸키와 비슷한 사람도 있다. 그러나 대부분은 용을 쓰거나 땀을 흘리며 고통을 참는, 눈동자를 치켜뜬 힘든 모습이 역력하다. 사실 그 같은 모습에 열광하고 박수를 치는 것이 한국 문화이기도 하다. 평화의 표정은 한국에서는 통하지 않는다. 악을 쓰고 소리를 고래고래 칠수록 열심히 한다면서 박수를 보낸다.

필자만의 경험인지 모르겠지만 어릴 때 운동 윤리에 관한 공부를 한 적이 없다. 열심히 달리고 1등을 해야만 한다는 얘기는 들었다.

고통을 느끼는 표정을 타인에게 보여서는 안 된다는 교육을 받아본 적이 없다. 체육은 그냥 운동장에 나가 뛰고 넘고 부딪치는 것으로만 알았다.

21세기에 들어서 실적이지만 올림픽 메달 수로 본다면 한국은 이탈리아보다 한수 위다. 2016년 리우 올림픽에서 한국은 금메달 아홉 개, 이탈리아는 금메달 여덟 개다. 등수로는 한발 앞서지만 운동 윤리에 관한 부분은 어떨까? 금메달 수상자의 운동 윤리만이 아닌 운동을 대하는 국민 개개인의 자세나 가치 기준은 과연 어떨까? 2016년 올림픽 금메달 수상자들조차 잊혀져가는 나라가 한국이다. 이탈리아는 다르다. 메달 수상 여부에 관계없이 이탈리아를 대표한 선수들은 현지 주민들의 기억 속에 생생히 살아 움직이고 있다. 베니스 스포츠센터에서 만난 20대 중반 조정 선수는 지역 내 유명인으로 통한다. 밖으로 나가면 애들이 졸졸 따라 다닌다. 2016년 리우 올림픽 조정 경기에서 22위 수상 경력의 선수다.

두 번째 얘기는 여객선 노동 파업이다. 숙소인 리도에서 베니스로 가려는데 정기 여객선이 파업이라고 한다. 리도와 베니스인 모두가 알고 있던 예정된 사태지만 필자로서는 해상에서 접한 최초의 파업이다. 모든 여객선 스케줄이 전면 중단된 상태라는 운행 전광판이 눈에 들어온다.

　해상운송노조의 파업은 육지의 파업과 다르다. 섬과 섬을 잇는 배가 중단되면 아예 꼼짝을 할 수가 없다. 섬에서 벗어날 수가 없다. 황당하기도 하고 흥미로운 심정으로 선착장을 배회하는데 멀리서 큰 배가 하나 들어온다. 어디서 왔는지 갑자기 엄청난 사람들이 선착장으로 몰린다. 나중에 알았지만 리도와 베니스 중심인 산마르코 광장 선착장만을 오가는 특별 여객선이라고 한다. 30분에 한 대씩 떠난다고 한다.

　정상 스케줄로는 한 시간에 10대의 정기 여객선이 리도에 들린다. 파업으로 인해 정기선 10대 전부가 중단되지만 임시 특별 여객선을 통해 한 시간에 두 대만으로 사람들을 전부 실어 나른다는 것이다. 파업의 의미가 전혀 없는 듯 느껴지지만 운행선이 10대에서 두 대로 줄어들면서 나름대로 불편함이 적지 않다고 한다.

애교가 넘치는 '달콤한 파업' 정도로 느껴졌다. 임금 0.5퍼센트 인상을 위한 파업이란 얘기를 들었을 때는 웃음이 절로 터져 나왔다. 한국에서 자주 보듯 화끈하게 파업을 하지 않는지, 리도 주민에게 물어봤다. 어떤 것이 화끈한 파업이냐고 거꾸로 되물어왔다. "아예 리도와 베니스 간의 왕복선을 띄우지 않는 식의 총파업 같은 것…" 이라고 말했다.

리도 주민은 깜짝 놀라면서 조용히 말했다. "그런 식의 파업은 상상할 수 없어요. 여객선 운행 중단 파업은 2, 3년에 한 번씩 벌어지는데요. 지금 내 나이 75세지만 아예 섬과의 운행을 중단하는 식의 파업은 단 한 번도 없었습니다. 모두가 잘 살자고 하는 파업인데 왜 남을 죽이려고 하는가요? 배가 중단될 경우 갑자기 병원에 가야 할 사람은 어떻게 되는가요?"

세 번째 얘기는 베니스와 주변 섬에 관한 것이다. 통상 베니스로 불리는 섬은 육지와 긴 다리로 이어진 큰 섬 하나만을 의미한다. 베니스 옆에는 작은 섬들이 엄청 많다. 리도도 그 중 하나지만 주데카, 무라노, 부라노, 미켈레 같은 작은 섬들도 베니스 주변에 포진해 있다. 이들 작은 섬들은 베니스를 중심으로 하면서 정기 여객선을 통해 하나로 연결돼 있다. 낮에는 대략 20분, 늦어도 30분 단위로 각 섬으로 향하는 여객선을 탈 수 있다. 심야에도 1~2시간 간격으로 갈 수 있는 24시간 전천후 해상 교통 시스템이다.

배로 연결된 베니스를 보면서 필자가 생각한 것은 '과연 한국이라면?'이란 질문이다. 만약 베니스가 한국에 있다면 어떤 모습을 하고 있을까? 상상하건데 거의 모든 섬들이 긴 해상 다리를 통해 하나로 연결돼 있지 않을까 싶다. 베니스 산마르코 광장 맞은편 섬인 주데카는 크게 볼 때 두 개의 섬으로 나눠져 있다. 폭 10미터 정도의 바다로 나눠진 섬이다.

한국이라면 당장 간척 사업을 통해 하나의 땅으로 만들 수도 있다. 약 500미터 정도 떨어진 베니스와 주데카 사이도 큰 해상 다리로 연결할지 모르겠다. 필자의 상상이지만 베니스가 한국에 있다면

30개를 이미 넘어선 한강 다리와 비슷한 풍경의 섬으로 변해 있을 듯하다.

　이탈리아 얘기를 장황하게 늘어놨다. 한국의 나쁜 점만 부각하는, 헬조선을 부추기는 반애국적 논조라 지탄할지 모르겠다. 자기 변명일 듯하지만 베니스에서의 세 가지 경험에 기초한 한국의 자화상은 현실과 무관한, 픽션이나 과장이 아니라고 필자는 확신한다. 금메달을 딸 수 있지만 운동 윤리가 없는 한국, 섬이라 해도 여객선 중단 정도는 너무도 당연한 한국식 파업, 베니스가 아니라 훨씬 멀리 떨어진 섬이라 해도 다리나 간척 사업으로 하나로 묶는 한국식 개발….

　결론부터 얘기하자. 한국인에게 너무도 익숙한 각각 다른 세 가지의 논리는 한반도를 벗어나는 순간 비상식으로 전락한다. 한국인이 자랑으로 여길 만한 가치 속에 투영된 결과들이지만 외국에서 보면 너무도 이상하게 받아들여진다. 옳고 그르고의 문제가 아니다. 그냥 그렇게 살지 않는 것이 외국 선진국의 일상이다. 섬에 다리를 놓거나 간척해서 땅으로 넓혀 사는 것이 얼마나 편하냐고 말할 듯하다.

조상들부터 이렇게 살아왔고 그들의 흔적을 지키는 과정에서 불편하더라도 그냥 이렇게 살아간다는 답변이 돌아올 뿐이다. 베니스, 나아가 이탈리아는 그 같은 배경, 역사 그리고 전통을 통해 지금까지 이어지고 있다. 그러한 나라에 가서 사진도 찍고 추억을 남기고 싶은 것이 인류의 공통 관심사다.

이 책은 일본의 어제와 오늘 그리고 내일을 한국과 비교하면서 풀어나간 글이다. 보다 자세히 얘기하자면 한국에서 통용되는 상식의 눈으로 일본과 일본인이 갖고 있는 상식을 살펴보고 비교한 책이다. 앞서 이탈리아의 경우에서 보듯 한국의 상식이 세계의 상식과 맞아떨어지지 않는 경우도 많다.

특히 일본에 관한 한국의 상식은 세계에서 통하는 논리와 많이 다르다. 재차 강조하지만 옳고 틀리고의 논리가 아니다. 그게 21세기 글로벌 현실이란 것이다. 대통령 모욕죄로 구속된 일본 기자, 대사관에 이어 독도 앞 나아가 전 세계로 진출하려는 소녀상, 430여 년 전 역사 속의 불상을 훔쳐온 자칭 문화 애국열사, 위안부 문제에 관련된 대학교수의 구속 등.

잘못 말했다가는 친일파, 나아가 '일뽕(일본 찬미자)'으로 한순간에 찍히기 십상인 예민한 사건들이지만 분명한 것은 서울의 상식과 서울 밖의 상식이 결코 동일하지 않다는 점이다. 이 책은 그 같은 차(差)를 이해하게 만드는 배경이자 길라잡이 정도에 해당된다. 한국이 틀리다는 것을 강조하려는 헬조선 가이드북이 될 생각은 없다.

일본이 어떤 식의 사고와 행동 패턴을 갖고 있는지, 그런 일본에 맞서기 위해서는 어떤 준비가 필요한지를 생각하게 만드는 참고서 정도라 보면 될 것이다.

대학 때의 기억도 살릴 겸, 서울에 가면 신촌 봉원사에 반드시 오른다. 항상 느끼지만 산으로 올라가는 바닥에 놓인 작은 나무판들이 너무도 고맙다. 산행이나 빗길에 미끄러지지 않도록 설치된 안전판이다. 그 많은 다리 판 가운데 필자가 직접 도움을 준 것은 단 하나도 없다.

걸을 때마다 미안하다. 넘치고 넘치는 책의 홍수지만 《일본직설 2》 하나에도 많은 사람들의 도움과 정성이 들어가 있다. 《일본직설 2》는 《일본 내면 풍경》(2015), 《일본직설》(2016)에 이어 세 번째 출간되는 일본 관련 책이다. 《일본직설》에 이어 흔쾌히 출간에 응해주신 정한책방 천정한 대표, 외국에 한국 번역서를 대느라 100만 단위 비행기 마일리지 축적에 성공하셨을 케이엘 매니지먼트 이구용 대표, 일본 관련 글을 가리지 않고 흔쾌히 받아준 〈월간 중앙〉의 박성현 부장, 도쿄 현지 감각에 기초해 일본 상황을 알려준 도요대(東洋大)의 요꼬애 구미(橫江公美) 교수는 그 중 가장 먼저 떠오르는 고마운 분들이다.

지구가 멸망하지 않는 한 한국과 일본은 영원히 상존할 수밖에 없다. 그 어떤 정책보다도 친일 메뉴 단 하나가 정치 판세를 가르는 열쇠라고 한다. 고통스럽고 숨이 찰수록 평화로운 얼굴이 필요하다. 힘들다고 해서, 나아가 힘들다는 것을 훨씬 더 과장해서 피해의식과 더불어 엄청난 괴성에다 험악한 표정을 짓는 것은 한국에서나 통하는 상식이다. 오늘이 아니라 내일에 주목하는 상식과 역사가 되길 기원한다.

베니스 카니발 축제 카운트다운 1주일 전,

리도 바닷가의 석양을 바라보며…

유민호

차례 Contents

01

알다가도 모르는
일본인의 DNA

도라에몽과 아마에

/ 도라에몽은 주인공인가 /

초등학교 자식을 가진 부모라면 알겠지만, 도라에몽(ドラえもん)이란 일본 애니메이션의 인기가 폭발적이다. 한국만이 아니라 미국, 유럽, 중국을 포함해 전 세계 어린이가 도라에몽에 빠져 있다. 방글라데시에서는 도라에몽에 '중독된' 아이들 때문에 정부가 텔레비전 방영 자체를 금지했다고 한다.

1969년 첫 등장한 도라에몽은 만화, 소설, 애니메이션, 영화 심지어 뮤지컬과 연극으로까지 만들어져 전 세계에 보급되고 있다. 원작자는 후지코 후니오(藤子不二雄)로 이미 1996년 세상을 떠났다. 그를 잇는 프로덕션이 계속해서 드라마를 만들어 1주일 단위로 전 세계에 내놓고 있다. 사실 어린이용 작품이라고는 하지만 50대인 필자는 물론 10대부터 노년층까지 즐길 수 있는 가족형 드라마에 해당된다. 30분짜리 단막 스토리가 대부분이지만 가끔씩 두 시간짜리 영화로도 만들어져 선보인다.

도라에몽의 인기와 더불어 등장인물들의 캐릭터들도 글로벌 인기 상품으로 자리잡는다. 등장인물은 크게 여섯 명으로, 4차원 미래 세계에서 온 '만능 도구'의 원천인 도라에몽과 같은 학급 내 다섯 명의 초등학생들이다. 공부와 운동은 물론 뭐하나 제대로 할 줄 모르는 노비타(のび太), 모든 이의 부러움을 사는 착하고 예의바르며 공부도 잘하는 시즈카(しずか), 주로 노비타를 괴롭히는 악역을 맡는 힘자랑꾼 자이안(ジャイアン), 부자 아버지 덕분에 상류사회 취미생활을 하는 스네오(スネ夫), 반장이자 스포츠에 만능이며 100점 만점 전방위 모범생인 데키스기 히데토시(出木杉英才)가 등장한다.

스토리는 늦잠 지각에 익숙한 노비타를 돕는 도라에몽의 만능 도구에서 시작된다. 예를 들어 운동회에서 달리기 선수로 뽑힌 노비타가 온갖 변명을 대며 출전 불가능을 호소하면 도라에몽이 마법운동화를 꺼내어 건네준다. 신발을 신는 순간 초스피드 1등이 되지만 자이안과 스네오가 비밀을 알아채고 훼방을 놓는다. 이 과정에서 시즈카와 히데토시도 등장해 노비타를 도우며 함께 대처해 나간다. 전체적으로 보면 노비타가 노력하고 분발하는 과정이 이 만화의 핵심이다. 자이안과 스네오가 심술궂게 굴 때도 있지만 결국 서로가 도우면서 사이좋게 지낸다는 일본의 미덕인 '와(和)'의 세계를 연출해낸다.

/ 평균 일본인을 대변하는 노비타 /

도라에몽을 대하면서 주목한 부분은 일본인의 평균적 감각이다. 웃고 소리치는 평면 수준의 어린이 오락물로서만이 아닌, 등장인물의 역할이나 역학관계를 통해본 입체적 분석이다. 도라에몽이 장수 프로그램으로 자리잡은 이유는 입체적 차원에서의 메시지가 일본의 남녀노소 모두에게 어필하기 때문이다.

평면 분석으로 본다면 드라마 속의 주인공은 도라에몽이다. 비밀도구도 만들어내고 하늘을 날아다니는, 귀 없는 대두(大頭) 도라에몽이 중심에 있다. 시중에 팔리는 캐릭터를 봐도 도라에몽이 압도적이다. 그러나 일본 성인들이 보는 입체적 분석에 따르면 주인공이 달라진다. 공부도 못하고 3단틀도 넘지 못하는 약골 노비타가 중심이다. 모자라고 변명으로 일관하며 학교에서도 집에서도 꾸지람을 들으며 살아가는 루저(loser) 같은 캐릭터가 주인공이다. 한국에서라면 상냥하고 예쁜 얼굴의 시즈카, 미남에다 100점 만점 만능 운동선수인 히데토시가 스토리의 중심에 설지 모르겠다. 튀고 창조적인 캐릭터를 선호하는 한국인이라면 근육질 자이안을 우선할 수도 있다.

노비타가 주인공으로 받아들여지는 이유는 무엇일까? 여러 면에서 평균 일본인의 심정을 대변하는 인물이기 때문이다. 일본인은 태어나면서부터 '간바레(頑張れ!)', 즉 '파이팅'을 슬로건으로 하면서 살아간다. 가족, 학교, 사회, 국가 그 모든 영역에서 '좀 더 열심히 최선을 다해서…'와 같은 슬로건을 접할 수 있다. 마른 수건도 다시 짜는 식으로, 어디 비집고 들어갈 틈이 없다.

매년 겨울 세계적인 입시 경쟁의 현장으로 서울이 비쳐지지만 일본과 비교하면 아직 여유로운 나라가 한국이다. 입시 경쟁 하나만 보면 한국이 터져나가겠지만 인생 전체로 봤을 때 장시간에 걸친 만인 대 만인의 경쟁 상태는 일본이 상위에 있다. 플랫폼 도착 시간이 늦다고 문책을 당한 전철 운전사가 시간에 맞추기 위해 속도를 내다가 대형 사고를 낸다. 문책의 근거가 된 도착 지연시간은 불과 1~2분이다. 모두가 조이고 살아가는 경쟁 속에서 1~2분도 허용되지 않는 것이다.

도쿄(東京)에서 99퍼센트 정시에 도착하는 지하철은 바로 그와 같은 '처절하고도 비정한' 일본적 노력과 땀을 기반으로 한 것이다. 노비타 같은 캐릭터는 그러한 상황을 이겨내기 어려운 보통 일본인의 분신에 해당한다. 노비타라는 이름은 '성장한다, 늘어난다'라는 의미의 일본어 '노비루(伸びる)'의 음을 차역한 것이다. 간바레, 즉 열심히 노력하면서 살아가는 노비타는 바로 일본인 스스로의 모습을 보여준다.

도라에몽은 국제정치 속 일본을 알려주는 상징적인 작품으로 받아들여지기도 한다. 간단히 말해 등장인물의 캐릭터를 통해 본 국제정치다. 21세기 국제정치에서 노비타는 일본이다. 일본인 개개인의 분신인 동시에, 국제정치 속에서의 일본이 바로 노비타이다. 강한 무력도 없고 여기저기로부터 꾸지람이나 듣고 끝없는 반성만 해야 하는 노비타가 일본이란 나라의 분신이다.

노비타를 괴롭히는 자이안은 중국이다. 엉뚱한 핑계를 대면서 힘을 통해 노비타를 못살게 군다. 고급 요리와 브랜드 상품에 밝은 부잣집 아들 스네오는 한국으로 비쳐진다. 돈 많은 아버지를 자랑하는 스네오는 상황이 불리하면 언제든 입장을 바꾼다. 거구 자이안을 통해 자신의 입지도 확보해나간다. 부끄러움을 많이 타고 부모 말도 잘 듣는 시즈카는 유럽 정도로 해석된다. 만능 도구를 만들어내는 도라에몽은 글로벌 슈퍼 파워 미국을 상징한다.

흥미로운 것은 자이안의 의미다. 자이안이 일본을 못살게 구는 중국으로 여겨진 것은 21세기부터이다. 20세기까지만 해도 자이안은 미국의 분신이었다. 강한 힘으로 밀어붙이는 자이안이 무식한 미국의 이미지였던 것이다. 20세기의 도라에몽은 세상사 모든 것을 관장하는 신(神)쯤에 있다고 보면 된다. 자이안의 이미지가 미국에서 중국으로 변한 것은 노골적으로 무력팽창에 나서는 중국 탓만은 아니다. 반미 성향이 강하던 단카이(団塊)세대가 사라지고 중국에서 벌어졌던 어두운 역사가 잊히면서 나타난 결과다. 반미는 사라지고 반중은 뜨고 있다. 노비타가 일본인의 분신이자 국제무대에서 일본의 위상에 해당된다는 분석은 평균 일본인이 내린 자체 평가에 따른 것이다.

/ 아마에의 나라, 일본만의 심리상태 /

필자는 일본인이 간과하기 쉬운, 전혀 다른 각도에서의 증거를 통해 '노비타=일본인'이란 사실을 재확인했다. 키워드는 '아마에(甘え)'이다. 아마에는 한국어로 응석, 아양, 엄살 정도로 해석할 수 있다. 가까운 사이라는 전제 하에 서로가 서로에게 기대면서 엄살이나 아양을 떨고 그 같은 상황을 받아들이는 인간관계를 아마에라고 한다.

사전적 의미로 보면 상대의 호의에 맞춰 거리낌 없이 마음대로 하는 행동, 친한 사람에게 응석을 부리면서 마음대로 행동하는 것 같은 식으로 풀이된다. 일곱 살 어린이가 부모에게 매달리며 응석을 부리는 행동이나 언어 같은 것이 아마에의 전형적인 예라 볼 수 있다.

영미권에서는 아마에를 명확하게 이해하고 풀이할 수 없는 개념으로 받아들인다. 서구인에게 아마에는 아예 존재하지 않거나, 있다해도 비상식적이고 뭔가 덜 떨어진 행동 유형으로 받아들여진다. 굳이 영어로 표현하자면 'spoil(부모가 어린이에게 너무 관대해서 제멋대로 행동하게 되는)', 'dependent(상대에게 의존적)'와 같은 단어가 차용될 뿐이다. 유치하고도 상식과 유리된 부정적인 의미로 해석되는 것이 영어로 번역된 아마에이다.

영미권에서는 자녀가 응석을 부리고 부모가 거기에 맞춰주는 것을 수준 이하로 여긴다. 사랑의 표현으로 응석을 부리고 이를 받아들인다고 설명하지만 영미권에서는 통하지 않는다. 아무리 어리다 해도 하나의 독립된 존재로 받아들이는 개인주의에 입각한 세계관이라 볼 수 있다. 아이가 걷다가 넘어져도 부모가 도와주지 않고, 잘못했을 경우 대충 넘어가지 않고 분명한 메시지를 전하는 것은 아마에 문화권과 거리가 먼 영미권의 특징이다.

노비타가 일본인의 분신이라 할 수 있는 이유는 그가 보여주는 아마에 심리 상태를 통해 확인할 수 있다. 늦게 일어나고 학교에 지각해 응석을 부리면서 대충 넘어가려 하고 부모나 학교도 대충 넘기는 경우가 비일비재하다. 도라에몽의 자세를 봐도 노비타의 말도 안 되는 억지 주장을 받아들이면서 요구에 맞춰 만능 도구를 제공한다. 숙제하기 싫다고 생떼를 쓰는 노비타를 위해 공부 전문 아바타를 만들어 노비타에게 제공하는 식이다. 스스로 열심히 하라고 지도하기보다 황당한 만능 도구를 통해 응석을 받아주는 식이다.

주체적, 독립적, 자주적이지 못하고 남에게 기대고 핑계로 일관하면서 응석을 떠는 것이 노비타의 핵심 캐릭터다. 허구한 날 텔레비전 앞에서 도라에몽을 지켜보는 어린이를 보호하자는 의도도 있지만 노비타가 보여주는 아마에야말로 영미권에서 나타나는 반(反) 도라에몽 정서의 근원이라 볼 수 있다.

아마에는 1971년부터 일본인 특유의 심리적 행동 유형이라 규정되었다. 일본어로 《아마에의 구조(甘えの構造)》로 번역된 《The Anatomy of Dependence》라는 책이 주인공이다. 저자는 정신분석학자로 도쿄대 명예교수를 지낸 도이 다케오(土居健郎)란 인물이다. 필자의 주관적 판단이지만 일본을 연구하는 영미권 사람이 읽는 필수 서적 세 권을 고르라면, 이 책과 뉴욕 문화인류학자 루스 베네딕트(Ruth Benedict)가 1946년 펴낸 《국화와 칼(The Chrysanthemum and the Sword)》, 1900년 농학자 니토베 이나조우(新渡戸稲造)가 영어로 출간한 《부시도: 일본의 혼(Bushido: The Soul of Japan)》을 꼽을 수 있을 듯하다.

필자가 알고 있는 워싱턴 내 일본 연구가 가운데 세 권의 책을 읽지 않은 사람은 전무하다. 특히 하버드대 일본학, 나아가 아시아학의 대부라 할 수 있는 에즈라 보겔(Ezra Vogel)과 소프트파워라는 개념을 만들어낸 조지프 나이(Joseph S. Nye)가 극찬한 일본 연구의 기본서가 《아마에의 구조》다.

도이 다케오는 동양의학과 무관한, 철저히 서양의 정신의학을 전공한 전문가다. 영미권의 정신 심리 행동에 관한 연구를 하던 중 미국에는 없고 일본에만 있는 특이한 행동 유형을 발견한다. 바로 아마에다. 눈빛만 봐도 서로가 무엇을 원하는지 아는, 부모와 자식 간에 이뤄지는 유치한 행동만이 아니다. 서로 기대고 의지하며 적당히 넘어가는 문화가 일본 사회 전체에 넘실댄다. 이러한 동서 비교 행동 행태론에 주목한 책이 바로 이 책이다.

도이 다케오에 따르면 아마에는 다음과 같이 정의된다. 인간 존재에서 일어날 수 있는 분리의 상황을 부정하고 분리가 가져올 고통을 잊으려는 심정인 동시에, 분리가 현실로 나타날 경우 닥칠 갈등과 불안을 숨기려는 심리 상태. 이 같은 개념에 입각해 그는 아마에를 다른 어떤 나라에서도 찾아보기 어려운 일본 특유의 문화라 규정한다. 더불어 아마에를 나쁘거나 좋다는 식의 가치 판단과 무관한 DNA의 하나로 해석한다.

그러나 응석이나 아양 같은 것은 한국이나 중국에서도 볼 수 있는 아시아권 내의 일반적 DNA에 해당된다. 일찍이 이어령 교수는 도이 다케오가 지적한 일본 특유 문화론를 부정하면서 한국에도 일찍부터 아마에 문화가 있다고 말한다. 일본에서 화제가 된《축소지향의 일본인(縮み志向の日本人)》에서 밝힌 내용이라고 한다.

필자는 '감히' 이어령 교수의 고견에 맞설 생각은 없다. 그러나 그가 말하고, 대부분의 한국인이 동의할 '아마에=동양 전체의 문화'에 덧붙여 하나 더 강조하고 싶은 부분이 있다. 도이 다케오가 강조한 아마에는 구조적 차원의 아마에를 의미한다. 부모와 자식 사이, 청춘 남녀 사이에 벌어지는 개별적, 가족적 차원의 아마에만이 아니라, 일본 전체에 넘실대는 조직적, 사회적, 국가적 차원의 아마에가 도이 다케오의 연구 주제다. 한국에도 아마에 문화가 존재하는 것은 사실이지만 조직적, 사회적, 국가적 차원에서 존재할지에 대해서는 의문이다.

/ 양면의 얼굴을 가진 존재 /

필자가 판단하는 구조로서의 아마에는 일본과 일본인을 이해하는 키워드 중 하나다. 피나 정으로 맺어진 가까운 사이만이 아니라 사회, 국가와 같은 대규모 조직에서도 빈번하게 접할 수 있는 현상이다. 텔레비전이나 영화에서 자주 접하는 장면으로, 어려운 상황에 빠진 사람과 그에 맞선 상대가 행하는 대화 내용 중 하나를 예로 들어보자. 어려운 상황을 극복할 도움을 청하고 그에 맞서 도와주겠다는 의사를 표시할 때 나타나는 정형화된 장면이다. "좀 어떻게 안 되겠습니까(何とかできませんか)?", "어떻게든 해보겠습니다(何とかやってみます)." 절대 위기에 빠진 사람이 던지는, 지푸라기라도 잡는 심정의 읍소형, 응석형 부탁과 그에 맞춘 답이다.

'좀 어떻게…' 대화는 사실 필자가 어릴 때만 해도 한국 곳곳에서 들을 수 있었던 아마에의 본보기에 해당한다. 도시가 아니라 작은 동네에 거주하면서 서로가 친하고 잘 알고 지내는 과정에서 탄생한 대화 스타일이다. 행인지 불행인지 21세기에 들어선 한국에서는 이러한 대화가 전부 사라진 듯하다. 도산 직전인 기업 사장이 은행에 찾아가 '좀 어떻게…'라고 말할 배짱도 없고, 말한다 해도 들어줄 리도 없다.

일본은 어떨까? 20세기에 비해 약화된 것은 사실이겠지만 아마에 형 대화는 21세기에 들어서도 건재하다. 구체적인 내용이나 조건 없이 상대에게 무작정 매달리고 상대는 상황을 이해하면서 무엇이 도움이 될지에 대해 스스로 판단해서 지원한다. 물론 지원할 경우 나중에 그에 따른 유무상의 보상을 무언으로 기대하게 된다. 돌고 도는 것이다. 사실 '좀 어떻게…' 대화법은 막판에 몰린 경우에 나오는 최후의 응석에 해당하기도 한다. 참고 또 참지만 하늘도 도와주지 못할 도저히 힘든 상황에 들어설 경우 이러한 표현을 하게 된다. 그동안의 인고의 시간을 지켜본 상대는 이러한 최후의 응석을 받아들이게 된다.

아마에의 예로 차(茶) 접대에 관한 부분도 빼놓을 수 없다. 일본에서 개인집이나 회사에 찾아가면 반드시 차를 권한다. "차 어떻습니까? 좋습니다. 어떤 차를? 아무거나 좋습니다. 5월에 맞춰 신차(新茶)가 나왔는데 향이 좋습니다만…. 좋습니다."

미국의 경우 어떤 식의 대화가 이뤄질까? "차 어떻습니까? 좋습니다. 어떤 차를? 커피가 좋습니다. 에스프레소, 아메리카노 어떤 종류를? 아메리카노가 좋습니다. 설탕은 몇 개? 두 개로 부탁드립니다. 크림과 우유 어느 쪽을? 우유로 해주세요. 몇 스푼 정도? 두 스푼 정도 우유가 좋습니다." 커피와 함께 설탕과 우유를 통째로 대접하는 경우도 있겠지만 어느 정도 수준의 회사나 가정이라면 구체적인 취향을 전제로 미리 준비해 대접한다.

추수감사절을 맞아 오하이오 주 미국인 친구 집에서 경험한 것이지만 설탕, 우유, 커피의 온도 등에 관련된 개인적 취향에 대한 안주인의 기억력이 놀라울 정도로 정확하다. 대충 10명 정도에게 물어본 뒤 그대로 전부 재현해서 준비한다. 친구의 부인이 특별한 기억력의 소유자라 생각했지만 의외의 배경을 알게 됐다. 커피 취향에 관한 개별 질문과 그에 따른 정확한 대응은 미국 가정 모두가 당연시하는 손님 접대법이란 것이다.

한국의 경우는 어떨까? 일본과 비슷한 듯하면서도 다르다. 일본의 경우, 차를 기본으로 한다. 영미권 손님에게는 커피를 전제로 하면서 미국에서처럼 상대의 기호에 맞추는 식으로 대응한다. 일본인 이외의 아시아계 손님에게 차를 권할 때도 구체적으로 상대의 기호에 맞춰가면서 권한다.

예외도 있겠지만 한국의 경우 일반적으로 그와 같은 세부적인 구별이 없다. 아시아권이든 영미권이든 커피나 차 하나로 통일해 대접한다. 영미권 손님에게 커피에 관한 개인적 취향을 묻지도 않는다. 눈빛만으로도 대충 상대의 의향에 맞추는 아마에 문화가 있기는 하지만 구체적이지 못하다.

회사 선배가 신입사원들의 실수를 꾸짖을 때 던지는 말 중 "원래부터 그런 거 몰랐어?(決まっているんじゃ)"라는 표현이 있다. 가령 상사

가 2만 달러짜리 자동차를 타고 출근할 경우, 부하직원은 2만 달러 이하이거나 아예 도보로 출근하는 식의 자세다. 연공서열, 장유유서와 같은 유교적 사고의 결과라 볼 수 있겠지만 그 이상의 요소들도 복합적으로 갖고 있는 것이 '원래부터…' 논리다.

사실 '원래부터…'가 구체적으로 어떤 것을 의미하는지 일본 조직 내에서 이해하는 사람은 단 한 명도 없다. 단지 지금처럼 해오던 것처럼 서로 믿고 따르면 거기에 맞게 답이 내려질 것이란 막연한 기대만이 존재한다.

'원래부터…'는 조직 내 분위기, 즉 공기(空氣)를 상징하는 말이다. 공기를 통해 조직 전체가 돌아가고 아마에 같은 행동 행태가 일상화된다. 공기를 못 읽는 외국인, 기존의 공기와 다른 방향으로 나아갈 경우 아무리 대단해도 의미가 없다. 개별 실력이 아니라 전체를 가로지르는 공기에 근거한 처세와 자세다. 아마에는 이러한 구도 속의 윤활유라 볼 수 있다. 앞서 살펴본 것처럼 응석이나 애교 같은 것이 한국에 없는 것은 아니지만 공기에 기초한 사회 차원의 아마에는 한국에 전무하지 않을까, 라는 것이 필자의 판단이다.

'원래부터…', '좀 어떻게…' 식의 대화와 도라에몽에서 접하는 공통점으로 '신용'이란 단어가 떠오른다. 일본 사회를 지탱하는 근본적인 윤리이자 가치다. 단일 민족에다 같은 언어를 쓰는 동질성에 기초해 서로 의지하고 따르는 구조가 신용사회를 낳고 결국에는 아마에 같은 DNA가 보편화된다.

한국인이 오해하는 것 중 하나로, 일본인의 친절에 관한 부분이 있다. 간이라도 빼줄 것 같은 자세나 행동을 보이다가도 한 번 돌아서면 전혀 딴 사람이 된다. 겉과 속이 다른 일본인이란 결론으로 나아간다. 틀린 것은 아니지만 정확한 판단도 아니다.

일본인이 간이라도 빼줄 것 같은 자세를 보이는 것은 서로 믿는 관계에 한한다. 신용관계가 무너지거나 그럴만한 조짐이 보일 경우 차갑게 변한다. 한국에도 정착되는 듯한 왕따, 즉 이지메(イジメ)는 이러한 차가운 현실의 일상적 예에 해당된다. 서로 믿는 신용사회는 구성원 모두가 암묵적으로 행하는 사회적 약속에서 기초한다. 굳이 말은 안 하지만 어릴 때부터의 교육을 통해 서로가 느끼고 알고 있다.

/ 예측이 통하지 않는 나라 /

온갖 애교로 범벅이 된 아마에는 '지킬 박사와 하이드'처럼 양면의 얼굴을 한 무서운 존재이기도 하다. 아마에로 대하던 서로 간의 관계가 도저히 회복할 수 없을 정도로 무너질 경우 상상 밖의 행동이 연출된다. 한국인이라면 꿈에도 상상하기 어려운 두 가지 예를 들어보자. 먼저 영화로도 수차례 만들어진 실화, 아베 사다(阿部定) 사건이다. 군부 쿠데타인 2·26사건이 터진 해로, 중국과의 전쟁에 들어간

1936년 발생한 사건이다.

주인공은 창녀이자 접대부인 31세 사다라는 여인이다. 오랫동안 교제해오던 남성과 여관에 투숙해 잠자리를 갖던 중 목을 졸라 살해한다. 남성의 시신에다 서로 간의 사랑을 확인하는 혈서도 칼로 새겨 넣는다. 이어 남성의 국부를 잘라낸 뒤 잡지에 싸서 들고 다니던 중 체포된다. 남성의 성기를 자신의 성기 안에 넣고서 돌아다녔다는 얘기도 있다. 사다가 남성을 죽이고 성기를 자른 엽기적 행위를 한 이유에 대해서는 여러 가지 설이 있다. 정신 이상이라는 설도 있지만 남성이 원래 부인에게 돌아가야 한다는 사실을 알게 된 사다가 모든 것을 포기한 상태에서 저지른 범죄라는 주장도 있다.

둘째는 1981년 파리에서 벌어진 이른바 파리 인육사건이다. 프랑스만이 아니라 전 세계를 깜짝 놀라게 만든 사건으로 일본인 유학생 사가와 잇세이(佐川一政)가 저지른 범죄다. 친구인 네덜란드 출신 여성 유학생을 집으로 초대해 살해한 후 피에 젖은 시신과 성교를 벌인다. 이어 시신의 일부를 잘라내 생으로 먹고 작게 잘라낸 뒤 사진도 찍는다. 남은 시신을 냉장고에 보관해 튀겨 먹기도 한다. 일본인 전체를 식인종 이미지로 만든 사건으로 이후 범인은 정신병을 이유로 석방돼 일본에 송환된다.

사가와 잇세이의 엽기적 살인과 이후의 행태는 여러 가지 측면에서 설명될 수 있다. 필자가 주목하는 부분은 아마에가 갖고 있는 어두운 이면에 관한 것이다. 믿고 따랐던 사람에 대한 유치할 정도의 절대적 사랑이 좌절과 배신의 결과로 이어져 사다와 잇세이의 행적으로 나타나지 않았을까? 일반적으로 엽기 살인범의 경우 주변 상황을 통해 이미 예정된 사건이라 점쳐볼 수가 있다.

일본의 경우 그러한 예측이 통하지 않는다. 아마에에 기초한, 너무도 천진난만하고 순수한 캐릭터를 지닌 사람들이 만들어내는 사건이기 때문이다. 일본만큼 범죄자 스스로가 자신의 범행을 '곧바로' 자백하는 나라도 드물다고 한다. 경찰이 들이닥치는 순간 머리를 떨구고 "잘못했습니다"를 연발한다. 범행 자체를 부인하는 용의자는 극히 드물다. 최근 한국에도 나타나고 있지만 '그렇게 착하고 예의 바르던 사람이…'라는 것이 주변의 공통된 반응이다.

아마에에 기초한 기대가 완전히 무너질 때 상상을 넘어선 일이 벌어진다. 극단적으로 얘기하자면 친절하고 상냥한 사람일수록 상황이 변하면 아마에의 정반대편으로 갈 가능성이 높다. 특정 일본인만이 아니라 아마에 구조 속에서 살아가는 일본인 모두가 그러한 DNA를 갖고 있다고 봐도 된다. 일제시대 당시 한국인이 경험했던 일본의 잔인성은 바로 아마에의 어두운 그림자에 해당된다. 바로 일본의 광기다. 우향우로 치닫는 일본이 무섭게 느껴지는 이유는 바로 아마에의 이면에 놓인 광기 때문이다.

미일안보동맹은 일본 지식인들이 《아마에의 구조》라는 책을 언급하는 순간 떠올리는 구체적인 본보기다. 승전국 미국에 대해 무조건적으로 응석을 떨면서 '좀 어떻게 안 되겠습니까'로 일관해온 것이 일본의 자화상이란 것이다. 응석이 잘 안 받아들여지면 돈으로 보충해온 것이 그동안의 일본이다. 미국의 대통령 도널드 트럼프(Donald Trump)가 미일안보동맹을 파기할 것 같은 발언을 흘리지만 만약 그러한 현실이 눈앞에 나타날 경우 어떤 일들이 벌어질까? 다시 말해 미국에 대한 일본의 아마에가 상처를 입을 때 과연 어떤 일들이 벌어질까? 도이 다케오의 아마에 정의에 따른 '분리가 현실로 나타날 경우 닥칠 갈등과 불안을 숨기려는 심리 상태'가 더 이상 견딜 수 없을 경우에는?

현재의 미국 상황을 보면 미일동맹이 예전과 같지는 않을 것이다. 더 이상 국제경찰은 없다. 도라에몽이 더 이상 만능 도구를 제공하지 않을 경우, 아마에로 일관해온 약골 노비타와 그의 친구들이 과연 어떤 자세로 달라질지? 곧 닥칠지도 모를 한반도의 엄청난 변화는 노비타의 극적인 변신과 결코 무관하지 않을 것이다.

겐지모노가타리, 성의 나라와 마주하다

/ 200명 중 한 명이 AV 배우인 나라 /

성이란 관점에서 볼 때 한국이 세계 정상급에 속하는 것은 사실이다. 벗고 벗기는 얘기가 대중 오락물의 고정 스토리로 정착된 것도 이미 오래다. 그러나 일본에 비교하면 아무 것도 아니다. 닳고 닳았다고 하지만 일본에 비교하면 아직 성의 '처녀지(處女地)'처럼 느껴진다. 일본은 성의 천국, 나아가 성에 관한 모든 것이 현실로서 존재하는 곳이다.

포르노 소비 대국과 같은 수동적 위상만이 아닌, 포르노의 창조 진화 수출이란 능동적 측면에서도 탁월하다. 신문, 방송, 인터넷을 통한 활자나 영상만이 아니다. 성과 관련된 비즈니스나 환경이란 측면에서도 한층 눈부시다. 전 세계 그 어떤 나라도 따라갈 수 없을 정도의 특급 섹스 국가가 일본이다. 포르노 비즈니스의 대명사인 성인용 비디오(AV)에 관한 일본만의 특별한 현상은 포르노 천국의 실상을 증명해주는 좋은 본보기다.

일본의 성인용 비디오 제작 건수는 인터넷 배급과 개인용 비디오를 포함할 경우 연간 약 3만 5,000개에 달한다. 단순히 계산해도 하루에 100개 정도 출시된다. 신인 AV 배우의 경우 1년에 약 2,000~3,000명 정도가 데뷔하고 있다. AV 제작 건수와 신인 AV 배우 수를 감안할 때 AV 종사자가 대략 15만 명 정도에 달할 것이라는 것이 관련업계의 분석이다. 일본에는 15세부터 55세에 이르는 여성의 수가 약 3,000만 명 정도다. 3,000만 분의 15만은 200명당 한 명이란 의미다. 어린이와 노년기에 들어가는 여성을 제외할 경우 대략 200명에 한 명의 AV 종사 여성을 보유한 나라가 일본이다.

위 내용은 일본의 〈플레이보이〉지(誌)에 해당하는 〈주간포스트(週刊ポスト)〉의 2011년 12월 23일 특집기사 중 일부다. 성인 비디오에 익숙한 사람이라면 누구나 동의하겠지만 일본만큼 엄청난 수의 AV 배우가 존재하는 나라도 드물 듯하다. 비디오에 등장하는 여배우 수가

엄청나다. 매일 새롭게 바뀌는 AV의 종류와 수에 압도되기도 하지만 어떻게 해서 저렇게 많은 '뉴 페이스'들이 매일 등장하는지 놀랍고도 신기하다. 수요가 얼마나 많기에 저토록 많은 AV 배우들이 활동하는지, AV 배우 희망자를 어떻게 발굴하는지, AV 배우는 가족이나 친구들과 어떤 식의 관계를 유지해나가는지 궁금하기만 하다.

여자 AV 배우는 10대부터 60대까지, 남성도 20대부터 89세에 이르기까지 거의 모든 세대에 걸쳐져 있다. 출신 배경이나 직업도 천차만별이다. 돈만이 아니라 다른 목적 하에 AV 세계에 뛰어든 사람도 적지 않다. 대학생은 기본이고 탤런트나 아나운서, 자위대 군인 등 사회적 지위와 무관한 곳이 AV 세계다. 스펙은 취직 때만 필요한 것이 아니다. AV 종사자도 나름대로 특별한 개성이나 배경을 필요로 한다. 결론적으로 일본 여성 200명 중 한 명이 AV 종사자라는 분석은 현실을 어느 정도 반영한 '믿을 만한 통계'로 와 닿는다.

/ 도쿄대 출신 엘리트가? /

상대적 표현이지만 한국을 성의 처녀지라 표현한 가장 큰 이유는 성을 둘러싼 국민적 인식과 의식에서 찾아볼 수 있다. 성을 대하는 윤리 전반에 있어서 일본은 한국을 압도하는 슈퍼 성진국이다. 최근 화제가 되고 있는 스즈키 스즈미(鈴木涼美)라는 AV 배우의 경우를 살펴보자.

본명은 사토 로리(佐藤るり)로 1984년생이다. 명문 게이요(慶應)대 환경정보학과를 졸업한 뒤, 도쿄대 대학원에서 정보학을 공부한다. 이후 니혼게이자이(日本經濟) 신문사 기자로도 일한, 일본 최고 엘리트다. 아버지는 이름만 대면 알 만한 프로이드 정신심리학의 권위자로 도쿄대 교수로 재직 중이다.

스즈미는 AV 활동과 더불어 베스트셀러 작가로도 유명하다. 2013년 《AV 배우의 사회학(AV女優の社会学)》이란 책을 출간하고 뒤이어 인터넷에 연재한 글을 모은 《유방은 숨쉬기 위한 근육이기도 하다(お乳は生きるための筋肉です)》라는 책도 발간한다. AV 배우로 일하면서 경험한 것을 정신심리학적, 사회학적 관점에서 풀어낸 책들이다.

한국의 성이 제아무리 고공행진을 한다 해도 스즈미와 같은 머리가 꽉 찬 AV 배우가 나오기까지는 많은 시간이 걸릴 것이다. 본인의 연구 때문이라고 볼 수 있겠지만 집안 좋고 경제적으로 문제가 없으며 스펙, 얼굴, 몸매에 자신 있는 여성이 AV 배우로 삶을 누린다는 것이 한국인의 상식으로는 이해하기 어렵다. 서울대 출신 연예인을 특별하게 다루는 나라가 한국이다. 한국이 중요하게 여기는 모든 가치관을 넘어선, 또 다른 세상의 기준에 의거해 살아가는 여성이 일본의 AV 배우다.

성에 대한 일본적 상식이 한국을 '압도'한다고 할 때 그 원인이나 배경은 어디에서 찾아볼 수 있을까? 여러 각도에서 살펴볼 수 있겠지만, 일본 최초의 고대 소설이 이 질문에 대한 정답 중 하나가 될 수 있지 않을까 판단된다. 일본인이 전 세계에 자랑하는 장편 역사서인 《겐지모노가타리(源氏物語)》가 주인공이다.

1008년 헤이안시대(平安時代)에 처음 등장한 소설로 200자 원고지 5,000여 장, 총 54편으로 연결된 초대형 장편 스토리다. 작가는 무라사키 시키부(紫式部)란 이름의 여성으로 궁중에서 일하던 인물로 알려져 있다. 1008년 발간 이후 시대에 따라 각종 수정판이 등장하면서 스토리도 조금씩 다르기는 하지만 배경은 교토(京都)다. 등장인물은 전부 500명에 달한다. 소설의 핵심은 한마디로 말해 주인공인 히카루 겐지(光源氏)의 여색(女色)에 있다. 가공의 왕인 키리츠보 테이(桐壺帝)의 둘째 아들 히카루 겐지가 벌인 수많은 여성과의 섹스 체험담이 이 책의 주된 내용이다.

/ **성을 대하는 1008년의 세계관** /

왕이 될 꿈을 진즉에 버린 겐지는 10대에 들어서기 무섭게 성에 눈을 뜬다. 놀랍게도 첫 번째 상대는 새어머니이자 아버지의 부인이다. 당시 17세이다. 일단 여자를 알게 된 그는 이후 주변에 보이는 모든 여성과 관계를 맺는다. 젊은 부인만이 아니라 60세 궁녀와 10세 어린이도 포함된다. 신분은 왕족, 귀족, 궁궐 안 여성만이 아니라 평민이나 하녀에다 근친상간에 이르기까지 천차만별이다.

작가 무라사키 시키부는 여성 특유의 섬세한 시점으로 히카루 겐지의 세속적 유희를 묘사한다. 소설 속 심리와 상황에 관한 묘사나 감각은 21세기 문학도 따라가기 어려울 정도라고 한다. 철부지 왕자의 섹스 스토리로서만이 아니라 인간과 인생의 음과 양을 문학적, 철학적으로 기술한 책이다. 여성을 성의 도구나 노예로 생각하는 것이 아니라 이해하고 탐구하는 대상으로 해석하는 '고상한' 여성관도 잘 묘사돼 있다. 여성들 간의 질투라든가 원치 않은 출산을 둘러싼 고민, 궁중 안에서 벌어지는 백인백색의 행태도 사실적으로 기술되어 있다.

그러나 1,000년 전 소설의 진짜 맛은 이성이나 가슴으로서의 스토리에 국한되지 않는다. 성이라는 원초적 본능에 호소하는 노골적이고도 담대한 스토리 전개와 묘사가 일본인의 관심을 끄는 진짜 이유다. 이 책이 성을 대하는 일본인의 전통, 도덕, 윤리의 배후로 지목될 수 있는 이유이기도 하다.

잘 알려진 대로 한국 최초의 고대소설은 15세기에 쓴 김시습의 《금오신화》다. 일본에 비해 400년 뒤에 만들어진 한문 단편소설로 전부 다섯 편이 전해진다. 여자 귀신과의 사랑 얘기와 하늘나라 선녀와의 유희, 바다 속 용왕과의 사랑, 염라대왕과의 대화가 주된 내용이다. 원나라를 통해 들어온 중국소설의 모방이란 분석도 있지만, 한국 최초의 고대소설은 일본과는 판이하게 다른 양상에서 출발한다.

《금오신화》라는 제명(題銘)에서 보듯 귀신이나 용왕, 염라대왕 같은 신화적 요소가 강하다. 《겐지모노가타리》와 같은 세속적 가치관과 판이하게 다른 인간 밖 세상을 그린 것이 한국 고대소설의 출발이다. 신화적 내용이 그러하듯 《금오신화》를 대하면서 사실적 묘사를 기대할 수는 없다. 뭔가 교훈적이고 따르고 섬기는 대상으로서의 스토리일 뿐이다.

이에 비해 11세기 초 등장한 《겐지모노가타리》는 성을 주제로 한, 성으로 이어지는 섹스 스토리다. 자신의 위치와 인생의 의미를 픽션의 세계를 통해 재음미하자는 것이 소설의 의미이자 가치다. 일본은 그러한 세계관의 출발점을 성에서 시작한다. 한국은 귀신, 선녀, 용왕, 염라대왕에서 출발한다. 이웃나라라고 하지만 얼마나 서로 다른 세계관을 갖고 있는지 알 수 있는 근거가 이미 수백 년 전 창조됐다.

/ 초중고생부터 즐겨 읽는 《겐지모노가타리》 /

《겐지모노가타리》는 발간 후 1,000여 년 동안 베스트셀러였다. 일본인은 성경 외에 인류 역사상 가장 많이 출간된 책이라는 해석도 붙인다. 일본인 모두가 읽고 즐기는 국민 소설로 자리잡았다는 의미다. 문학비평가의 손에 의해 저울질되는 1,000년 전의 낡은 소설이 아닌, 남녀노소 모두가 읽는 국민 고전이 바로 이 책이다.

성적인 묘사가 노골적이라는 점에서 어린이가 읽을 수 없는 소설이라 생각할지 모르지만, 천만의 말씀이다. 일본 아마존(amazon.co.jp)에 들어가 '겐지모노가타리', '어린이(子供)'라는 두 단어를 검색하면 일곱 권의 책이 나온다. '겐지모노가타리', '청소년'이라는 두 개의 키워드를 넣으면 4,942권의 책이 등장한다. 이들은 섹스 스토리를 담은 책이 아니다. 고전으로서의 역사서, 남과 여의 관계, 왕과 신하의 의리, 헤이안시대의 궁중 예법과 귀족들의 생활 방식 등을 이해하는 타임머신 스토리로서 어린이와 10대 청소년들에게 읽히는 것이다.

이들 책은 활자만이 아니라 만화, 영상, 노래를 통해서도 전달된다. 일본 어린이들은 성인 못지않게 일찍부터 성에 눈을 뜬다. 금단의 세계에 대한 동경으로서의 성이 아니라 생활로서의 성이다. 동네에서 쉽게 방문할 수 있는 편의점에 가보면 성에 관한 노골적인 잡지나 화보가 구석에 꽂혀 있다. 하굣길의 중고등학생, 나아가 초등학생들이 구석에 모여 내용을 훑어보는 것은 일본적 풍경 중 하나다.

따라서 어린이용으로 나오는 고전이나 교양으로서의 《겐지모노가타리》가 어떤 책인지는 초중고 남녀 학생 모두가 잘 알고 있다. 이 책을 통해 남녀 간 성을 학문적, 나아가 합법적으로 이해하게 되는 셈이다.

《겐지모노가타리》는 일본인을 위한 인생 교과서로도 활용된다. 1,000년 전 소설만이 아니라 현대판 소설로 각색된 이 책의 스토리가 만화, 드라마, 영화 등을 통해 재등장한다. 일본 아마존에서 판매되는 《겐지모노가타리》 관련 서적 및 영상물은 총 5,000여 건이다. 읽고 보는 대상으로서만이 아닌, 입고 먹고 느끼는 《겐지모노가타리》도 넘치고 넘친다. 당시의 의상, 히카루 겐지가 먹었던 음식 조리법, 당시 유행했던 귀족들의 취미 같은 것들이 일본인들의 관심사로 자리잡는다.

《겐지모노가타리》의 주인공은 왕이 될 수 없는 왕자다. 궁중에 사는 높은 지위의 왕족이기는 하지만, 한계를 가진 인물이란 점에서 보통 일본인의 마음을 사로잡기에 충분한 캐릭터다. 동병상련을 느끼게 하는 것이다. 보통 사람들은 권력이나 돈과 무관하다. 겐지는 보통 사람들에게 섹스만이 인생의 유일한 행복이란 교훈을 알려주는 롤 모델에 해당된다.

단순히 성에 눈뜨거나 관심을 갖는 정도가 아니다. 겐지처럼 근친상간도 마다하지 않는 '막장 섹스'를 향한 집착이다. '도덕이나 윤리를 떠나 성과 관련된 모든 사고와 행위가 가능하다'는 의식이 일반인에게 정착된 것이다. 보통 사람들도 마치 스스로가 히카루 겐지가 된 듯한 착각 속에 빠지면서 성에 집착하게 된다. 1,000년은 인간이 가진 의식 DNA를 바꾸기에 충분한 시간이다. 1,000년 동안 베스트셀러로 자리잡은 《겐지모노가타리》를 통해 일본인의 성의식이 자유분방하게 흘러간다.

/ '우키요에'에 대한 세계적 관심 /

일본화에 관심이 있는 사람이라면 '우키요에(浮世繪)'란 장르의 그림을 알고 있을 것이다. 목판으로 찍어내 대량으로 판매하는 그림이다. 16세기 에도(江戸)를 기반으로 탄생한 화풍(畫風)이다. 19세기 말 유럽에서 폭발적으로 인기를 누린 자포니즘(Japonisme)의 상징이기도 하다.

후지(富士)산을 삼키려는 듯한 큰 파도 그림은 한국은 물론 전 세계에 가장 잘 알려진, 가츠시카 호쿠사이(葛飾北斎)가 남긴 '우키요에'다. '우키요에'가 유럽에서 인기를 끈 것은 일본 특유의 풍류, 색상, 구도에 미료됐기 때문이다. 제국주의 확장과 함께 전 세계 모든 것에 관심을 갖고 있던 시기가 19세기 유럽이다. 반 고흐는 당시 유럽에 들어온 '유끼요에'를 모사(模寫)해 작품으로 남기기도 했다.

풍속화라고도 불리는 '우키요에'의 영역은 인간만사 모든 것을 포함한다. 살아가는 사람들의 모습, 일본의 오페라에 해당되는 가부키(歌舞伎), 후지산과 같은 자연, 거리 및 건물과 같은 일상의 풍경, 역사서의 한 장면, 미인화, 동물이나 곤충 등등. 250여 년간 지속된 에도 시대는 '상(商)'의 시대이기도 하다.

돈이 되고 될 수 있는 모든 것이 도쿠가와 막부(德川幕府)의 보호 하에 용인됐다. '문(文)'을 강조하는 과정에서 비즈니스를 억제한 조선과 달리, 세금만 철저히 내면 아무 문제없던 나라가 에도의 일본이다. 돈에 의한, 돈을 위한, 돈의 체제와 문화가 16세기 이후 지금까지 이어진 일본의 모습이다. 경제부국 일본은 하루아침에 탄생된 것이 아니다.

'우키요에'는 그와 같은 일본적 상황을 반영한 증거이자 결과물이다. 부가 축적되고 사회 전체가 활기를 띠면서 즐겁고 아름다운 시간과 기억을 간직하려는 사람들이 늘어난다. 이러한 욕구를 충족시켜준 상품이 한 장이 아니라 대량으로 복사돼 저가로 판매된 '우키요에'다. 현재 전 세계 미술관 어디를 가도 볼 수 있는 '우키요에'는 당시 밥 한 끼 정도 가격에 팔리던 박리다매(薄利多賣) 상품의 대표적인 예다.

문화는 정신의 반영물이다. 성에 관한 일본인의 인식과 의식도 '우키요에'를 통해 충분히 살펴볼 수 있다. 자포니즘이란 문화 트렌드로 유럽인의 마음을 사로잡은 일본이지만, 구체적으로 살펴보면 '특별한 영역'에 대한 유럽인의 관심이 배경에 있다는 것을 알 수 있다. '우키요에'는 유럽에 넘어가서도 싸구려 이국 예술품으로 취급된다. 수입이 없었던 화가 반 고흐도 구입해서 방에 걸어둘 정도의 가격이다.

유럽인이 가장 선호했던 '우키요에'는 후지산이나 가부키 같은 고상한 영역에 국한되지 않는다. 춘화(春畵)에 대한 관심이 일본 문화에 대한 강렬한 호기심 중 하나이기도 했다. 일본인이 묘사한 춘화는 유럽인의 상상을 넘어선 문화적 충격으로 확산된다. AV를 처음 접한 10대 청소년처럼 '우키요에'가 주는 대담하고도 노골적인 성애

(性愛) 장면들이 유럽인들의 원초적 본능을 자극한 것이다. 너무도 당연하지만 후지산 시리즈가 아니라 춘화 '우키요에'가 한층 더 고가로 팔린다.

기타가와 우타마루(喜多川歌麿)는 춘화 '우키요에'의 최고 권위자 중 한 명이다. 초기에는 미인화로 유명해지지만 이후 풍경화, 역사화 등 '우키요에'에 관한 모든 장르를 다룬다. 우타마루의 춘화는 보는 이를 부끄럽게 만든다. 남녀 간 정사 장면이 너무도 대담하고 노골적이기 때문이다. 서커스 동작에 가까운 복잡한 체위(體位)를 비롯해 노골적인 성기 묘사는 그의 '우키요에'의 특징 중 하나다.

농담 같은 진담이지만 20세기 초까지만 해도 유럽인들은 일본 남성의 성기 크기를 말(馬)의 수준에 필적한다고 믿었다. 이유는 '우키요에' 때문이다. 그림 속 남성의 성기가 하나같이 초대형으로 그려진 탓에 일본인을 만나면 성기의 크기가 어느 정도인지를 가장 궁금해 했다고 한다. 일본 남성이 화장실에 가면 뒤따라가서 확인하려고 한 것이 태평양전쟁 이전 유럽인들의 일본관이었다.

춘화로 표현하는 인간의 욕구는 일본만이 아니라 고대 그리스 및 로마 시대는 물론, 르네상스 이후에도 볼 수 있는 일상적인 모습이다. 그러나 일본 '우키요에'에 비교할 때 서방의 춘화는 '새 발의 피'에 불과하다. 정부(情婦)의 얼굴과 몸매를 비너스로 가장해서 그리는 것처럼 간접적인 묘사를 통한 것이 유럽 춘화의 주류다. 소비층은 사회 일부의 권력자나 부자들에 국한된다. 하지만 '우키요에'는 다르

다. 보통 일본인 대부분이 아무런 제약없이 즐긴 문화였으며 춘화는
그 중에서도 가장 인기 있는 '비밀스런 일상'에 해당된다.

/ 문화의 일부로 발전하고 진화하는 유곽의 역사 /

춘화 '우키요에'는 막부 정권의 별다른 제재 없이 일본인에게 퍼
져나간 서민 문화의 일부다. 남녀상렬지사(男女相悅之詞)라 해서 활자
속 성 풍속조차 금기시했던 조선과는 180도 다르다. 어떻게 해서 그
토록 적나라한 성 풍속화가 서민 문화로 정착될 수 있었을까? 1,000
년 전 소설《겐지모노가타리》에서 찾아볼 수도 있겠지만, 에도시대
초창기의 '특별한 상황'이 가장 큰 이유라 할 수 있다. 바로 유곽(遊廓)
문화다.

한국에서 집창촌이라 불리는 공인 집단 사창가가 유곽이다. 일본
에서 유곽이 처음 등장한 것은 1584년이다. 당시 도요토미 히데요시
(豊臣秀吉)가 법령으로 제정해 자신의 기반인 오사카(大阪)에 만든다.
이후 교토와 에도로 확산된다. 각 도시에 하나만이 아니라 여러 개
씩 지역별로 구축된다.

매춘은 인류 역사상 가장 오래된 직업이라고 한다. 도덕적, 윤리
적, 종교적으로 볼 때 돈을 위해 몸을 파는 일은 결코 미화될 수 없
다. 그러나 일본은 아예 장소를 지정하고 법적으로 보호하면서 풍기

를 단속하고 세금을 받아들이는 문화의 일부로 발전시킨다. 필자가 아는 한 인류 역사상 국가적 차원에서 공창 제도를 적극 도입하고 발전시켜나간 나라는 일본이 유일하지 않을까 싶다.

공창 제도를 받아들인 나라는 많다. 그러나 대부분 필요악 수준으로 여기며 거리를 두고 가려두자는 것이 일반적이다. 일본처럼 아예 공창 제도를 장려하면서 세금을 끌어 모은다는 것 자체가 어불성설이다. 결과적으로 매춘을 지지하는 것이 되기 때문이다.

어떻게 해서 유곽이 일본 문화의 하나로 발전하게 됐을까? 이유는 성 비율(性比率)의 비정상, 즉 남성에 비해 여성이 지나치게 많았던 시대 상황에 있다. 도쿠가와 막부가 열도를 통일해 에도시대를 열 당시, 일본 열도는 여자들로 넘치고 넘쳤다. 무려 100년 이상 내란이 계속되면서 성한 남성들은 전쟁터에서 사라진다. 과부나 결혼을 못한 여성들의 도시행이 일상화된다. 팔려가는 신세로 도시로 들어온 여성들도 많다. 대부분은 유곽으로 넘겨진다.

1721년 에도 인구는 약 51만 명이었다. 성별 비율을 보면 남성이 64.5퍼센트, 여성이 35.5퍼센트이다. 남성이 절대 부족한 나라가 일본이었지만 도쿠가와 막부를 지키는 사무라이들과 지방에서 올라온 영주들과 부하들로 인해 이곳은 남성이 한층 넘치게 된다.

유곽 문화는 이렇듯 남성 초과 도시에 나타난 오아시스와 같은 곳이다. 매춘만이 아니라 음식, 음악, 다도, 그림과 같은 '유(遊)'에 관한 모든 것이 유곽을 통해 제공됐다. '우키요에'는 그러한 문화 중 하나다. 21세기에 들어 당시 유곽 문화가 예(藝)로 승격된 상태지만 에도 당시의 유곽은 생존과 돈의 현장에 불과했다. 대략 12세에 팔려가 하루에 최소한 다섯 명의 손님을 받아야만 생존할 수 있던 시대가 18세기 에도다.

/ 돈을 위해 떠나야 했던 카라유키 /

유곽 문화는 이후 19세기 말 해외로 진출한다. '카라유키(唐行き)'라 불리는 여성들이다. '카라(唐)'라는 말은 '외국'이란 의미다. 외국으로 가는 원정 매춘 여성이 카라유키다. 개방 후 19세기 말 일본은 인구 폭발 시대에 접어든다. 사람이 동물보다 못하던 시기다.

돈을 벌기 위해 10대 소녀들이 외국으로 떠난다. 일본 남부 어촌의 가난한 여성들로 인도네시아, 태국, 필리핀 같은 동남아시아가 주된 범주다. 손님은 네덜란드, 영국, 미국 등 서방 식민지 경영자와 군인들이 주류지만 현지인도 받아들였다. 당시 1인당 하루 평균 20명 정도의 손님을 받았다고 한다. 이들의 해외 원정 매춘은 1920년 일본 정부가 법적으로 출국을 금지할 때까지 지속된다. 2차 세계대전 당시 일본 제국 군대는 카라유키 여성들을 일본군의 동남아시아 진출에 앞선 '애국 낭자군(娘子軍)'으로 찬미하기도 한다. 이들 덕분에 동남아시아에 관한 정보를 상세히 알 수 있었기 때문이다.

성에 관한 일본인의 방만한 사고는 2차 세계대전 동안 종군위안부란 이상한 제도로 변질된다. 군대를 따라다니면서 위안을 행하는 여성이라는 의미지만 사실상 군을 위한 성노예라 볼 수 있다. 국가가 강제로 시행한 제도인지 여부를 두고 한일 간 공방이 지금까지 계속되고 있다. 일본의 역사나 구조를 보면 국가나 공적기관이 개입되지 않은 상태에서 종군위안부가 탄생됐다고 보기 어렵다. 일본은 모든 것을 횡적, 종적으로 조직화하는 나라다.

종군위안부와 관련해 주목할 부분은 한일 간 인식 차다. 성에 관한 의식 구조를 볼 때 한일 양국이 보는 종군위안부에 대한 시선은 크게 다르다. 한국과 비교해볼 때 종군위안부 자체에 대한 일본인의 거부감은 크게 미미하다. 도덕, 윤리, 전통보다 국가 조직을 앞세우는 것이 일본인의 가치관이다. 차별이 없지는 않았겠지만 전쟁 때 고생했던 사람들이란 범주 속에 들어갈 뿐이다.

한국은 다르다. 유교 문화를 근간으로 하기에 성을 죄악시하고 비밀스럽게 생각하는 가치관을 중요시한다. 일본인이 이해할 수 없고 이해하기 어려운 의식과 인식이 한국인에게 존재한다. 국가의 강제성 여부를 둘러싼 이견이 계속되고 있지만 한일 간에 결코 해결될 수 없는 가장 큰 인식 차는 바로 종군위안부 자체를 대하는 시각에 있지 않을까 싶다. 1,000년 전 이미 궁중 섹스 스토리가 탄생되고 도쿄대 출신 엘리트 여성이 AV 배우로 활동하는 나라가 바로 일본이기 때문이다.

욕하면서 배운다는 말이 있다. 일본인의 성 문화를 거부하고 부정적으로 받아들이는 한국이지만 현실은 다르다. 사람을 동물처럼 길게 세워놓고 손님에게 고르도록 만드는 집장촌의 구조, 검지손가락을 입 주변에 올리면서 배시시 웃는 모습, 성관계는 갖지만 키스는 허용하지 않는 매춘 등 한국에 직수입된 이 모든 성 문화들은 이미 에도시대 때부터 일상화된 일본 특유의 성 풍속도들이다.

언제부턴가 과거 일본이 행했던 해외 원정 매춘도 따라하는 것이 21세기 한국의 부끄러운 자화상이다. 종군위안부를 둘러싼 한국인의 생각을 관철시키기 위한 방안은 법적, 외교적 해결에 국한되지 않는다. 극단으로 치닫는 일본의 성 문화를 아래로 내려다볼 수 있는, 품격으로서의 도덕적, 윤리적 가치관 확보가 우선돼야 할 것이다.

부시도로 들여다본
일본의 어제와 오늘 그리고 내일

/ 대화를 통한 부시도의 정수 /

무사도, 일본말로 부시도(武士道) 즉 사무라이의 계율에 대해 이야
기하고자 한다. 본론에 들어가기 전, 영화 얘기부터 시작하는 게 어
떨까. 필자가 존경하고 좋아하는 감독 중 한 명인 고바야시 마사키
(小林正樹)의 1962년 작품으로, 제목은 〈하라키리(腹切)〉 즉 할복이다.
1960년대 일본을 대표하는 스타, 나카다이 모토히데(仲代元久) 주연작
으로, 1963년 칸영화제 심사위원대상을 수상한 영화다. 당시 황금종
려상이 루치노 비스콘티(Luchino Visconti) 감독의 〈레오파드(Leopard)〉
였다는 점을 감안하면 〈하라키리〉가 어느 정도 수준의 영화였는지

짐작이 갈 듯하다. 일본 영화, 아니 영화 전반에 관심이 있는 사람이라면 윌리엄 와일러(William Wyler) 감독의 작품, 〈벤허(Ben Hur)〉에 비견될 만한 명작으로 받아들일 것이다.

언제부턴가 생긴 습성이지만 신작보다 고전을 되풀이해 보는 식의 관람을 즐긴다. 넷플릭스(Netflix), 후루(Hulu) 같은 영화 전문 채널을 통해 고전 중 명작을 쉽게 접할 수 있는 시대다. 정확히 기억은 나지 않지만 〈하라키리〉는 다섯 번 정도 보지 않았을까 싶다. 숨이 막히는 긴장감으로 가득 채워진 영화다. 이 영화는 목숨을 건 승부에 임하는, 즉 신켄쇼부(眞劍勝負)에 나서는 사무라이 이야기가 나오지만 스토리 전개를 위한 수단에 불과하다. 진짜 스토리는 대화를 통한 부시도의 정수(精粹)를 보여주자는 데 있다.

이야기는 1630년으로 거슬러 올라간다. 츠쿠모 한지로(津雲牛四郎)라는 이름의 사무라이가 에도에 있는 히코네한(彦根藩)의 한슈(藩主) 이이가(井伊家)를 방문하면서 시작된다. 당시 에도에는 300여 개에 이르는 전국의 막부 대저택이 들어서 있었다. 지방 반란을 우려한 도쿠가와 이에야스(德川家康)가 막부의 자식을 불러들이는 과정에서 에도 대저택들이 생겨난 것이다. 인질로 에도에 불러들였지만 자신이 살 집은 막부 각자가 알아서 하라는 것이다. 찾아온 이유는 할복을 요청하기 위해서다. 스스로 할복을 할 테니 자리를 빌려달라는 얘기다.

1630년은 이에야스가 전국을 통일하고 평화에 들어선지 27년만이다. 백성에게 평화는 좋지만 사무라이에게는 달갑지 않은 존재다.

요즘 식으로 얘기하자면 한순간에 군축(軍縮)이 이뤄진다. 당당하던 사무라이도 실업자로 전락하면서 돈에 목을 매야 하는 상황이 온 것이다. 주군을 잃어버린 실업자 사무라이, 즉 로닌(浪人)이 전국에 범람한다. 프라이드가 강한 로닌은 장사나 농사 같은 일을 할 수도 없다. 학생을 가르치거나 부채나 우산 만드는 일을 통해 겨우 살림을 이어갈 뿐이다. 그러한 어려운 삶을 구차하게 연명해 가는 것보다 아예 사무라이답게 할복으로서 생을 깨끗하게 접겠다는 것이 늙은 로닌인 한지로의 방문 이유였다. 이에 대해 히코네한 한슈의 총책임자인 사이토(齋藤)는 할복을 진짜 하겠느냐고 재차 확인한 뒤 장소를 제공한다.

일본어로 '셋부쿠(切腹)'라 불리는 할복은 부시도의 하이라이트에 해당하는 의식이다. 자결(自決), 자재(自裁)란 말로도 표현된다. 죽음을 피할 수 없을 경우, 본인의 목숨을 스스로가 결정하는 것이 부시도의 예의이자 미덕이다. 싸움에 진 사무라이를 가장 욕되게 하는 방법은 머리카락을 자르고 살려 보내는 것이다. 죽일 만한 가치도 없는 인간 이하의 존재란 의미다. 패장 사무라이를 대하는 최상의 예의는 칼을 던져주며 할복을 허용하는 것이다. 아무리 원수지간이라 해도 목을 친 뒤 고향에 돌려보내는 것이 사무라이 사이의 암묵적인 예의다. 전국시대 때 풍습이지만 적의 머리를 들고 오면 돈과 자리를 보장한다. 일단 누구인지 확인하고서 시신을 고향의 가족에게 보내는 것이 일상적 풍경이다. 승자라 해도 죽음을 피할 수 없는 이상,

미래를 위한 보험이라 볼 수 있다.

전통적 의미의 할복은 예법에 따른 의식에 해당된다. 그냥 단순히 스스로 배를 가르는 것이 아니다. 정해진 순서와 환경에 의해 치르도록 명문화돼 있다. 에도시대에 행해진 죄인을 상대로 한 할복은 크게 11단계로 나눠져 진행됐다.

1. 할복이 이뤄질 것이란 통지가 죄인에게 전해진다.

2. 당일 할복에 앞서 목욕을 한다. 목욕물은 찬물을 먼저 넣고 뒤이어 뜨거운 물을 넣어 온도를 맞춘다. 뜨거운 물에다 찬물을 부어 온도를 맞추는 것이 아니다.

3. 머리카락을 자르고 흰옷을 입는다. 머리형과 옷은 할복에만 사용되는 특별한 방식과 양식이 적용된다. 옷의 경우 흰색 마(麻)를 재료로 한 것으로 목 뒷부분은 목이 쉽게 떨어져 나가도록 크게 열려 있다.

4. 할복 장소의 크기는 대략 10평 정도의 닫힌 공간으로 이뤄져 있으며 남북으로 문을 열어두면서 행한다. 남문은 수행문(修行門), 북문은 열반문(涅槃門)이라 불린다. 공간의 사방은 병풍과 대나무 같은 것들로 규격화해서 장식한다. 공간의 중간에는 뒤집힌 다다미(疊) 두 개를 설치한다.

5. 죄인은 북문에서 들어와 북문을 향하며 두 장의 다다미 가운데 남쪽에 위치한 곳에 앉는다. 죄인에 이어 할복을 돕는 가이샤

쿠닌(介錯人)은 남쪽 수행문에서 들어온다.

6. 할복 직전 흰쌀에 따뜻한 물을 넣은 밥, 세 개로 나눠진 야채, 소금이 제공된다.

7. 식사에 이어 두 잔의 술이 제공된다. 한 잔을 두 번에 나눠 마셔야 한다. 술은 더 달라고 해도 주지 않는다.

8. 이어 자신의 배를 가를 단도(短刀)가 제공된다. 길이가 11.35센티미터로 손잡이 부분은 약 5센티미터 정도다. 단도 손잡이는 나무가 아니라 가는 실로 감싸져 있다. 날이 선 칼의 절반 정도는 종이로 28회 감싸서 제공된다.

9. 가이샤쿠닌은 할복 당사자 앞에 가서 이름을 밝히며 인사를 한다. 뒤이어 뒤로 돌아서 칼을 물로 씻는다. 하늘을 향해 칼을 들고 선다.

10. 할복 당사자는 옷의 오른팔 부분을 벗어 아래로 내린다. 왼손으로 단도 손잡이의 중간 부분을 잡은 뒤, 오른손으로 손잡이 윗부분을 감싼다. 이어 왼손으로 배를 세 번 약하게 어루만지면서 긴장을 풀어준다. 배꼽에서 위쪽으로 약 1센티미터 윗부분을 중심으로 단도를 배 안으로 찌른 뒤 서서히 왼쪽에서 오른쪽으로 나아간다. 이 순간 가이샤쿠닌이 뒤에서 목을 친다. 한 번 만에 목이 떨어져 나가는 것을 할복자에 대한 최고의 예우로 해석한다. 단 한 번에 잘려진 목은 '다키구비(抱き首)'라 불린다. 마치 어린아이의 머리를 안을 때와 같은 형상

이란 의미다.

11. 이어 할복을 위해 설치된 병풍이 철거되고 사람들에게 사자(死者)의 모습을 확인시킨다. 떨어져 나간 목을 몸과 함께 연결해 수의와 함께 관에 집어넣으면서 할복 의식은 끝난다.

/ 할복을 자청하던 자들 /

다시 영화 얘기로 돌아가자. 한지로가 할복 의식에 들어가면서 가이샤쿠닌에 관한 얘기가 등장한다. 제아무리 로닌이지만 할복을 통해 부시도를 증명해 보이는 만큼 가이샤쿠닌을 한지로 자신이 지정할 수 있도록 허락해 달라고 말한다. 책임자 사이토는 한지로의 충정을 높이 산다면서 가장 실력이 좋은 사무라이를 추천한다.

단칼에 목을 친다는 것은 고난도의 기(技)와 술(術)을 필요로 한다. 칼의 수준과 사무라이의 힘 등 모든 것이 맞아 떨어져야 가능하다. 영화에서는 가이샤쿠닌의 일이 한순간에 끝나지만 사실은 전혀 다르다. 가이샤쿠닌의 참수는 두 번, 세 번 아니 네 번, 다섯 번에 걸쳐 이뤄진다. 프랑스 혁명 당시 단두대의 날이 무뎌지면서 목이 한꺼번에 떨어져 나가지 않아 몇 번이나 시행한 것과 다름없다. 칼이 목에 꽂혀 빠지지 않는 경우도 있었다고 한다.

일본 제국 군대의 만행을 얘기할 때 중국인 참수 경쟁 스토리가 등장하지만 사실 아무리 좋은 칼이라도 목을 칠 경우 단번에 무뎌진다고 한다. 일본군이 자신의 무용담을 자랑하는 과정에서 100명의 목을 쳤다고 말했을 가능성이 높다.

인간 뼈의 강도는 짚을 넣은 강한 대나무와 비슷하다고 한다. 여담이지만 진검으로 대나무를 자를 때 고수의 실력을 아는 방법은 간단하다. 잘려진 대나무의 단면이 직선인지 여부가 실력을 가늠한다. 일직선 단면은 검도 9단 정도 실력자가 아니면 불가능하다. 일직선으로 간다는 것은 힘이 한순간에 모아지면서 상대방이 고통스러워할 겨를도 없이 절명(絶命)한다는 의미다.

한 칼에 목이 떨어져 나간다는 것은 일직선을 통한 무고통 절명에 해당된다. 힘이 분산될 경우 잘린 대나무 결이 울퉁불퉁하다고 한다. 그만큼 고통을 느낀다는 의미다. 검도 고수라 해도 대부분은 울퉁불퉁한 것은 물론이고 단칼에 대나무를 치지도 못한다.

사이토가 로닌에게 가이샤쿠닌 지정권을 준 이유는 바로 최고 실력의 사무라이를 보유하고 있다는 것을 자랑하기 위함이다. 한지로는 사이토가 추천한 인물 가운데 한 명을 지정한다. 그러나 병이 나서 출근을 하지 않았다고 한다. 이어 두 번째 실력의 사무라이를 부른다. 역시 똑같은 이유를 댄다. 세 번째 사무라이를 호출하지만 역시 감기를 핑계로 댄다.

뭔가 이상한 낌새를 차린 사이토는 한지로의 의사와 무관하게 다른 사람을 통해 당장 시행하라고 명령한다. 순간 한지로는 머리카락

묶음 세 개를 던진다. 사이토가 자랑하는 실력자 세 명의 머리카락으로 가이샤쿠닌으로 지정했던 사무라이들의 흔적이다. 한지로 자신이 세 명의 사무라이를 상대해 모두 이긴 것이다. 머리카락이 잘렸다는 것은 사무라이로서 죽음 이상의 수치다.

세 명 중 한 명은 이미 할복한 상태지만 두 명은 잘려진 머리카락 때문에 출근도 못 하고 전전긍긍하면서 집에 머물고 있다. 한지로는 비웃음과 함께 자신에 앞서 할복을 해야 할 사람은 사이토의 사무라이들이라고 말한다. 한지로의 말이 떨어진 순간 사이토는 당장 죽이라고 명령한다. 곧이어 카메라는 사무라이 칼싸움으로 들어간다. 100대 1의 장렬한 싸움을 벌이다가 한지로는 온몸에 칼이 꽂힌 채 세상을 떠난다. 마지막 장면에서는 사무라이의 표상인 머리 헬멧 '가부토(兜)'를 움켜쥐며 싸운다.

영화에서 왜 한지로가 스스로 할복을 자청하면서까지 싸움을 벌이다 죽었는지가 궁금할 듯하다. 17세기 일본 전역이 로닌으로 넘쳐나면서 부시도를 생활의 방편으로 오용(誤用)하는 사람들도 나타난다. 극단적인 경우로 사무라이답게 할복을 할 테니 가족을 부탁한다는 식이다. 죽음을 내건 비즈니스라고나 할까. 17세기 초 에도에 모인 300여 막부들은 각자의 위상과 위신을 높이는 데 혈안이 돼 있었다.

일본에 가면 형형색색의 지역 특산품 종류가 엄청나다는 것을 알 수 있다. 막부 간 경쟁 속에서 지역 내 독자 상품을 열심히 개발해 판매하는 과정에서 지금과 같은 지역 특산물이 양산된 것이다. 부시도에 맞춰 할복을 행할 경우 막부 자신의 위상도 부시도에 어울리는 명가(名家)로 부상할 수 있다. 그러나 시간이 흐르면서 로닌이 늘어나고 할복 신청자도 넘쳐나면서 문제가 생긴다. 공급이 늘면서 할복에 걸맞은 보상이 어려워진 것이다. 결국 가난 때문에 찾아오는 사무라이들에게 '충정은 알겠다'면서 돈을 주며 돌려보내는 일들이 발생한다.

청년 큐죠(求女)는 그 같은 상황에 나타난 비극적 인물이다. 극단적인 가난 중에 생활하던 그는 아내와 자식조차 병으로 쓰러지면서 결심을 하게 된다. 사이토를 찾아가 할복을 요청한다. 충절을 보이면 적당한 선에서 돈을 주며 돌려보낼 것이라 판단했다. 사이토도 상황을 다 알고 있었다. 그러나 큐죠 같은 로닌이 계속해서 몰려들 경우 돈도 들고 여러 가지로 불편하다고 판단한다.

사이토는 큐죠의 상황을 알면서도 진짜 할복을 실행하도록 명령한다. 큐죠는 겁을 먹지만 체념하고 받아들인다. 그러나 죽기 전 집에 가서 자신의 상황을 마지막으로 보고하고 오겠다고 부탁한다. 하지만 사이토는 요청을 거부한다. 도망갈 것이라고 말하며 모욕을 준다. 결국 큐죠는 사이토와 다른 사무라이들 앞에서 할복을 행한다. 말이 할복이지, 차갑고도 잔인한 인간의 야만적 심리를 충족시켜주는 공개 참살이라 보는 것이 정확하다.

가난한 큐죠는 자신의 칼조차 팔아 대나무로 만든 가짜 칼을 들고 다녔다. 사이토는 사무라이답게 자신의 칼로 할복을 하라면서 대나무 칼을 그에게 준다. 큐죠는 무뎌진 대나무 칼로 수십 차례 자해하던 끝에 고통과 함께 세상을 떠난다.

한지로가 찾아온 것은 바로 할복에 처한 큐조의 죽음에 항의하기 위해서다. 상황을 뻔히 알면서도 강제로 할복에 처하고 사무라이에 대한 예의를 지키지 않았다는 것이 항의의 근거다. 스스로의 목숨을 걸면서까지 찾아온 것은 큐죠가 한지로의 사위이기 때문이다. 머리카락이 잘려진 세 명의 사무라이는 바로 큐죠 참살의 주모자에 해당된다. 같은 사무라이를 모욕한 죄로 한지로 자신이 직접 나서서 응징한 셈이다.

이 영화의 감독은 '안티(anti)'라는 접두사에 걸맞은 인물이다. 제국주의 일본의 광기와 봉건 일본의 모순을 고발 비판한 사회성이 강한 작품을 남겼던 것이다. 무죄로 투옥된 전범자의 정신적, 육체적 고통을 그린 〈두꺼운 벽의 방(壁あつき部屋)〉, 전쟁 중 만주에서 벌어진 일본의 만행을 그린 〈인간의 조건(人間の條件)〉 같은 작품은 집단 일본의 광기를 사실적으로 묘사한 일본판 네오리얼리즘을 대표한다. 영화 〈하라키리〉 역시 죽음을 매개로 한, 인간의 상식을 넘어선 극단적인 모순을 그렸다는 점에서 '안티' 영화의 본보기라고 할 만하다. 마사키 감독의 영화를 본 사람이라면 알겠지만 스토리 한 부분에 반드시 한국인이 등장하는 것도 흥미롭다.

필자가 영화 〈하라키리〉에서 주목하는 부분은 한지로와 거대한 모순과의 대립관계에 국한되지 않는다. 영화의 맛과 멋을 더하기 위한 소재로서 갈등관계이기는 하지만, 보다 근본적인 차원에서의 메시지는 다른 곳에 있다고 판단된다. 바로 부시도다. 사무라이의 원칙과 가치에 관한 부분이 한지로와 사이토로 대표되는 17세기 일본인의 세계관을 통해 영화에 반영되고 있다.

큐죠의 죽음을 둘러싼 대립관계를 통해 선과 악으로 나눠진 영화처럼 보이지만, 사무라이가 지켜야 할 부시도가 어떤 것인지에 대한 부분이 스토리 전체에 투영돼 있다. 영화 속에서 한지로는 사위의 죽음 자체를 원망하지 않는다. 사무라이의 명예와 존엄을 무시한, 사악한 인간 심리를 부정할 뿐이다. 사실 사이토의 입장에서 본다면 나름 자신이 추구하는 부시도에 의거해 큐죠를 대했다고 볼 수도 있다. 돈을 위해 찾아온 큐죠에게 사무라이로서 진짜 할복을 하라고 명령하는 것은 있을 수 있는 일이다. 그러나 대나무로 된 검을 주면서 할복하라고 한 점, 할복에 앞서 집에 가서 마지막 인사를 하겠다는 약속을 무시했다는 부분에 대해 한지로는 반발한다. 부시도를 따르는 사무라이로서 있을 수 없는 일이라는 것이다.

감독의 영화는 안티라고는 하지만, 사무라이와 부시도 자체를 부정하는 것이 아니다. 부시도의 해석에 관한 부분에서의 갈등과 부시도를 지켜야만 하는 사무라이의 고통과 고난을 묘사한 명작이라 볼 수 있다. 거꾸로 얘기하자면, 부시도로 대표되는 일본 전통 사상을 한층 더 갈망하고 추구하는 영화에 해당된다.

/ 부시도란 무엇인가 /

부시도를 얘기할 때 니토베 이나조(新渡戶稻造)라는 인물을 빼놓을 수 없다. 한국에는 잘 알려져 있지 않지만, 유럽과 미국의 아시아 전문가들에게는 메이지(明治) 천황에 비견될 만큼 유명한 인물이다. 미국에서 출간된 《부시도: 일본의 혼(Bushido: The Soul of Japan)》의 저자다. 이 책은 1900년에 출간됐다. 일본어 책을 번역한 것이 아니라 처음부터 영어로 쓴 것이다. 출간되자마자 미국과 유럽에서 베스트셀러로 자리잡는다. 일본어로 번역된 것은 이후 8년이 지난 1908년이다.

26대 미국 대통령 시어도어 루스벨트(Theodore Roosevelt)는 가쓰라 태프트 밀약을 통해 일본의 한반도 지배권을 인정했다. 루스벨트가 가진 일본관의 대부분은 이나조가 쓴 《부시도》에서 온 것이다. 존 F. 케네디를 비롯해 역대 미국 대통령은 물론, 서구의 지식인이라면 반드시 접하는 일본 이해 기본서가 바로 이 책이다.

《부시도》는 서구만이 아니라 일본인에게도 큰 영향을 끼쳤다. 일본 아마존에 들어가 '니토베 부시도'라고 검색하면 348권의 책이 나온다. 1908년 이와나미(岩波) 출판사가 번역 출간한 이래 매년 각 출판사들이 경쟁적으로 새롭게 번역해 펴낸 책들이다. 내용은 거의 비슷하지만 이나조의 영어를 보다 알기 쉽게 전달하는 과정에서 매년 신판 번역서가 출간된다. 저작권과 무관하기 때문에 출판사 모두가 경쟁적으로 출간한다. 물론 매년 새롭게 업그레이드해서 나온다. 필자의 경우 1990년 이와나미 출간 40판을 소장하고 있지만, 출판사마다 보통 50판 가까이 중판(重版)해 왔다. 일본 국민이라면 모두가 읽는 국민 기본서에 해당된다.

이나조는 저술의 동기를 자신의 부인과 친구들에게 두고 있다. 원래 농학학자로 미국에서 공부하던 중 많은 친구들을 만난다. 미국인과 결혼하면서 사무라이, 부시도에 대한 궁금증이 많다는 점을 알게 된다. 그들에게 영어로 설명하는 가운데 저술의 필요성을 느껴 출간하게 됐다는 것이다. 그의 책과 관련해 필자가 주목한 부분은 두 가지다.

첫 번째는 출간된 해가 1900년이란 점이다. 당시 미국에서 영어로 된 한국 관련 책은 거의 전무하다. 단편적인 글은 있겠지만 역사와 심리를 파고드는 저서는 전무하다고 봐도 된다. 최근 화제가 된 이승만 전 대통령의 영어 저서 《일본 내막기(Japan Inside Out)》가 세상에 나온 것은 1941년 진주만 공격 직전이다. 이는 한국을 설명하는 책이 아니라 일본의 호전성을 알린 책으로 영어로 된 한국인 저서의 출발점이다.

문(文)의 나라라 자랑하지만 자국을 해외에 알리려는 노력은 한참 뒤졌다고 볼 수 있다. 이러한 상황은 21세기에 들어선 지금도 변화가 없다. 한국이란 나라의 심층을 이해할 수 있는, 한국인에 의해 만들어진 제대로 된 영어책이 존재하는지조차 의문이다.

아이러니컬하게도 이나조가 1900년에 책을 낸 것은 당시 한반도 상황과 연결해 해석될 수 있다. 1894년부터 시작된 청일전쟁을 살펴보자. 일본이 중국을 격퇴하면서 동아시아에서 일본의 위상이 전 세계에 알려진다. 중국이 아시아의 대표 주자라 생각하던 서방의 세계관을 근본부터 흔든 것이다. 일본에 대한 수요와 궁금증이 더해지는 과정에서 때마침 미국에서 요양 중이던 이나조가 책을 출간하게 된 것이다. 미국인 부인과 친구들의 질문에 답하는 식으로 만들어진 것이 책의 골자다.

두 번째는 동과 서를 오가며 비교분석한 입체적 차원의 문화인류학 관점 하의 책이란 점이다. 《부시도》는 전부 17장으로 이뤄진 150페이지 정도의 책이다. 도덕 체계로서의 부시도, 부시도의 연혁, 의(義), 인(仁), 용(勇), 예(禮), 성(誠), 충(忠), 할복, 일본도, 부시도의 장래 등에 관한 얘기로 이루어져 있다. 구한말의 유학자가 본다면 한국인이 중요하게 여기는 가치나 덕목과 비슷하다고 말할 부분이 적지 않다. 그러나 내용의 대부분은 단순히 자신의 생각이나 현황을 설명하는 데 그치지 않는다. 그는 프로테스탄트의 일종인 퀘이커 교도다. 서양을 이해하고 학자로서 동과 서를 오가며 체득한 세계관을 바탕으로 한, 동서비교문화론으로서 이 책을 펴낸 것이다. 예를 들어 제2장의 부시도의 연혁에 언급된, 비교문화론적 관점 하의 분석을 살펴보자.

'그리스 로마의 문화를 비교한 테오도르 몸젠의 책에 따르면 그리스인은 예배를 할 때 눈을 하늘에 (신) 두면서 행하지만, 로마인은 머리로 (신을) 생각하면서 기도를 한다고 한다. 그리스인이 응시(凝視)라고 한다면 로마인은 내성(內省)이란 측면에서 신을 대한다고 볼 수 있다. 일본인의 종교관은 로마인의 것과 일맥상통하는 내성에 주목하는 것으로….'

일본 농학자가 쓴 책이 출간 즉시 베스트셀러 대열에 올라설 수 있게 된 이유는 여러 측면에서 풀이해볼 수 있다. 동서고금을 오가는 해박한 지식과 지혜에 기초한, 이른바 리버럴 아츠(Liberal Arts: 기초교양) 관점에 입각한 저서였다는 점은 가장 큰 이유 중 하나였으리라 판단된다.

/ 죽음이 아닌 삶에 주목하는 가치관 /

부시도는 여러 각도에서 설명될 수 있는 일본의 과거, 현재 그리고 미래의 나침반에 해당된다. 과거로 치부할지 모르지만 위기 시 일본에서 접할 수 있는 것이 부시도에 관한 것이다. 2012년 말 아베 신조(安倍晋三) 등장 이후 지금까지 이 책이 베스트셀러로 등장한다. 중국 발 위협이 가속화되면서 《부시도》가 인기를 끌게 된 것이라는 분석이 있다.

《부시도》의 내용 가운데 한국인이 가장 잘 모르는 부분은 '하라키리', 즉 할복에 관한 부분이다. 유교적 가치관에 따르면 부모에 앞서 죽거나 몸을 자해하거나 절단하는 행위는 인륜과 예에 어긋나는 최악의 경우에 해당된다. 충, 인, 의, 예, 성처럼 한국의 유교와 비슷하지만 어떻게 해서 죽음을 염두에 둔 세계관으로 나아갔는지 궁금하게 느껴진다.

여러 측면에서 풀이될 수 있겠지만 죽음을 생각하는 사람일수록 삶에 더 집착한다는 점이 최적의 답이 되지 않을까 싶다. 삶의 공포로서 죽음이 아니라, 죽음의 공포에 맞선 삶의 즐거움이 하라키리라는 극단적인 상황을 연출해낸 것이다. 따라서 하라키리는 극단적인 경우에 나타나는 것일 뿐, 일상에서는 거의 없다고 보면 된다.

히로히토(裕仁) 천황은 1945년 8월 11일 심야 회의에서 포츠담 선언을 받아들이겠다고 말했다. 당시 군부 내각을 대표하는 여섯 명이 참가해 천황의 항복 의사를 듣는다. 돌아가서 할복을 한 사람은 육군 대신 아나미 고레지카(阿南惟幾) 단 한 명이다. 나머지 다섯 명은 모두 살아남아서 이후 일본 재건에 나선다. 필자는 여섯 명 전원 할복하는 것이 부시도의 전통이라 믿는다. 그러나 전통은 전통일 뿐 현실과 다를 수도 있다.

부시도는 죽음을 위한 것이 아닌 삶에 주목하는 가치관이다. 한국인이 보면 오해하기 쉬운 세계관이지만 1940년대 전쟁 중 '1억 결사 옥쇄(玉碎)'와 같은 광기는 부시도를 오용한 일본판 탈레반들의 생각이었다고 보면 된다. 평화 시 부시도는 살아남는 것이다. 그러나 전쟁 시 일본판 탈레반이 득세할 경우 죽음의 행진곡으로서 부시도로 둔갑하기 쉽다. 한국전쟁 당시의 인민재판이나 중국 문화혁명 당시의 상황과 비슷하다. 《부시도》는 전후(戰後) 일본 주식회사의 가치관이자 세계관으로 확립된다. 하라키리 부분이 아니라, 하라키리를 염두에 둔 비장한 세계관이 핵심이다.

상대적이지만 일본의 경우 부정부패나 상위층의 경제 독점 같은 것이 거의 없는 나라다. 조금씩 바뀌고 있지만 회장이나 사원의 대우도 크게 다를 것이 없다. 회장의 월급도 같은 연령대의 직원보다 조금 많을 뿐이다. 지배 계급으로서 사무라이가 지켜야 할 청빈의 세계관에 따른 것이다.

모든 나라가 그러하듯 일본 역시 갖가지 모순과 갈등으로 뒤덮인 나라다. 상대적으로 안심할 수 있는 것은 바로 부시도에 입각한 사무라이, 즉 일본 지배층의 도덕적, 윤리적 청결성에 있지 않을까 싶다. 한국과 중국이 부족한 부분으로 일본이 다른 나라에 비해 갈등의 정도가 미미한 이유이기도 하다.

최근의 한국 상황을 보면 무도(武道)는 있어도 무사도(武士道)는 없는 사회처럼 느껴진다. 자고 나면 방산 비리, 정치인 기업인의 부정부패 관련 뉴스로 넘친다. 최근에는 운동선수에 연예인, 마침내 최고권력과 그 주변인물조차도 가세하는 형국이다. 국민 소득 5만, 10만 달러가 된다 해도 행복해지기 어려운 나라가 한국이다. 도덕적, 윤리적 가치 기준의 구축이 절실한 나라가 오늘날 한국의 모습이다.

전국시대 3걸과 한중일 영웅론

/ 불꽃의 사나이라는 롤 모델 /

신문 읽는 재미를 느낀 것은 오랜만이다. 김종필(金鍾泌) 전 국무총리가 중앙일보에 연재하던 '소이부답(笑而不答)' 덕분이다. 언제부턴가한국 일간지는 스포츠 신문이나 선데이서울로 변해가고 있다. '소이부답'은 오랜만에 터진, 그동안 잊어버렸던 진짜 저널리즘의 부활로느껴진다. 장기간에 걸쳐 심도 있게 다뤄진 특정인에 관한 회고록가운데 비견될 만한 것이 거의 없을 듯하다. 저널리즘 역사를 통틀어도 전대미문(前代未聞)의 스토리로 남을 듯하다.

최근 접한 소이부답 가운데 필자가 관심 있게 대한 것은 9월 18일,

84회 부분이다. '권력자의 속성과 2인자'란 소제목 하에 1980년 7월 2일 벌어진 일을 전하고 있다. 장소는 서빙고 보안사 취조실이다. 감금된 김종필을 만나러 당시 보안대 사령관 노태우 중장이 찾아왔다. 노 중장은 인생, 군대 그리고 군사정변의 선배인 김종필에게 조언을 원한다. 김종필은 말한다. "1인자를 절대 넘겨다보지 말라. 의심 받을 일은 하지 말라." 평생 2인자로 살아온 처세술을 노태우에게 전해준다. 그러나 김종필은 글에서 자신은 원래 2인자로서만이 아니라, '혁명가로 죽을 각오를 하고 세상에 덤볐다'라고 회고한다. 자신이 주도한 1960년 4·19 이후 정군(整軍)운동도 '(잘못될 경우) 할복자살할 심정으로 행했다'라고 말한다.

84회 회고록에서 가장 흥미로운 것은 오다 노부나가(織田信長)에 대한 얘기다. 일본 전국(戰國)시대의 세 영웅, 오다 노부나가, 도요토미 히데요시(豊臣秀吉), 도쿠가와 이에야스(德川家康) 가운데 노부나가를 가장 좋아했다고 한다. 정군운동 당시 죽음을 각오한 것은 부하의 반역으로 수세에 몰려 할복한 노부나가를 염두에 둔 것이라 설명한다. 얘기를 종합해보면 김종필이 '불꽃의 사나이'라 부른 노부나가야말로 젊었을 당시 롤 모델이었다고 해석할 수 있다. 나폴레옹을 롤 모델로 삼았다는 얘기도 회고록에 나오지만 일본의 경우 노부나가가 김종필의 우상인 듯하다.

김종필은 90세(2015년)다. 졸수(卒壽) 또는 동리(凍梨)라 불리는 삶을 졸업하는 해여서 얼굴에 반점이 생겨 얼어붙은 배 껍질처럼 되는 나이가 90세다. 해를 넘겨 2016년에는 망백(望百), 즉 100세를 바라보는 엄청난 삶이 된다. 닮고 싶은 위인을 향해 달려가던 인생이 아니라, 후학과 후손들에게 롤 모델로 받아들여지기에 충분한 나이와 경륜이다.

군인, 정치인으로서의 김종필을 존경할지 여부에 관계없이 인생 90세란 이유 하나만으로도 삶의 지혜와 지식을 겸비하고 있다고 볼 수 있다. 김종필을 롤 모델로 한다고 할 때 궁금한 것이 하나 있다. 망백을 눈앞에 둔 김종필은 과연 자신이 구축한 롤 모델을 어떤 식의 이미지로 규정할 수 있을까? 스스로가 스스로의 이미지를 규정하기는 어렵겠지만 굳이 전국시대 3걸에 비교한다고 할 때 누가 자신이 걸어온 삶과 비슷하다고 말할 수 있을까? 산전수전, 파란만장, 우여곡절로 이어온 소이부답의 인생을 노부나가, 히데요시, 이에야스 3걸 가운데 누구와 닮았다고 답할까?

김종필을 일본 전국시대 3걸에 비교한다는 데에 대해 불편하게 생각하는 사람도 있을 듯하다. 왜 굳이 일본인을 대상으로 하느냐고 묻는 사람에게는 김종필이 1926년생이란 점을 알리고 싶다. 식민지 중반기에 접어들면서 한국이 얻은 지식은 거의 대부분 일본이란 창문을 통해 수입됐다. 친일, 반일로 나눌 만한 '꺼리' 자체가 없던 시대다.

민족주의 사관(史觀)에 입각해 뭔가를 내세우고 싶지만 바깥 세계와 철저히 차단된 암흑시대 그 자체가 당시 한국 사회다. 김종필이 접한 나폴레옹이나 예술 문학의 세계도 대부분 일본의 서적과 신문 등을 통한 경험이었을 것이라 필자는 확신한다. 식민지 종주국 일본을 통해 자신의 현재와 미래를 설계한 것이 1926년생 김종필인 것이다. 전국시대 3걸에 관한 얘기는 당시는 물론, 21세기 현재도 일본을 대표하는 역사 스토리 중 하나다. 역사 교과서에서부터 가부키(歌舞伎) 소설, 영화, 만화, 음악, 패션에 이르기까지 다양한 주제와 소재로 전달돼 왔다. 식민지 시대의 청년 김종필도 그 같은 얘기를 들으며 성장했을 것이다. 외국의 인물보다 전국시대 3걸이 김종필에게는 훨씬 더 선명하게 와 닿을 듯하다.

/ 지지 않을 때 박수를 쳐라 /

노부나가, 히데요시, 이에야스 3걸은 출세 과정이나 통치 방법, 나아가 삶의 마지막 장면에 이르기까지 모든 것이 너무도 극명하게 다른 인간 세계의 압축판에 해당된다. 많은 한국인들은 중국의 《삼국지》를 통해 백인백색 인간 세계를 경험하고 공부해왔다. 중국과의 교류가 늘어가고 거꾸로 일본을 멀리하는 과정에서 《삼국지》에 대한 관심과 열의는 한국 지식인의 필수 코스쯤으로 여겨진다.

필자는 어릴 때는 《삼국지》, 30대 이후는 일본 전국시대에 관한 책이나 영화를 접했다. 《삼국지》와 전국시대 스토리는 비슷하면서도 아주 다른, 중국과 일본이란 나라를 이해할 수 있는 비교문화 교과서에 해당된다. 여러 측면에서 살펴볼 수 있지만 필자가 주목하는 부분은 오직 하나, 생사관(生死觀)에 관한 부분이다. 《삼국지》의 경우 살려고, 살아서 중원에서 자신의 대의명분을 세워보려는 부분이 주된 내용으로 자리잡고 있다. 상대를 꺾고 올라설 수 있는 전략, 전술, 지식, 지혜가 총동원된다. 필자의 단편적인 판단이겠지만 '토너먼트 최정상 쟁탈전' 같은 것이 《삼국지》에서 느껴지는 세계관이다. 예외도 있겠지만 승자승 원칙에 의해 토너먼트에 못 올라갈 경우 죽음과 함께 세상에서 사라진다.

일본 전국시대는 어떨까? 생존에 목을 매고 생존을 통해 뭔가를 이루려는 본능적인 부분은 《삼국지》 못지않다. 전략, 전술, 지식, 지혜란 측면에서 볼 때 상상을 초월할 정도로 무궁무진하다. 생존을 위해서라면 문자 그대로 물불을 안 가린다. 그러나 생존 방법이 다르다. 적을 치면서 이기는 것이 아니다. 적에게 지지 않는 부분에 방점을 찍는다. 공격에 성공하는 것이 아니라 수비에 성공하면서 상대를 꺾는 식이다.

《삼국지》가 이기는 부분에서 희열을 느끼는 얘기라 할 때 전국시대의 얘기는 지지 않을 때 박수를 치는 스토리다. 적에게 패할 경우 닥칠 죽음에 관한 얘기도 넘치고 넘친다. 승리를 염원하는 《삼국지》와는 전혀 다른 설정이다. 이기든 지든 언젠가 죽음을 피할 수 없다는 전제 하에 만약 적에게 패하여 죽을 경우 얼마나 아름답고 장렬하게 생을 마감할 수 있을까, 라는 부분을 중요하게 여긴다. 결국은 똑같은 얘기라 말할지 모르지만 세상을 대하는 전혀 다른 세계관이 《삼국지》와 전국시대를 통해 비교해볼 수 있다.

전국시대 3걸과 관련해 한국인 대부분이 알고 있는 얘기로 두견새 일화가 있다. 실제 여부를 떠나 세 사람의 캐릭터를 한마디로 압축한, 일본인 모두가 알고 있는 얘기다. 두견새가 울지 않을 경우 어떻게 할 것인가, 라는 질문에 대한 답이다.

노부나가 : 울지 않으면 죽어버리겠다.
히데요시 : 울지 않으면 울게 만들겠다.
이에야스 : 울 때까지 기다리겠다.

김종필이 청년기에 롤 모델로 삼은 노부나가는 전국 3걸 중 첫 번째 주자다. 1534년생으로 48세에 세상을 떠난다. 참고로 히데요시는 1537년생으로 61세가 되던 1598년에 숨진다. 이에야스는 1543년생으로 73세가 되던 1616년 저 세상으로 간다. 노부나가와 히데요시는 세 살 차, 히데요시와 이에야스는 여섯 살 차이다. 전체적으로 세대차를 느끼지 않을 비슷한 연령대다.

노부나가는 김종필의 롤 모델인 동시에 일본인 모두의 롤 모델이기도 하다. 일본인 100명에게 전국 3걸 가운데 누구를 가장 좋아하는지 물어보면 90퍼센트 이상이 노부나가를 꼽는다. 영화, 소설, 만화

심지어 게임을 봐도 가장 많이 등장하는 주인공은 노부나가다. 역사 인물 가운데 메이지시대의 지사들에 관한 얘기도 일본인들의 생활 속에 스며들어가 있지만, 미남에다 화끈한 성격의 노부나가에 비하면 새 발의 피다. 캐릭터는 조금 다르지만 한국의 이순신 같은 존재가 노부나가다. 죽은 지 435년이 넘었지만 1년 365일 소설, 영화, 텔레비전, 게임을 통해 노부나가의 인기와 열풍이 이어지고 있다.

일본인들이 노부나가라고 말하면 가장 먼저 떠오르는 '혼노지(本能寺) 사건'은 역사 인물 인기 1위인 가장 큰 원인일 듯하다. 1582년 6월 2일 교토 근처의 사찰인 혼노지에서 벌어진, 일본 역사상 최대의 하극상 반란으로 알려진 사건이다. 노부나가의 부하이던 아케치 미츠히데(明智光秀)가 일으킨 새벽 네 시쯤에 벌어진 참변이다. 무려 1만 3,000명의 미츠히데 군대가 100명의 노부나가를 살육했다고 한다.

당시 포르투갈에서 들여온 화약총인 철포를 이용해 공격했다. 이때 혼노지에 보관 중이던 화약이 터지면서 절 전체가 통째로 불에 타 사라진다. 노부나가는 적에 맞서 활을 쏘며 마지막까지 혼자서 대항했다. 부상을 입자 혼자 불타는 절로 들어가 생을 마감했다고 한다. 혼노지가 전소되면서 이후 노부나가의 시신은 발견되지 않았다.

김종필은 노부나가가 부하의 공격을 피해 할복했다고 말하지만 일본 역사가들 사이에서는 이론(異論)도 많다. 불타는 절에서 할복한다는 것이 사실상 불가능하다는 점을 들어 자살을 준비하던 중 불에 타 숨졌을 가능성이 높다고 말한다. 자해 도중 사망이다. 그러나 노부나가 팬들의 대부분은 반역자에게 목을 주기보다 스스로 할복한 뒤 목을 부하에게 시켜 다른 곳으로 옮겼다는 식으로 해석한다.

아무도 본 사람이 없지만 죽기 전에는 노부나가의 전매특허라 할 만한 노(能)의 한 부분을 읊조리며 스스로 목숨을 끊었다고 믿는다. '길어야 50년에 불과한 인생, 천상(天上) 세계의 시간에 비하면 한순간의 꿈과 환상에 지니지 않는 시간. 생명이 있는 모든 존재는 언젠가 전부 사라져갈 뿐(人間五十年, 下天のうちをくらぶれば夢幻のごとくなり, 一度生を受け滅せぬもののあるべきか).'

시구절의 머리에 등장하는 '인생 50년(人間五十年)'이란 단어는 노부나가의 생사관, 나아가 캐릭터 전부를 압축한 말이다. 일본인에게는 '노부나가 = 인생 50년'으로 각인돼 있다. '언젠가 죽는 것은 당연한 것이지만 죽을 때 죽더라도 살아 있을 때 무엇을 할 것인가라는 것이 살아 있다는 증거가 될 것이다'라는 의미다.

/ 3걸의 역사를 뒤돌아보며 /

필자는 김종필이 청년기의 롤 모델로 노부나가를 선택한 것이 이해가 간다. 싸우던 중 불에 타 숨진 인물이 전국 통일이란 명분에 인생 전부를 불살랐기 때문이다. 그러나 노부나가가 당한 혼노지 사건을 보면 김종필과 노부나가 사이에 얽힌 공통분모를 되새기지 않을 수 없다. 일본 역사가들은 혼노지 사건을 역사상 유례가 없는 쿠데타로 규정한다. 반란자인 미츠히데는 이후 전국 통일의 주역으로 나선다. 그러나 노부나가 지원군의 공격에 맞서 싸우다 패한다.

일본 역사는 미츠히데의 11일 천하라고 기술한다. 도망가던 중 혼노지 사건 22일 만인 6월 24일 농민의 죽창에 찔려 '황당하게' 사망한다. 농민이 보기에도 대의명분을 잃은 개인적 욕심으로 채워진 것이 그의 쿠데타였다. 민심을 잃은 것이다. 노부나가 쿠데타에 의해 목숨을 잃었고 쿠데타를 일으킨 주범도 이후 농민에게 살해된 것이 혼노지 사건과 그 이후의 상황이다.

5·16의 의미를 쿠데타와 혁명, 어디로 할지에 관한 얘기는 잊을 만하면 나타나는 주기적 이슈에 해당된다. 각자의 역사관에 따라 다르겠지만 하극상인 것은 분명하다. 명분이야 충분하지만 하극상을 통한 대한민국 역사상 최단기간에 이뤄진 최대급의 지배층 물갈이가 5·16의 의미다.

잘 알려져 있듯이 박정희 대통령은 5·16의 힌트를 2·26 사건에서 얻었다고 한다. 1936년 2월 26일 도쿄에서 벌어진 육군 청년 장교의 쿠데타다. 천황의 이름을 내건 뒤, 군부 확장에 반대하던 고관들을 살해하고 정부를 군부 내각으로 바꾸려던 하극상 쿠데타다. 천황이 청년 장교들의 요청에 응하지 않자 대부분의 쿠데타 핵심은 할복을 통해 실패를 인정한다.

그러나 2·26사건은 이후 태평양전쟁으로 몰아가는 계기로 작용한다. 2·26사건 이후 군부에 대한 비판 자체가 중단되면서 일본 열도 전체가 전쟁 모드로 변해갔기 때문이다. 필자의 추측이지만 김종필이 5·16을 기획할 당시 혼노지 사건도 참고가 되지 않았을까 판단된다. 천하의 노부나가를 없앤 미츠히데의 기습 공격만이 아니라 쿠데타 이후 나타난 민심에 대한 부분을 한층 더 연구했을지 모르겠다. 쿠데타 성공 여부도 중요하지만 이후 주변으로부터 동조를 얻지도 못하고 특히 민심을 얻지 못할 경우 곧바로 실패하게 된다.

히데요시는 1592년 임진왜란으로 인해 한국에도 잘 알려진 인물이다. 관상(觀相)이 원숭이를 닮아 일본에서는 '사루(サル: 猿)'라는 별명으로도 통한다. 전국시대 3걸 가운데 일본인이 가장 무관심하게 대하는 인물이다. 잘 알려져 있듯이 히데요시는 빈농 출신으로 전국시대 최고봉에 올라선 인물이다. 원래부터 사무라이가 아니라 노부나가의 시중을 들다가 전쟁에 참가해 전과를 올리면서 승승장구 출세를 한 입지전적 인물이다.

노부나가와 이에야스는 원래부터 뼈대가 있는 명문 집안의 자식들이다. 히데요시와는 근본이 다르다. 사실 히데요시가 노부나가의 뒤를 이을 정도로 출세한 가장 큰 이유는 노부나가가 보여준 실력주의에 기초한 인재 등용에 있다. 노부나가는 일본 역사상 처음으로 능력주의를 실천한 인물이다. 집안 뼈대와 같은 기존의 질서와 무관하게 능력만 보이면 그 자리에서 곧바로 발탁했다. 21세기에 보면 너무도 당연하지만 노부나가 이전에는 없던 인사(人事)제도가 능력주의다. 히데요시는 노부나가 앞에서 'NO'라고 말한 적이 단 한 번도 없다. 아첨이 아니라 아무리 어려운 군사 작전이라도 'YES'라고 답했다.

혼노지 사건은 히데요시가 노부나가의 정통성을 이어받은 결정타다. 그는 미츠히데의 쿠데타로 노부나가가 숨졌다는 얘기를 듣는 순간 군대를 이끌고 반격에 나선다. 노부나가가 사라진 상태에서 미츠히데는 새로운 주역으로 등장한다. 모두가 우유부단할 때 휘하의 2만 7,000명을 이끌고 200킬로미터를 7일 만에 달려와 미츠히데와 싸운다.

1만 7,000명의 미츠히데 쿠데타군은 수적으로는 열세지만 최신 무기 철포로 무장돼 있기에 나름대로 승산도 있었다. 그러나 히데요시는 맞부딪치는 즉시 전광석화(電光石火) 작전으로 쿠데타군을 궤멸한다. 승리 후 히데요시는 형식적으로 노부나가 자식을 전면에 내세우면서 자신의 정통성을 다진다.

일본인들이 히데요시를 떠올릴 때 가장 먼저 생각하는 말이 하나 있다. '인생 말기에 엉망이 된다(晩節を汚す)'는 말이다. 젊었을 때 최선을 다해 열심히 일하면서 성공하지만 죽기 직전에 상식 이하의 행동이나 말을 하면서 그동안 쌓아온 것을 전부 무너뜨리는 인생을 의미한다. 성공한 사람들의 인생 말기에 보여주는 막장 스토리에 해당된다.

일본인 사이에서 최악의 욕 중 하나로 모두가 피하는 존재다. 매

년 일본인들 사이에서는 올해 최악의 '晚節を汚す 리스트'가 공표되기도 한다. 툭하면 터지는 한국 내 재벌 자식들 간의 낯 뜨거운 싸움은 재벌 아버지 막장 삶의 이면에 해당될 듯하다. 돈과 관련된 자식들끼리의 이전투구(泥田鬪狗)의 가장 큰 책임은 바로 자식들 교육 하나 제대로 못시킨 막장 부모에 있다.

히데요시가 막장 말년을 상징하는 인물이 된 것은 두 차례에 걸친 임진왜란에 있다. 나름대로 머리를 쓰는 과정에서 조선을 희생양으로 삼았겠지만 바다 건너만이 아니라 일본 내부에서도 엄청난 피해가 생긴다. 무리하게 전쟁을 추진하는 과정에서 인적, 물적 손해가 엄청나다. 가난을 무기로 출세한 사람들의 특징 중 하나로 끝없는 물욕을 빼놓을 수 없다.

'나리낑(なりきん)', 즉 벼락부자는 히데요시의 별명 중 하나다. 그는 전국시대 최고 실력자로 있는 동안 전국에 산재한 금 채굴권을 독점한다. 전국의 금을 전부 끌어 모아 활동 자금과 사치스런 행사에 동원한다.

금으로 도배를 한 이동용 차실(茶室)을 동원해 가는 곳마다 차도(茶道)를 할 수 있도록 했다. 심지어 금으로 도배한 전쟁용 의복을 입고 전쟁에 임하기도 했다. 여성들과의 난잡한 관계도 남다르다. 수백 수천 명의 여성을 궁궐에 머물게 하면서 거의 매일 향연을 즐겼다고 한다. 문화라는 측면에서 보면 공헌을 했다고도 볼 수 있지만 보통 일본인이 보면 한순간 돈방석에 오른 졸부의 행태로 받아들일 뿐이다. 차도도 하고 문화도 즐기지만 어릴 때부터 몸에 배인 가난과 열등감을 이겨내려는 위선으로 비쳐질 뿐이다. 차별과 편견에 찬 표현일지 모르겠지만 '근본이 근본이기에…'라는 식으로 해석되는 인물이 도요토미 히데요시다.

한국의 경우 히데요시와 같은 캐릭터가 박수를 받기 쉽다. 가난을 딛고 일어선 입지전적인 인물의 경우 좀 모자란다 해도 후한 점수를 주는 경우가 많다. 텔레비전에서 유명인의 회고담을 들으면 십중팔구 어릴 적 가난을 단골 메뉴로 집어넣는다. 모두가 쉽게 감동하기 때문이다.

일본의 경우 '가난의 정당성'이란 문화가 드물게 존재한다. 한국과 다른 사회 환경에서 비롯된다. 가장 큰 이유 중 하나로 천황과 귀족 계급의 존재 때문이 아닐까 싶다. 이들이 수천 년간 구축한 기존의 문화가 존재하기 때문에 가난의 정당성이 힘을 쓰기 어렵다. 천황과 귀족 계급과 더불어 살아갈 경우 스스로의 문화와 교양도 높일 수 있다. 돈은 그 다음의 문제다.

가난을 이긴 부자들의 성공 스토리도 있지만 천황과 귀족들이 지속해온 고급문화에 비하면 지극히 천박한 내용에 불과하다. 아무리 돈이 많은 도쿄라 해도 교토의 품격을 따라갈 수 없는 것과 똑같다. 유명인의 경우 가난에서 파생되는 듯한 언행이나 이미지를 보여주는 순간 인기 추락이다. 히데요시에 대한 부정적인 이미지는 그 같은 일본 문화의 특징을 보여주는 좋은 본보기다.

이에야스는 전국시대를 끝내고 250년 에도시대를 연 인물이다. 도쿄를 수도로 잡으면서 평화 시대를 만끽한 일본 르네상스를 창조해낸 인물이다. 일본인들이 이에야스를 언급할 때 가장 먼저 떠오르는 이미지 중 하나가 장수(長壽)다. 그는 일본 남성의 평균 수명이 30세 정도이던 때 73세라는 공전의 기록을 세운 인물이다.

당연한 상식이지만 건강하게 오래 살 경우 언제가 한번쯤은 찬스를 얻게 된다. 젊을 때 두리번거리며 성공한다 해도 몸을 해치거나 위험한 일을 하는 과정에서 명을 일찍 끝내는 경우가 많다. 노부나가야말로 일본인이 가장 환호하는 넘버원 인물이라고 말했지만 실제로 스스로가 원하는 인물상을 들라면 이에야스가 노부나가를 제친다.

오늘날 수많은 이들이 빈센트 반 고흐를 좋아하겠지만 평생 무직자에 무일푼으로 살아간 고흐와 같은 인생을 원하는 사람은 극히 드물다. 장수 영웅 이에야스는 일본 역사를 통틀어 몸에 특별히 신경을 쓴 건강 오타쿠(オタク)로도 유명하다. 의사의 도움 없이 스스로 약을 만들고 술과 여자를 멀리하면서 음식도 조절하고 운동에도 신경 썼다고 한다. 평소 사무라이들과 대화의 주된 내용 중 하나가 건강 문제였다고 한다.

그의 장수는 전국 통일의 마지막 승리자로 결정된 중요한 요인이다. 앞서 두견새에 관한 전국시대 3걸의 캐릭터를 살펴봤지만 비슷한 맥락으로 떡을 매개로 한 3걸의 궤적에 관한 비유도 유명하다.

'노부나가는 떡을 치고, 히데요시는 떡을 먹음직스럽게 빚어내고, 이에야스는 그 떡을 먹는다.'

/ 2인자는 위험하다 /

위 표현은 산산조각으로 갈라진 전국시대의 혼란을 평정한 1세대 통일의 주역이 노부나가이며 이어서 혼노지 사건을 계기로 왕좌에 오른 2세대 히데요시, 그를 누르고 최후의 승리자로 에도 막부시대를 연 3세대 이에야스라는 의미다. 전국시대 3걸은 비슷한 나이로 서로가 서로를 잘 알고 있는 관계다. 모두 나고야(名古屋) 지역을 기반으로 한 인물들로 히데요시가 노부나가의 부하로, 이에야스는 원래 노부나가의 부하로 있다가 이후 히데요시의 부하로 일하게 된다. 이들은 서로 간에 친척으로 얽인 관계로, 본인은 물론 자식들의 결혼을 통해 합쳐진다. 서로를 잘 알면서 함께 성장하지만 시간이 흐르면서 하나씩 사라져 간 것이다. 이에야스는 최후의 승리자다.

일본인에게 이에야스의 장수는 육신과 더불어 정신의 승리라는 식으로 받아들여진다. 말년에 막장 인생인 히데요시와 질적으로 다르다. 이에야스는 인내와 인고의 세월을 통해 천하를 차지한 인물이다. 두견새 비유에서 보듯 울 때까지 마냥 기다리는 것이 이에야스다.

김종필이 노태우에게 말했듯 2인자는 위험하다. 1인자를 넘보는 순간, 의심 받을 일을 하는 순간 어디론가 사라진다. 이에야스는 노부나가는 물론 히데요시 때에도 2인자에 올라선 인물이다. 혼노지 사건 때 자신이 직접 나서 쿠데타 세력을 처벌하려 했지만 히데요시의 발 빠른 행보에 당한다. 노부나가는 자신과 비슷한 배경을 가진 귀족 출신 이에야스를 수시로 경계하고 시험한다.

1579년 10월 발생한 이에야스의 장남 노부야스(德川信康)의 할복 사건은 유명한 일화다. 노부야스는 아버지가 주군으로 모시던 노부나가의 노부(信)와 아버지 이에야스의 야스(康)를 합쳐 만든 이름이다. 이름에서부터 노부나가를 향한 충성심이 느껴진다. 장남 노부나가는 이후 노부나가의 딸인 도쿠히메(德姬)와 정략 결혼한다.

노부나가와 이에야스는 사돈지간이 된다. 그러나 문제는 이에야스의 부인 아사히메(朝日姬)와 며느리인 도쿠히메와의 관계다. 당시 이에야스는 노부나가의 부하다. 그런데 도쿠히메가 이에야스 집안에 들어서면서 서열이 뒤바뀐다. 이에야스의 딸이 노부나가 딸의 시어머니 행세를 한 것이다. 이때 고부간의 갈등이 폭발한다.

도쿠히메는 아버지 노부나가에게 수시로 비밀편지를 보내 자신의 고통을 하소연한다. 편지 중에는 이에야스와 히데요시가 힘을 합쳐 뭔가 일을 벌이려한다는 첩보도 들어 있다. 도쿠히메는 자신의 남편 노부야스가 반역의 중심에 서 있다고 보고한다. 노부나가는 곧바로 출진 명령을 내린다. 부하이자 사돈 관계인 이에야스에게 책임을 지고 장남 노부야스를 죽이라고 명령한다. 만약 죽이지 않을 경우 노부나가가 그대로 밀려 내려올 태세였다.

보통 사람이라면 어떤 반응을 보였을까? 죽을 때 죽더라도 부당한 요구에 굴하지 않고 장남을 위해서라고 싸움에 응하지 않을까? 놀랍게도 이에야스는 노부나가의 명에 따른다. 모든 책임이 아들에게 있다면서 할복을 명한다. 노부야스는 21세의 나이로 세상을 뜬다.

자신의 목숨과 영광을 위해 자식의 목숨까지 바친, 냉혈한이라 비난받아도 100퍼센트 수용할 수밖에 없는 인물이 이에야스다. 정상인이라면 상상할 수 없는 일이지만 일본인들은 인고와 인내의 이에야스로 해석한다. 전국시대 당시 부모가 자식에게, 자식이 부모에게 할복을 명하거나 요구하는 것은 비일비재했다는 것이다. 일본에서는 임진왜란을 문록의 난(文禄の乱)이라 부른다. 1592년 당시 조선은 군인다운 군인이 없었다. 싸움에 나선 것은 의병이다. 그러나 부모가 세상을 떠나면 유교의 제례에 따라 전투 중이라도 칼을 버리고 3년 상으로 돌아갔다고 한다. 옳고 그르고를 떠나 주군의 명령에 따라 자식을 할복에 명령하는 이에야스와 같은 인물의 상대가 될 수 없는 것이 당시 조선의 현실이었다.

히데요시는 죽기 전 자식과 부인을 이에야스에게 맡긴다. 승기는 이미 이에야스에게 기울었다. 그러나 노부나가의 정통성을 이은 히데요시 가문을 치기 위해서는 천하가 인정할 명분이 필요하다. 군신풍락(君臣豊楽)과 국가안강(国家安康)은 그러한 공격에 대한 명분을 위해 활용된 문구다. 군신의 평안과 국가의 안녕이란 의미로 현재 교토의 호코지(方広寺) 범종(梵鐘)에 새겨져 있다.

범종은 히데요시 후손의 자금에 의해 세워진 것으로 종의 표면에 글자를 새겨 넣는 것이 당시의 전통이었다고 한다. 이에야스는 종에 새겨진 수많은 글자 가운데 군신풍락이 국가안강 위에 새겨져 있다는 점에 주목한다. 군신풍락 속 한자 신풍(臣豊)을 거꾸로 읽으면 풍신(豊臣), 즉 도요토미(豊臣)로 읽힌다. 국가안강의 경우 가운데 가(家)와 끝부분의 강(康)을 합치면 이에야스(家康)로 읽힌다.

그러나 히데요시와 달리 이에야스의 가운데에 안(安)이란 한자를 넣어 자신의 이름을 의도적으로 갈라놓았다고 비난한다. 자신을 저주한 문장이 사찰의 종에 들어가 있다는 것이다. 이에야스는 히데요시 후손들이 자신을 모독했다고 말하면서 곧바로 공격에 들어간다. 히데요시 후손이 머물던 오사카성 공격(大坂の陣)이다.

1614년 겨울과 1615년 여름 두 번에 걸쳐 공격한 끝에 히데요시 후손들을 전원 멸족시킨다. 범종에 새겨진 글자를 명분으로 노부나가를 이은 히데요시 가문을 초토화시킨 것이다. 자식을 할복시킬 정도로 비정한 것은 물론, 작은 꼬투리 하나로 주군의 가족을 한 명도 남김없이 살육한 인물이 250년 에도시대의 대부(代父)다.

일본 역사를 알고 싶거나 일본인의 의식 그리고 현재의 일본을 알고 싶다면 전국시대 3걸이 좋은 교과서가 될 듯하다. 그들의 세계관, 전술, 전략 그리고 생사관을 이해할 경우 어제는 물론 오늘과 내일의 일본을 읽을 수 있다.

글을 쓰는 도중 일본이 글로벌 경제 무대에 중국을 가입시키기 위해 노력 중이라는 뉴스가 들려온다. 한국에 대한 얘기는 아예 없고 섬 하나를 두고 전쟁까지 갈 듯하나 가상적 중국을 위해 힘을 다한다는 소식이다. 전국시대 3걸을 이해한다면 일본의 그 같은 움직임이 무엇을 의미하는지 충분히 이해할 수 있을 것이다. 지지 않는 전쟁을 통해 꾸준히 생존해 나가는 것이 일본 최대의 미덕이다.

02 야마토 정신의 원류를 찾아서

살아 있는 신을 만나러 가는 길

/ 가코 공주의 인기를 바라보는 숨겨진 시선 /

일본 전역이 가코 붐이다. 국민 아이돌급이다. 거의 매일 신문, 방송 어딘가에 실린다. 천황 둘째 아들의 차녀, 가코 나이신노(佳子內親王)다. 보통 일본인들에게 '가코 사마(さま)'로 알려져 있다. 탤런트 욘사마(ヨンさま)처럼 친밀하게 상대방을 높이는 '님'에 해당되는 말이 '사마'다.

가코 공주는 1994년 12월생으로 현재 23세다. 몇 년 전 황족과 구(舊) 귀족들의 교육 기관으로 활용돼온 가쿠슈우인(學習園)대학에 입학한다. 이곳에서 성인으로 황가를 대표하는 새로운 얼굴로 데뷔한다. 미디어가 관심을 갖기는 했지만 뉴스메이커 자리에 오른 것은 최근에 들어서다. 국제기독대학으로 전학하면서 시작된다.

영어를 기본으로 하면서 리버럴 아츠에 주목하는 곳이 도쿄 국제기독대학이다. 천황 아키히토(明仁)는 2남 1녀를 두고 있다. 직계 두 명의 아들을 통해 세 명의 손녀와 한 명의 손자가 있다. 차기 천황인 황태자 나루히토(德仁)와 황태자비 마사코(雅子)의 딸인 아이코(愛子) 공주, 둘째 아들 후미히토(文仁)의 자식인 마코(眞子) 공주, 가코 공주, 히사히토(悠仁) 왕자다. 이들 네 명의 손자, 손녀 가운데 유독 미디어의 각광을 받는 인물이 가코 공주다.

/ 일본의 부활과 황실의 인기와의 함수관계 /

필리핀 대통령을 위한 국빈 만찬은 가코 공주가 황가를 대표하는 인물로 나선 대표적인 행사다. 2015년 6월 3일 도쿄에서 열린 베그니노 아키노 대통령과의 만찬 때다. 이날 행사에는 천황 부부를 비롯해 황실 가족 모두가 모였다. 아키노 대통령을 환영하기 위한 행사지만 주인공은 가코 공주다.

병 중이던 황태자비 마사코가 무려 11년 만에 모습을 드러낸 공식 만찬이지만 가코 공주가 하이라이트다. 엷은 분홍색 이브닝드레스 차림의 가코 공주가 샴페인 잔으로 건배에 나서는 모습은 다음날 뉴스에 반복돼서 방영됐다. 샴페인을 입에 댄 가코 공주의 수줍어하는 모습은 젊은이들의 마음을 설레게 할 정도다.

아이돌 가코 공주의 출현을 지켜보면서 필자는 두 가지 측면에 주목했다. 첫째 '좋은 일본(Good Japan)'의 도래다. 황실 구성원이 국민적 관심사가 된다는 것은 일본이 승천한다는 의미로 풀이될 수 있다. 황실에 대한 국민의 관심이 높아질 때 일본의 미래도 밝게 느껴진다. 24년 전 황태자의 결혼식이 좋은 예다.

황태자 나루히토가 평민 출신 외교관 마사코와 결혼한 것이 1993년 6월 9일이다. 1993년은 일본 버블경제가 절정에 달하던 시기다. 한 달 아르바이트를 열심히 하면 여자친구와 1주일간 유럽 여행을 하면서 다이아몬드 반지를 선물할 수 있었다. 루이비통 가방도 아르바이트 2주 수입에 불과했다.

인류 역사상 전대미문의 버블경제가 열도를 달굴 때 황태자 부부가 탄생했다. 국민의 엄청난 관심과 박수 속에서 이뤄진, 일본 역사상 가장 행복했던 순간이 황태자 결혼에 얽힌 기억들이다. 그러나 그러한 아름다운 추억은 경제가 내리막길로 내려가면서 사라져 간다. 더불어 마사코가 왕자를 못 낳으면서 황실은 무관심의 대상으로 전락한다.

결혼 8년만인 2001년 12월 아이코가 탄생하지만 잠시 주목받을 뿐 금방 잊혀졌다. 아들이 아니라 천황 자격이 없는 딸이기 때문이다. 마사코가 40대에 접어들면서 출산 가능성도 멀어져 간다. 그녀가 우울증에 빠지면서 외국 방문이나 공식 행사도 빠진다. 아들을 못 낳는 상황에서 국민들은 무관심을 넘어서 비난의 화살을 황실로 보낸다.

화장실 변기가 막혀도 대통령 탓으로 돌리는 시대다. 정도의 차이는 있지만 일본도 똑같다. 10년, 20년 경제 동면기에 들어서면서 황실을 바라보는 시선은 한층 차갑게 변해간다. 잃어버린 20년은 경제만이 아니라 황실의 침체기, 나아가 수난기에 해당된다.

2015년 초여름의 가코 공주에 대한 뜨거운 관심은 1993년 황태자의 결혼 당시를 떠올리게 한다. 황실을 사랑하고 응원하던 모습이 가코 사마를 통해 재연되고 있다. 21세 미인 공주를 통해 좋았던 그때의 기억을 되살리면서 더불어 황실의 권위와 영광도 살아나고 있다. 이는 좋은 일본의 부활을 알리는 증거다.

/ 차기 천황 나루히토 시대의 도래 /

둘째는 차기, 나아가 차차기 천황으로 나아기 위한 10년 대계, 100년 대계로서 가코 공주다. 먼저 차기 천황을 보자. 현재 천황 아키히토는 1933년생이다. 즉 84세다. 당장 1주일 뒤에 최악의 상황에 처해진다 해도 이상하지 않을 나이다. 따라서 천황의 감기나 작은 병색이라도 항상 톱기사로 처리된다.

병에 걸릴 경우 병원에서 완치될 때까지 신문과 방송이 따라다닌다. 후임 준비를 해야 하는 시기다. 나루히토 황태자는 국민들로부터 인기가 높지 않다. 마사코에 대한 국민적 불만이 높아지면서 어쩔 수 없이 그리 된 것이다. 어느 날 갑자기 천황이 세상을 떠난다고 할 때 나루히토가 갑자기 나타나 후임이 된다는 것이 다소 어색하게 와 닿을 수 있다. 곧 닥칠 큰 변화에 앞서 황실에 대한 친근감을 조장할 필요가 있다. 가코 공주의 임무는 바로 황실을 대표하는 치어리더 같은 것이다. 혹시 있을지 모를 차기 천황에 대한 불만이나 불안을 가코 사마의 인기와 미소로 해결해보자는 의도다.

그녀가 차기 천황을 위한 '여름 불꽃'이 되는 이유는 황태자의 무남독녀 아이코를 둘러싼 잡음과 연결될 수 있다. 언제부턴지 모르겠지만 황태자비 마사코의 딸 아이코는 국민들로부터 거의 잊혀져간 존재다. 황태자의 장녀지만 동시에 무관심의 대상이다. 딸이기에 천황이 될 수 없기 때문이기도 하지만 외모나 행동이란 측면에서 국민적 인기를 끄는 데 실패한다.

필자만의 느낌일지 모르겠지만 아이코가 웃는 모습을 본 적이 없다. 뭔가 어두운 표정으로 어머니인 마사코의 우울증을 답습한 듯한 모습이 아이코의 이미지다. 마사코에 대한 국민적 불만은 차기 천황인 나루히토 황태자는 물론 아이코에게 이어진다.

가코 공주는 이 같은 환경 하에서 황실 전체를 친근하게 만드는 역할을 한다. 황태자의 아들이 없는 상황에서 나루히토를 잇는 차차기 천황은 가코 공주의 남동생이 된다. 2006년 출생인 히사히토다.

황태자의 딸로 5세 위인 아이코에 대응되는 인물이다. 황실의 최근 상황을 눈여겨본 사람이라면 아이코에 대한 뉴스가 사라지고 히사히토 관련 소식이 부쩍 늘어났다는 것을 알 수 있다.

아키히토가 세상을 떠날 경우 곧바로 나루히토가 천황에 오를 것이고 곧이어 히사히토도 각광을 받게 된다. 결국 가코 공주는 차기 천황 그리고 차차기 천황인 동생을 위해 일하는 황실의 꽃인 셈이다. 일본 미디어의 흐름을 안다면 가코 공주가 갑자기 나타난 아이돌이 아니란 것을 알 수 있다.

/ 인간적인 완벽함에서 비롯된 천황의 존재 /

일본에서 천황이나 황실은 타부(taboo) 중에 타부에 속한다. 천황에 대한 예가 잘못되거나 뭔가 폐가 되는 행위를 할 경우 죽음까지도 각오해야 한다. 가까이 있기 때문에 그 가치를 더 모를 수 있다. 거꾸로 말하자면 잘 모르지만 멀리 있기에 한층 더 가치를 높게 둘 수 있다. 천황이 그런 존재다.

머릿속에서 그릴 수 있는 이상적인 이미지를 천황과 그 가족에게 투영한다. 사실 천황가는 스캔들이 없는 곳이다. '일본 최고의 '갑'으로서 권력을 남용했다', '왕자들이 여성 문제로 소동을 피웠다', '공주가 비싼 물건을 흥청망청 구입했다'와 같은 얘기가 천황가에서는 찾아보기 어렵다.

세계에서 가장 모범적인 로열패밀리인 동시에 일본 최고의 모범 가족으로 비쳐진다. 일본인이 존경하는 천황은 바로 이러한 인간적인 완벽함에서 비롯된다. 만약 자신보다 더 못난 천황이 나타날 경우 권위와 존경은 사라진다. 황태자비 마사코에 대한 불만은 바로 그런 상황 하에서 설명될 수 있다.

'여러 가지로 어렵지만 나도 꾹 참고 하루하루를 열심히 살아간다. 아들을 못 낳고 황실의 규율을 지키는 과정에서 스트레스가 생기고 우울증으로 힘들어하는 것이 이해는 되지만 그렇다고 해서 공식 행사에 불참하고 황태자 혼자 외국 순방에 나서도록 하는 것을 어떻게 생각하는가? 한두 번은 그럴 수 있겠지만 마냥 그런 자세로 황태자비 역할을 한다는 것은 천황가 나아가 일본 국민에 대한 모독이다.'

일본인의 의식 속에 그리고 현실 속에 존재하는 천황을 직접 느낄 수 있는 최고의 교육 현장 중 하나로 황거(皇居)를 빼놓을 수 없다. 황거란 천황이 사는 집, 다시 말해 천황과 그 가족을 위한 궁궐을 의미한다. 사람이 사는 집과 주변 환경을 통해 그 사람의 인격과 세계관을 이해할 수 있다.

방안의 가구나 정원 내 화초의 종류나 배치만 봐도 그 사람의 인간됨을 알 수 있다. 황거를 살펴볼 경우 천황의 의미나 위상을 어렴풋하게나마 알 수 있을 것이다. 가코 공주가 왜 일본인의 마음을 사로잡는지, 거기에 대한 답도 가코 공주를 키워준 황거를 통해 알 수 있을 듯하다.

황거는 일본 도쿄에서도 최중심에 해당된다. 일본 열도 전체의 핵
(核)이라 보면 된다. 황거 중에서 일반인에게 공개된 곳은 히가시교
엔(東御苑)이다. 황거의 동쪽에 자리잡은 정원이다. 히가시교엔의 면
적은 전체 황거의 60퍼센트 정도에 달한다. 나머지 40퍼센트는 천
황과 가족이 거주하는 곳으로 영빈관과 집무실을 포함한다. 즉 접근
금지 지역이다. 히가시교엔은 평일에 한해 부분적으로 개방된다. 정
원만 있는 것이 아니라 천황의 일상사와 모습을 이해할 수 있는 갖
가지 역사적 조형물과 설비도 들어서 있다.

황거는 원래 에도시대를 이끈 도쿠가와 이에야스 쇼군(將軍)의 거
주지다. 원래 황거가 아니라 에도성이라 불렸다. 에도는 도쿄의 옛
말이다. 1603년부터 1867년까지 264년간 이뤄진 무신 정권의 수도
다. 에도시대 당시 도쿠가와 막부는 교토에 사는 천황을 방호벽으로
활용했다. 자신의 권위를 지켜주는 수호신이지만 사실상 현실 정치
와 무관한 무력한 천황이다.

메이지유신은 도쿠가와 막부를 무너뜨린 천황파가 주도한 개혁이
다. 메이지 천황은 1868년 교토를 떠나 도쿄를 새로운 시대의 수도
로 잡는다. 도쿠가와 막부의 집과 재산이 점령군인 천황에게 넘어간
것이다. 이후 도쿠가와 막부는 역사 속으로 사라져 간다. 따라서 천
황의 거주지로서 황거의 역사는 1868년 이후 지금까지 전부 149년
에 불과하다. 황거라고 하지만 근본적으로 보자면 도쿠가와 막부의

흔적이 서린 곳이라 볼 수 있다.

히가시교엔에서 가장 가까운 지하철역 다케바시(竹橋)역에 내려 황거로 향했다. 황거는 인공호수를 통해 일반 세상과 나눠져 있다. 40미터 정도 폭의 인공 호수가 황거 전체를 에워싸는 식으로 둥글게 이어진다. 버드나무와 백조가 어우러진 낭만적인 호수지만 원래 목적은 다른 데 있다. 적으로부터 방어를 위한 '수성(水城)'에 해당된다.

한중일 3국의 수도에 들어선 성벽을 보면 각국의 세계관을 보여주는 증거처럼 느껴진다. 중국 자금성(紫禁城)의 경우 성벽이 얼마나 높은지 안쪽의 모습이 전혀 보이지 않는다. 입구의 천안문은 30미터 높이는 됨직하다. 길게 이어진 담의 높이도 보통 5미터 정도가 될 듯하다. 높이와 크기로서 적을 막아내는 것이 중국 성의 특징이다.

한국은 어떨까? 중국과 비슷하다. 높이나 크기를 통해 적을 막아내는 식이다. 경복궁, 경희궁 앞 성벽 크기나 담의 높이를 보면 내부가 전혀 보이지 않는다. 그렇지만 전체적으로 중국보다 조금 낮은 수준에서 만들어져 있다. 중국의 자금성을 공략할 수준의 무력이라면 조선의 성은 아무 것도 아니다. 반대로 생각해보면 조선의 성벽을 넘지 못할 경우 자금성 공격도 쉽지 않다는 것이다.

황거의 성벽은 적을 막는 것만이 아닌, 인공 호수를 지지하는 축대로서 기능도 갖고 있다. 인공 호수의 수심은 약 5미터 정도다. 겉에 드러난 축대의 높이도 5미터다. 중국이나 한국처럼 높은 성 위에서 아래로 내려다보며 적을 공격하는 구조가 아니다. 인공 호수를 사이에 두고 화살이나 화공(火攻)을 이용하는 구조다. 성벽은 낮지만 인공 호수가 가로 막혀 있기 때문에 사실상 인공 호수의 폭 40미터가 성벽으로 활용된다고 볼 수 있다.

에도성이 인공 호수를 이용해 건립된 것과 관련해 갖가지 분석이 나오고 있다. 그중 하나는 총이다. 이에야스가 전국을 통일할 당시 일본 전역에는 포르투갈 산 철포가 넘치고 있었다.

전국 통일 후 총을 금지시키면서 사라져 가지만 그는 이미 총의 위력을 알고 있었다. 중국처럼 높은 성을 쌓는다 해도 바로 밑에 다가와 철포로 공격할 경우 수비가 취약해진다. 인공 호수는 그 같은 총의 위력을 약화시키는 최적의 방안이다. 멀리 떨어져 있기에 정확히 사격하기도 어렵고 반대로 숲에 가려진 수비진들이 뻥 뚫린 벌판에 선 적을 공격하기 쉬워진다. 에도성 내부는 나무로 가려진데 비해 인공 호수 바깥쪽은 숨을 곳 하나 없는 들판으로 만들어졌다.

/ 한국, 중국과 다른 일본 성의 역사와 배경 /

히가시교엔의 출입구는 세 개의 문으로 나눠져 있다. 오테문(大手門), 히라카와문(平川門), 기타하네바시문(北桔橋門)이다. 방문한 곳은 다케바시 역에서 가장 가까운 히라카와문이다. 황거의 북쪽에 위치한 문으로, 에도시대 당시 성 안의 죄인이나 죽은 사람을 바깥으로 실어

나를 때 사용됐다. 인공 호수 위에 걸쳐진 히라카와바시(平川橋)를 건너 황거 안으로 들어서는 즉시 뜻밖의 문이 하나 기다리고 있다. 히라카와 고려문(高麗門)이다. 정식 문인 하라카와문 바로 앞에 위치한, 비교적 간단하게 세워진 작은 문이다. 고려라는 이름을 붙인 것이 흥미롭다. 고려는 1392년 사라진 왕조다. 황거의 전신인 에도성이 세워진 것은 17세기다. 어떻게 고려라는 이름이 일본에 등장했을까?

먼저 고려문이 무엇인지부터 살펴보자. 일본 건축사에서 고려문은 성문 구조의 한 형식으로 통한다. 간단히 말해 문을 90도로 열었을 때 좌우 문 위에도 지붕을 갖는 구조가 고려문이다. 보통 성문의 경우, 좌우 문을 활짝 열 때를 기준으로 위에 큰 지붕을 하나로 덮는 식으로 이뤄진다. 고려문은 하나로 크게 덮는 큰 지붕을 대신해 중간 부분을 가능하면 줄이고 문을 활짝 열었을 때 좌우 문 위의 지붕만을 별도로 크게 만드는 식의 구조다. 보다 간단하고 효율적이다. 대문 위 중간 지붕을 줄이는 과정에서 안쪽에서 바깥쪽을 볼 수 있는 시야가 넓어질 수 있다. 아예 큰 지붕 하나로 크게 덮인 히라카와문이 위엄과 권위로서의 대문(大門)이라고 할 때 히라카와 고려문은 효율과 간단으로서의 소문(小門)에 해당된다.

어떻게 고려문이 에도성에 전해졌는지 고려가 한반도 내 고려를 의미하는지에 대한 의견이 분분하다. 여러 가지 역사적 사실을 종합해보면 1592년 일본의 조선 침략 당시 평양성까지 탈환한 고니시 유키나가(小西行長)를 통해 도입된 것이 아닌가 추측된다. 북쪽으로 올라갔던 왜군들이 당시 성문의 모습을 보고 본 딴 것이다.

고려문은 대마도(對馬島)와 나고야에서도 볼 수 있다. 안타까운 것은 고려문에 대한 한국 내 연구가 전무하다는 점이다. 고려문 양식이 언제 어떤 식으로 구축돼 활용됐는지 국내 성 어디에서 볼 수 있는지에 대한 체계적인 연구가 드물다. 일본이 한국 성문 제작법을 배워갔다는 자랑에 앞서 자신의 역사에 대한 진지한 고찰이 아쉽다.

성문에서 걸어 3분 정도 나아가자 바이린자카(梅林坂)란 작은 고개가 눈에 띈다. 이름 그대로 매화나무로 가득 찬 곳이다. 전부 50개 정도 된다. 일본 성은 적이 안에 들어온다 해도 다시 한 번 더 저항할 수 있는 요새로 구축돼 있다. 적이 성 안에 들어오는 즉시 항복하는 것이 아니다.

성 안으로 밀려온다 하더라도 그곳에 구축된 갖가지 방어 시설을 이용해 끈질기게 저항한다. 황거를 보면 내부 방어 전선이 전부 다섯 개 정도는 됨직하다. 바이린자카는 경사 20도 정도의 고개로, 양쪽에는 돌로 쌓은 10미터 높이의 성벽이 또 구축돼 있다. 성 안의 성벽으로 바이린자카를 뚫기 위해서는 다시 한 번 더 싸워야 한다. 내부의 성벽 외에도 황거 안에 들어선 두 개의 인공 호수도 내부의 적을 격퇴할 수 있는 좋은 요새다. 성 안에 방어 전선이 많다는 것은 최후의 한 명까지 싸우는 것이 일상화돼 있다는 의미다. 자살 공격으로 생을 마감하는 옥쇄(玉碎)가 일상화될 수밖에 없는 문화다.

매화 고개를 지나 5분 정도 걸어가자 천수대(天守台)가 눈에 들어온다. 형태만 남아 있는 언덕 위 유적으로 원래 하늘에 제사를 지내던 천수각(天守閣)이 들어서 있던 곳이다. 1638년 건립 당시 6층 건물로, 높이 58미터에 달하는 높은 건축물이었다. 1657년 화재가 발생하면서 전소된 뒤 터만 남게 됐다. 위로 올라가 보니까 황거 주변을 에워싼 현대식 고층 건물들이 눈에 들어온다.

일본의 파워는 전부 황거를 중심으로 배치돼 있다. 정부, 기업, 언론사, 문화 단체 심지어 글로벌 기업조차 황거를 둘러싸는 식이다. 황거의 주소는 '치요다쿠 1번지(千代田区千代田1番1号)'다. 도쿄 치요타쿠로 시작되는 주소에서 일한다면 갑 중에 갑이라 볼 수 있다. 한국과 비교할 때 황거는 청와대이자 조선의 경복궁이나 경희궁에 해당한다. 청와대와 조선 궁궐이 산으로 둘러싸인 폐쇄형 건물인데 비해 황거는 사방팔방이 탁 트인 들판 위에 지어졌다. 한국 권력의 중심을 풍수지리에 의거해 설명하지만 일본 황거에 비교하면 뭔가 닫힌 느낌이 든다.

/ 47인 할복 사무라이 스토리의 출발점 /

마츠노 오오후로카(松の大廊下)는 황거를 찾는 일본인이 가장 주목하는 곳이다. 일본 국민성을 압축한 실화 '추신쿠라(忠臣蔵)', 즉 47인의 사무라이 스토리의 원점이기 때문이다. 1701년 3월 14일 오전 10

시 실제 발생한 사건이 추신쿠라의 출발점이다. 당시 아코우(赤穂) 지역의 수장 아사노(浅野)가 에도 관료인 키라(吉良)를 살해하려다 실패한다.

오오후로카는 당시 살해 현장이다. 키라가 뇌물을 요구하면서 아사노를 모욕한 데 대한 복수다. 다다미로 길게 이어진 복도에서 벌어진 참극이다. 이후 아사노는 궁중에서 칼을 휘두른 죄로 할복한다. 아사노의 부하들은 원인 제공을 한 키라에게 복수하기 위해 2년을 기다린다.

눈이 내리던 어느 날 기습 공격으로 키라를 살해한다. 주군의 원수를 갚은 뒤 47인의 사무라이 모두가 할복한다. 추신쿠라는 연말이 되면 가부키, 드라마, 영화로 반복해 만들어진다. 한국의 '춘향전'이나 '홍길동전'처럼 일본을 대표하는 국민 스토리다.

오오후로카는 그냥 현판만 달랑 서 있을 뿐 아무런 흔적도 남아 있지 않다. 화재로 전부 불탔기 때문이다. 조금 떨어진 곳에 대나무만 무성하다. 필자가 주목하는 추신쿠라 핵심 중 하나는 집단행동에 있다. 한두 명이 아니라 47인이 집단으로 벌이는 복수극이란 점이다. 전 세계 어디에서도 47인이 비밀을 지키면서 마지막까지 함께하는 경우는 극히 드물다. 더욱이 원수를 갚은 뒤 모두 할복으로 생을 마친다. 살기 위해 도망치는 사무라이가 단 한 명도 없다.

황거의 남쪽에 해당되는 곳에는 후지미야구라(富土見櫓)라는 관측소가 들어서 있다. 후지산을 볼 수 있는 전망대에 해당된다. 날씨가 맑은 날에는 후지산 전경이 눈에 들어온다. 높거나 아름다운 산은 한국인이나 중국인에게도 중요한 의미로 와 닿는다. 그러나 문학이나 그림 수준에서 논의되는, 실제와 무관한 것이 한국과 중국에서 논의되는 산의 모습이다.

산행이 있지만 조선시대 보통 사람들에게는 평생 한두 번에 그칠 뿐이다. 일본의 후지산은 문학, 그림만이 아니라 눈으로 직접 접할 수 있는 현실로서의 세계다. 이에야스는 후지산을 일반인에 확산시킨 1등 공신에 해당된다. 자신의 권위를 후지산에 비교하고 이를 통해 일본인을 하나로 묶기 위해서다. 일본인에게 이 산은 현실이자 권력이다. 황거에 들어선 후지미야구라는 그러한 의지를 읽을 수 있는 증거다.

관측소를 지나 동쪽으로 걸어가자 왼쪽으로 햐쿠닌반쇼(百人番所)라는 이름의 1층 목조 건물이 나타난다. 50미터에 달한다. 햐쿠닌반쇼는 문자 그대로 100명의 경비병이 지키던 곳이다. 청와대 경비실에 해당된다. 하루 4교대로 24시간 주변을 지킨, 철포로 무장된 사무라이 경비대다.

주변에는 오반쇼(大番所), 도신반쇼(同心番所)처럼 햐쿠닌반쇼와 비슷한 목적의 경비용 건물이 들어서 있다. 경비가 이중, 삼중으로 이뤄져 있는 셈이다. 햐쿠닌반쇼의 바로 뒤쪽은 천황과 가족의 거처다. 일반인의 출입이 금지된 곳이다. 천황의 거처는 위치상 남동쪽에 해당한다.

/ 한국과 일본이 말하는 자연미의 차이 /

경비실을 지나 황거 중간으로 들어가면 니노마루(二の丸) 정원이 나타난다. 일본 고유의 정원으로 최고 수준을 자랑한다. 차도를 즐길 수 있는 다실(諏訪の茶屋)도 만날 수 있다. 정원 내에는 일본 열도 전역에서 보내온, 지역을 대표하는 나무가 심어져 있다. 대부분 각양각색의 소나무들이다. 한때 한국은 소나무를 망국(亡國)의 나무로 받아들였다. 느리게 자라고 과실도 없는 얻을 수 없는 무익한 나무이기 때문이다.

모든 것이 그러하듯 어떤 식으로 활용하고 개선하는가에 따라 극과 극의 평가를 내릴 수 있다. 소나무 역시 망국과 흥국을 넘나들 수 있다. 일본에 소나무가 많은 이유는 개량종으로 개선해 나갔기 때문이다. 빨리 자라고 병충해에도 강하며 굵고 높게 자라는 것이 일본산 소나무의 특징 중 하나다. 개량종 없이 하염없이 수동적으로 기다리는 과정에서 조선의 소나무는 망국의 상징이 됐을 뿐이다.

자연미는 누구나 강조하는 예술적 이데올로기에 해당한다. 그러나 사람이나 나라에 따라 자연미에 관한 해석은 달라진다. 한국에서 말하는 자연미는 인공을 부정하는, 문자 그대로 '무위(無爲)의 세계'로 해석된다. 조선의 정원이라 할 때 가능하면 손을 안 대면서 원형을 키워가는 식이다.

나무에 손을 안 대고 자연적으로 자라도록 둔다. 일본에서 말하는 자연의 미는 인간에 의해 철저히 통제되면서 자연의 카오스를 코스모스로 바꿔주는 작업을 의미한다. 따라서 소나무 하나를 보더라도 잎을 아주 세밀하게 자르거나 솎아주고 가지도 수시로 치거나 다듬는다. 필자가 들른 날에도 황거 곳곳에서 자르고 솎는 작업이 벌어지고 있었다.

본사이(盆栽), 즉 분재는 일본인이 말하는 자연미의 상징이다. 매일 사람 손으로 다듬고 또 다듬는다. 니노마루 정원은 일본인이 생각하는, 사람이 손을 대는 자연이 어떤 것인가를 증명해주는 본보기다. 사람 손을 대기는 하지만 그러한 사실이 드러나지 않도록 하는 노력이 핵심이다. 인공이 없는 듯하지만 인간의 의도대로 만들어진 '비자연적인 자연'이 일본 정원의 특징이다.

작은 폭포 하나라도 여러 가지 각도로 구부려 다양한 모습을 연출한다. 폭포는 원래부터 존재하던 것이 아닌 전부 인공적으로 만들어진 것이다. 원형을 잃지 않지만 인간의 힘으로 자연을 인간 지배 하의 자연으로 두는 것이 일본적 미의 출발점이다. 한국인이 보면 가식적, 인공적이라 부를 수밖에 없는 발상이다.

황거 구경을 마치고 출구로 나가던 중 중후한 단층 건물 하나를 만났다. 천황가의 박물관에 해당하는 미츠노마루 쇼죠칸(三の丸尚蔵館)이다. 천황이 갖고 있는 갖가지 유물과 유적을 일반인에게 전시하는 곳이다. 때마침 메이지 천황의 여행 행적을 다룬 특별전이 열리고 있었다. '나라(나)를 제대로 알고서 나라를 다스린다(邦を知り国を治め

ぅ)'란 제목의 전시회다.

메이지는 천황으로서 일본 전역을 15년간 돌아다닌 여행 전문가다. 1880년대를 전후해 국토 순례를 하면서 일본이란 나라를 하나로 묶는다. 막 출시된 사진기를 들고 전국의 일본인과 시골 풍경을 사진으로 남겼다고 한다. 일본 천황가는 전 세계 로열패밀리 가운데 가장 부지런하게 움직이는 듯하다. 현재 아키히토 천황도 84세란 고령에도 불구하고 전국을 돌며 천황의 역할을 감당해내고 있다.

가까운 시일 내에 새로운 천황이 탄생할 것이다. 현재 분위기로 보면 천황을 중심으로 한 일본의 결속은 불 보듯 뻔하다. 가코 공주의 얘기는 곧 한국으로 밀어닥칠 도쿄 발 '울트라 우향우'의 전조처럼 느껴진다.

앞으로의 한일 관계를 보면 새로운 천황이 탄생하는 과정에서 양국 간 여러 가지 변화가 일 듯하다. 양국 간 민족주의 경쟁과 충돌은 그중 하나다. 천황이 아니라 일왕이라 부르면서 반일에 열중한다고 우위에 설 수 있는 문제는 아니다. 47인의 사무라이를 하나로 결집해 생사를 나눌 수 있는 곳이 일본이고 천황은 그러한 나라의 정점에 해당된다. 곧 닥칠 새로운 천황의 탄생은 결코 강 건너 불은 아닐 것이다.

천황 퇴위에 관한 소고

/ 정치·외교적 목적을 위해 움직이는 천황 /

일본이 무섭게 움직이고 있다. 천황 아키히토의 2016년 1월 26일
부터 4박 5일에 걸쳐진 필리핀 국빈 방문이다. 필리핀과의 60주년
국교 수교를 축하하기 위한 이른바 황실 외교의 일환이다. 방문 중
갖가지 일정이 잡혀 있지만 크게 보면 두 가지로 압축된다.

첫째, 수교 60주년을 축하하기 위한 아키노 필리핀 대통령과의 회
담과 만찬, 둘째는 구 일본 제국 군대 위령에 관한 부분이다. 첫째는
1년 전 필리핀 정부가 초대장을 보내는 순간 구체화된 것으로 친일
분위기가 높은 필리핀 국민의 정서에 맞추는 행사로 기록됐다. 둘째

는 천황 개인이 강조하는 부분으로 필리핀에서 숨진 52만 일본군에 대한 위령이다.

마닐라에서 70킬로미터 떨어진 곳에 일본군 희생자 비(碑)가 있다. 필리핀은 태평양전쟁 당시 전사자 300만 일본군 가운데 가장 많은 희생자를 낸 지역이다. 태평양전쟁 당시 미츠비시(三菱) 중공업이 최첨단 기술을 응집해 만든 일본 최초의 전함 무사시(武蔵)가 격침된 시부얀(Sibuyan) 바다도 방문했다.

불침선으로 알려졌던 무사시는 미군의 집중 공격으로 3,300명 일본군과 함께 바다 속으로 사라진다. 지난해 마이크로소프트 공동 창업자 폴 앨런(Paul Allen)이 바다 밑에 가라앉은 무사시를 찾아내 화제가 된 적이 있다. 태평양전쟁 당시에 숨진 필리핀 무명 영사의 묘(墓)도 방문 대상이 될 전망이다. 필리핀 내 도로 사정과 치안이 좋지 않은 관계로 모든 일정은 일본 자위대의 도움으로 이뤄진다.

천황의 방문은 일본·필리핀 양국만이 아니라 아시아 전체 관심사이기도 했다. 이유는 크게 두 가지다. 첫째, 필리핀이란 나라가 갖는 의미다. 필리핀은 중국과 적대적 관계를 갖고 있다. 남중국해 무인도 스카버러쇼울(Scarborough Shoal)을 중심으로 한 국경 분쟁이 격해지고 있기 때문이다. 지난해에는 중국제 인공섬까지 선보여 필리핀, 베트남, 인도네시아, 말레이시아와의 국경 분쟁도 본격화됐다.

일본 입장에서 보면 남중국해는 에너지와 수출·수입선을 포함한 절대 절명의 '시 라인(sea line)'에 해당된다. 바로 이 라인의 붕괴를 제

2차 세계대전 당시 일본 패망의 제1원인이라 보는 것이 일본 역사가들의 관점 중 하나다. 필리핀은 힘으로 내려오는 중국을 혼자서 막아낼 수가 없다. 아베 신조 총리의 등장과 함께 활발해진 필리핀과 일본의 유착 관계는 그 같은 상황 하에 나타난 결과다.

일본은 '시 라인' 영역권 내의 필리핀에게 해양 순시선을 무상제공하고 공적개발원조(ODA)를 통한 해양 안보 관련 기술과 노하우도 적극 제공해오고 있다. 필리핀만이 아니라 동남아시아의 해상 업무 관련 경찰들을 일본에 초청해 직접 훈련시키는 일도 병행하고 있다. 평화헌법에 묶여 군의 직접적인 관계는 피하고 있지만 사실상 일본이 군사 고문단 역할을 맡고 있다. 가상의 적은 물론 중국이다.

2016년 타이완(臺灣) 민진당의 차이잉원(蔡英文) 총통 당선자는 일본 외교의 반 중국 노선을 한층 더 강화시킬 호재(好材)로 작용할 전망이다. 차이잉원은 당선 즉시 미일 관계 강화를 외교의 원칙으로 내세웠다. 외교관을 통해 일본 측 인사를 우선 접촉했다. 아베 총리는 차이잉원 정권과의 협력에 적극 나설 것이라고 공언했다.

일본은 필리핀만이 아닌 유럽 여러 나라들과 국교정상화 기념행사에도 적극적으로 나섰다. 2016년 수교 150주년을 맞은 이탈리아는 일본의 중요 우방 중 하나다. 그러나 아키히토의 이탈리아 방문은 성사되지 않았다. 필리핀만 천황의 방문지로 낙점된 것이다. 천황의 방문은 동남아시아에 외교력을 쏟고 있는 아베 외교의 또 다른 결과물이라 볼 수 있다. 천황을 통해 친일 감정을 확산시키고 결과적으로 반중 정서를 높이자는 것이 아베 외교의 의도라 볼 수 있다.

/ 황태자의 등극이 얼마 남지 않았다 /

주목할 부분은 천황이 아베의 '명령'이나 '요구'에 의해 필리핀 방문에 나선 것은 결코 아니라는 점이다. 아무리 상징적 존재에 불과하다고 해도 천황은 내각 수반의 권위와 영향력을 초월한 인물이다. 여러 상황을 판단한 끝에 정부와의 협의를 거쳐 필리핀 방문에 나섰다고 볼 수 있다. 그러나 천황이 정치적 목적의 도구로 활용됐다는 목소리는 식지 않고 있다.

사실 천황이 정치 외교적 목적을 위해 활용됐다는 것은 어제 오늘의 문제가 아니다. 대표적으로 1971년 이뤄진 히로히토의 영국, 네덜란드 등 유럽 7개국 방문 당시 사건을 들 수 있다. 히로히토를 태운 DC-8 특별기는 유럽에 가기 직전 급유를 위해 알래스카 앵커리지에 내린다.

당시 닉슨(Nixon) 대통령이 공항에 나타나 히로히토를 영접하면서 미국 대통령과의 공식회담이 얼떨결에 이뤄진다. 회담은 닉슨의 요청에 의해 갑자기 이뤄진 것으로 외무성 내에서도 반발이 심했다고 한다. 당시 미국과 일본은 경제 외교면에서 서로 불편한 관계에 있었다. 그 같은 상황을 타결하기 위해 천황을 정치적으로 이용했다는 비난의 목소리가 일본 내에서도 터져 나왔다. 1972년 대통령 선거를 앞둔 닉슨의 이미지를 높이기 위한 '들러리 회담'이었다는 의견도 흘러나왔다.

천황의 필리핀 방문이 갖는 두 번째 의미는 아키히토 천황 그 자신의 문제에 관한 것이다. 1933년생 천황은 2017년에 84세에 접어들었다. 100년 장수시대라고 하지만 84세 천황이 공무를 처리한다는 것은 여러모로 힘들 듯하다. 그러한 징표는 곳곳에서 나타나고 있다. 2015년 8월 15일 전국전몰자추도식에서 보여준 연설 해프닝은 대표적인 본보기다.

전국전몰자추도식은 천황이 치르는 공식행사 가운데 가장 중요한 것으로 NHK를 통해 생중계된다. 당시 아키히토는 식순과 어긋나게 묵념이 이뤄지기 전에 미리 연설문을 읽어 일본 국민 전체를 놀라게 했다. 2015년 10월 토야마겐(富山県)에서 벌어진 행사에서는 착석 도중 갑자기 일어나 주변을 걸어 다니는 행동을 보이기도 했다.

82세 생일 축전이 열렸던 12월 23일 행사에서도 연설 도중 15초간 침묵으로 일관해 식장 분위기를 어색하게 만들었다. 천황 건강에 대한 여러 가지 '설(說)'이 인터넷에 오르내리고 있지만 공식 차원에서의 답변은 아직 전무하다. 천황의 권위에 반하는 행동이나 말을 할 경우 '불경죄(不敬罪)'로 어떤 일을 당할지 알 수 없다.

이 같은 상황을 배경으로 일본 신문과 방송은 천황의 필리핀 방문이 아키히토의 마지막 해외 순방이 될 것으로 전망했다. 역대 천황의 아시아 방문사를 보면 태평양전쟁 이전 히로히토가 당시 식민지이던 타이완을 찾았던 것이 유일무이하다. 히로히토는 전후 미국과 유럽은 방문하지만 식민지였던 아시아 일부 국가는 찾지 않았다. 아시아 방문은 태평양전쟁과 직접 관계가 없는 아키히토 때부터 시작된다.

/ 한국의 진화한 황실 외교를 기대하며 /

아키히토의 아시아 방문사를 보면 첫 방문지는 1991년 9월 26일부터 11일간 이뤄진 동남아시아 3국이다. 태국, 말레이시아, 인도네시아로 국제 친선을 목적으로 한 국빈 방문이다. 이어 1992년 10월 23일부터 6일간 중국을 공식 방문한다. 중국의 집요한 요청에 의해 전격 단행된 방문이다.

당시 중국은 천안문 사태로 사면초가에 놓여 있었다. 서방으로부터 경제 제재를 당하면서 막 시작된 개방 경제가 하향세로 접어들던 시기다. 천황은 '물에 빠진 중국'을 구하러 간 대표 주자에 해당된다. 아키히토의 방문과 함께 중국에 대한 유럽과 미국의 경제 제재도 풀려나간다.

중국인의 일본 천황에 대한 감정은 반일 감정과 전혀 다르다. 반일 감정은 누구보다 높지만 천황에 대한 관심과 호감도는 한국인과 크게 다르다. 필자 개인의 판단이지만 1992년 중국 방문이 중국인의 천황관(觀)의 배경에 있지 않을까 싶다. 이후 아키히토는 사이판(2005년 6월), 싱가포르와 태국(2006년 6월), 인도(2013년 11월), 팔라우(2015년 4월)를 공식 방문한다. 필리핀을 포함할 경우, 전부 아홉 개 나라를 방문한 셈이다. 방문의 배경에 친선이 포함돼 있겠지만 사이판과 팔라우는 태평양전쟁 전몰자 위령제를 위해 천황 스스로가 원해서 찾은 것으로 판단된다.

필리핀 방문은 아키히토의 마지막 해외 업무로서만이 아니라 황태자 나루히토에게 천황의 공무를 이양하는 전환점이 되기도 했다. 일본은 물론 해외에서 벌어지는 대규모 공식 행사에 황태자를 데뷔시키는 계기가 된 것이다. 천황제는 종신형이다. 그러나 업무에 관한 분리 분산은 가능하다.

2016년 연말에 열린 일본 벨기에 수교 150주년 기념식은 황태자가 맡을 공식 업무로 확정됐다. 벨기에 필립 국왕이 직접 나서 나루히토의 공식 방문에 대응했다. 아키히토를 대신한 나루히토의 업무는 이미 2015년부터 시작되었으며 태평양의 작은 섬나라 통가(Tonga)가 공식 방문지였다. 규모는 작지만 앞으로 치를 대형 외교 의례에 대비한 준비 정도라 볼 수 있다. 당시 방문에는 평소 대외 활동이 뜸한 마사코 황태자비도 참가해 일본 국민들로부터 박수를 받았다.

천황의 황실 외교는 일본이 내세우는 최고(最高) 최대의 외교에 올라서 있다. 구체적인 결과나 성명서는 없지만 일본 소프트파워의 또 다른 측면이 황실 외교를 통해 세계에 파급되고 있다. 2017년은 아키히토의 시대가 저물고 나루히토가 전면에 등장하는 해가 될 것이다.

흥미롭게도 천황가 역사상 최초의 해외 방문지는 조선이다. 히로히토의 아버지인 다이쇼우(大正) 천황이 황태자 시절인 1907년 경성을 찾았다. 당시 조선은 대한제국으로 이름을 바꾼 상태로 순종과 조선의 황태자 이근(李垠)이 일본 황태자를 맞이했다. 나루히토가 보여줄 아시아, 나아가 한국에 대한 황실 외교가 어떻게 진화해 나갈지 궁금하다.

벚꽃이 흩날리던 야스쿠니를 방문하다

/ 한일 벚꽃의 의미 /

벚꽃 개화일은 봄을 알리는 신호탄에 해당된다. 해마다 3월이 되면 신문과 방송을 통해 실시간으로 중계된다. 개화와 만개에 관한 예상일자가 지역에 따라 미리 공개된다. 벚나무의 미래를 예측하는 역할은 기상청이 담당한다. 표준목과 표준 지역은 벚꽃 개화시기를 얘기할 때 주목해야 할 부분이다.

벚나무는 서울 곳곳에 흩어져 있다. 수많은 벚꽃 가운데 어느 지역 어느 나무가 개화일의 표준으로 활용되는 것일까? 답은 종로구 송월동에 있는 서울기상관측소 건물 내 표준목이다. 관측소 내 벚꽃

한 개체에서 세 송이 이상 꽃이 피는 시기를 서울 벚꽃의 개화일로 정한다.

필자는 한국의 벚꽃 표준목이 서울기상관측소에 있다는 점에 주목한다. 한국인에게 벚꽃은 예민하게 받아들여질 수 있다. 아름답고 애잔한 꽃이지만 식민지 시대 당시의 고통을 떠올린다. 장년층이라면 일본 제국주의의 상징이란 꼬리표와 함께 선뜻 마음을 내주기 어렵다. 1945년 해방 직후 수많은 벚나무들이 도끼날에 사라져 갔다. 벚꽃을 찬미할 경우 나라 팔아먹을 친일파로 분류됐다.

'사쿠라(さくら)'라는 말은 표리부동, 기회주의란 의미를 갖고 있다. 사실 서울에서 벚나무가 가장 많은 곳은 남산, 여의도, 경복궁 주변이다. 모두 한국을 상징하는 뜻 깊은 곳이다. 벚나무가 제아무리 많아도 개화일 관련 표준목으로 삼기는 어려운 '의미 있는' 장소다. 국회가 있는 여의도를 벚나무 표준목 공간으로 지정할 수 있을까? 좁은 서울기상청 내 벚나무가 표준목으로 지정된 것은 그러한 복잡한 심정의 결과가 아닐까?

그렇다면 일본 벚꽃의 표준목은 과연 어떤 공간을 기반으로 하고 있을까? 장소는 천황의 거주지인 황거에서 5킬로미터 정도 떨어진 '치요타쿠 큐단키타 3초메 1-1(千代田区九段北3丁目1番1号)'이다. 관내 세 그루의 벚나무가 표준목이다. 도쿄 벚꽃의 개화와 만개에 관한 정보의 출발점은 큐단키타 3초메 벚나무다. 바로 야스쿠니 신사(靖国神社) 내의 표준목이다.

19세기 중엽 막부시대 이래 지금까지 246만 6,532명의 전몰자를 합사(合祀)한 (2004년 10월 기준) 야스쿠니가 도쿄 내 벚꽃 개화와 만개를 알리는 표준 공간이다. 한국의 벚꽃 표준목이 여의도나 남산이 될 수 없는 이유는 바로 일본 벚꽃의 표준목이 야스쿠니에서 출발한다는 점에 있다고 볼 수 있다. 남산을 표준목 공간으로 잡을 경우 야스쿠니와 동격으로 처리되는 것이기 때문이다.

도쿄 벚나무를 대표하는 표준목이 야스쿠니 안에 존재한다는 사실을 처음 알았을 때 한편으로 놀랐지만 다른 한편으로는 너무도 당연하게 느껴졌다. 더불어 야스쿠니가 전몰자 합사 공간으로서만이 아닌, 큰 그림으로서 일본과 일본인을 이해할 수 있는 장소란 판단도 들었다. 간단히 말해 '야스쿠니=일본 문화 전체의 압축판'이라 볼 수 있다. 벚꽃은 일본을 상징하기 때문이다.

/ 역사로서의 야스쿠니, 현실로서의 야스쿠니 /

야스쿠니에 대한 한국인의 심리와 반응은 간단히 집약될 수 있을 듯하다. 크게 보면 두 가지 정도가 아닐까 싶다.

하나, A급 전범이 묻힌 곳에 일본 정부 관료가 공식 참배한다는 것은 식민지 지배나 전쟁의 책임을 무시하는 태도다.

둘, 강제로 끌려간 한국인 군인들을 한국 내 가족이나 한국 정부의 허락도 없이 제멋대로 합사해서 운영하고 있다.

야스쿠니에 대한 필자의 관심은 이상의 두 가지 입장에서 바라본 역사관과 무관하다. 과거사에 근거해 야스쿠니를 불온시, 적대시하고 일본 정치가를 비난하는 근거로서의 관심이 아니다. 한국과 중국이 알레르기 반응을 보이는 야스쿠니 참배를 왜 일본 정치가들은 줄기차게 하는 것일까, 왜 일본인은 그러한 정치가들의 행보를 그냥 바라보고만 있는 것일까, 라는 것이 주된 관심사다.

사실 한국인이 알고 있는 야스쿠니는 지극히 단편적이다. 가령 야스쿠니를 비난하는 근거로 한국인 전몰자 합사에 관한 부분을 보자. 한국 내 민족주의 단체들은 한국인 전몰자의 위패(位牌) 반환을 꾸준히 요구해왔다. 이미 세상을 떠난 영혼을 고향에 모시기 위해서다. 그러나 야스쿠니에는 사자(死者)의 이름이나 행적을 적은 위패라는 것이 아예 없다. 합사는 한국인에게 낯선 의식이다. 복수의 사자를 하나로 모을 경우, 보통 합장하는 것이 한국 문화다. 합장은 합골(合骨)이다. 부모의 합장에서 보듯 두 사람의 유골을 하나로 합쳐서 만드는 무덤이다.

야스쿠니의 합사는 뼈를 하나로 합치는 것이 아니다. 246만 6,532명의 전몰자들은 '레이지보(靈璽簿)'라는 명부에 이름을 올리는 수준에서 야스쿠니에 실리게 된다. 뼈가 묻히는 것이 아니라 이름만 실리는 것이다. 명부에는 생전의 소속, 계급, 직위, 훈장 등에 관한 간단한 정보가 실린다.

일본인은 전쟁에서 죽은 모든 사람을 신(神)으로 받아들인다. 야스쿠니에 이름이 오르기 전에는 '인령(人靈)'이지만 야스쿠니에 오르는 순간 '신령(神靈)'이 된다. 신분, 지위, 성별, 연령, 출신지에 관계없이 레이지보를 통해 야스쿠니에 실리는 순간 인간에서 신으로 변한다. 한국과 중국에서 야스쿠니 A급 전범자를 신으로 모신다고 비난하지만 내막을 알고 보면 조금 다르다. A급 전범자만이 아닌 태평양전쟁에서 억울하게 사라진 한국 출신 군속(軍屬)도 신으로 올라가 있다.

야스쿠니를 대하는 관점으로 필자가 주목하는 부분은 국제무대에서도 통하는 논리와 주장 그리고 팩트다. 한국에서나 통하는 우물 안 주장이 아니라 다른 나라도 함께 응원하고 동의할 논리, 주장, 팩트다. 지난 2월 초 야스쿠니를 방문한 이유는 바로 그 같은 관점에 기초한 야스쿠니 연구에 있다. 단편적으로 알려진, 한국인 입맛에 맞는 얘기만이 아니다. 한국인에게 불편하고 듣기 싫은 얘기지만 세계무대에 통하는 주장을 확산하기 위해서는 먼저 상대를 자세히 알아야 한다. 상대의 논리를 갈파할 경우 대응책이 한층 더 견고해질 수 있다.

야스쿠니를 찾은 것은 평일 오후다. 이미 20여 년 전 두 차례 방문한 적이 있지만 기억나는 것은 가미카제(神風)에 관한 부분이다. 죽은 조종사 명부를 통해 김(金), 최(崔) 같은 한국인 성(姓)을 발견했다.

사실 당시만 해도 야스쿠니 문제는 동아시아 외교의 중대 현안은 아니었다. 야스쿠니 문제는 간헐적으로 터져 나오는 우익의 정신 나간 소리로 해석됐다. 야스쿠니에 가기 위해 내린 곳은 이다비시(飯田橋)역이다. 야스쿠니 북동쪽에 위치한 역으로 걸어서 20분 정도 걸린다. 멀리 떨어진 곳에 내린 이유는 야스쿠니 바로 위에 위치한 후지미(富士見)를 거쳐 가기 위해서다. 후지미는 말 그대로 후지산이 보이는 전망 좋은 동네란 의미다.

야스쿠니는 지리적으로 볼 때 천황의 황거와 후지미 사이에 끼어 있다. 살아 있는 일본의 상징과 일본이란 나라의 정체성에 해당되는 후지산 전망대가 남북으로 걸쳐 있다. 도쿄 대부분은 평지지만 야스쿠니는 비교적 높은 언덕에 들어서 있다. 평일인 탓도 있지만 야스쿠니로 가는 길은 조용하다. 후지미 근처에서 만난 유치원이 유일하게 닿은 인적이다. 가는 길 전체가 침묵에 휩싸여 있다.

멀리서 검붉은 모습의 초대형 도리이(鳥居)가 눈에 들어왔다. 도리이란 엔(円)자형 문으로, 성(聖)과 속(俗)을 가르는 '신사'의 대문에 해당한다. 야스쿠니의 도리이는 오오도리이(大鳥居)라 불린다. 초대형 도리이다. 야스쿠니 도리이는 크게 세 개가 있다. 중간의 청동형 도리이 그리고 본당 바로 앞의 중간 도리이다. 크기는 안으로 들어갈수록 작아진다. 정문 도리이에서 본당까지는 전부 500미터 정도다. 벚나무 길이 양쪽에 이어져 있다. 본당 뒷마당을 합칠 경우 전부 1킬로미터에 달하는 초대형 신사다.

신사는 일본 신토(神道)의 예배당에 해당된다. 신토란 세상 모든 것을 신으로 받아들이는 사상이다. 나무, 돌, 태양, 소, 고양이도 신토의 범주에 들어간다. 천황은 그 모든 것들의 정점에 선 존재다. 불교가 부처나 인간의 수양을 전제로 한 종교인데 비해 신토는 800만 개에 이르는 삼라만상 모든 존재를 신으로 받아들인다. 신토가 종교인지 아닌지에 관한 논의는 영원한 숙제다. 도리이에서 본당까지 이어지는 길, 즉 '산도우(参道)'는 도쿄를 대표하는 벚꽃 명소다.

/ 일본 육군의 아버지가 만든 야스쿠니 /

산도우를 걸어가면서 눈여겨봐야 할 부분은 우뚝 솟은 일본 최초의 서양식 청동 조각이다. 일본 육군의 아버지로 통하는 오오무라 마츠지로(大村益次郎)의 전신 청동상이다. 1893년에 세워져 야스쿠니에 기부된 것으로 천황 군대의 사령관으로서 적을 내려다보는 모습을 하고 있다. 마츠지로는 메이지유신 당시의 풍운아 10인 중 한 명이다. 하급 사무라이 출신으로 의학, 네덜란드학, 교육학, 군사학을 독학으로 공부한다. 청년들을 위한 사설 학교 즉 숙(塾)도 세워 교육에 앞장선다.

20대 말부터 천황 세력 확장을 위해 일하던 중 여덟 명의 사무라이로부터 공격을 당해 암살된다. 당시 45세. 천황에 반대하던 막부

군과의 전투에 참가한 군인인 동시에 군제(軍制)를 근대식 서양군으로 바꾼 근대 일본군의 설계사에 해당된다. 그가 있었기에 일본군이 탄생됐고 이어 야스쿠니도 만들어졌다.

그의 청동상은 한국인이 간과하기 쉬운 부분을 일깨워준다. A급 전범자만이 아닌 멀리 150여 년 전 메이지 풍운아들도 야스쿠니 멤버란 사실이다. 연혁이나 배경이 태평양전쟁만이 아닌, 19세기 중반으로 거슬러 올라간다는 의미다. 메이지유신은 열도 전체를 아우르는 일본이란 정체성을 확보하고 확대해 나간 초대형 친위 쿠데타다. 250년간 이어진 에도막부와 반황 세력을 몰아낸 뒤 서양식 '네이션 빌딩(nation building: 국가건설)'으로 나아간다. 야스쿠니는 일본이란 나라가 네이션 빌딩에 나설 때의 기억에서 출발한다.

야스쿠니의 전신은 1869년 세워진 도쿄 초혼사(東京招魂社)다. 당시 막부군과 싸웠던 천황파 군인과 군속 3,588명이 합장된다. 원래 지방에서 간헐적으로 이뤄지던 합사였지만 마츠지로가 천황의 본거지인 도쿄에 만들 것을 건의해 급히 창건된다. 일본이란 정체성을 구축하고 천황의 권위를 과시하자는 것이 창건 목적 중 하나다. 따라서 천황에 반대했던 막부파의 군인이나 지도자들은 야스쿠니 합사에서 제외된다.

천황에 맞설 경우, 죽어도 야스쿠니에 들어갈 수 없다. 천황은 야스쿠니의 창건은 물론 이후 유지 발전되는 모든 과정에 관여한다. 당연하면서도 잊기 쉬운 사실이지만 야스쿠니의 배경에는 항상 천황이 드리워져 있다. 1945년 이전에는 천황의 하사금이 야스쿠니 운영비로 충당됐다.

하얼빈 8일회 유족회, 관동군 제5사령부 생존자 일동, 군함 무사시(武蔵)회, 중국 주둔 보병 제1연대 철병(鐵兵), 전차 제3사단 중병(重兵)연대 유족회, 육군사관학교 제59기생회…. 야스쿠니 본당에 가까워질수록 특이한 벚나무를 볼 수 있다. 헌목(獻木)이란 이름과 함께 벚나무 중간 부분에 흰 글씨의 작은 현판이 걸려 있다. 생존자, 유족회, 동기(同期) 같은 단어와 함께 언제 어떤 전투에 참가했는지에 대한 설명도 있다. 생존자의 경우 본인이, 전몰자의 경우 유족회나 동기생들의 이름이 기록돼 있다.

벚꽃은 사무라이의 정신적 기상으로 받아들여진다. 조용히 소리 없이 피지만 질 때는 한순간 바람에 날려 허공으로 사라진다. 붉은색 꽃잎은 정열과 피를 상징한다. 사무라이가 세상을 마감할 때 남기는 최후의 유시(遺詩)로 '지세이(辞世)'라는 것이 있다. 할복에 앞서 볼 수 있는 의식 중 하나로, 보통 한두 문장으로 끝나는 짧은 글이다. 전국시대 다이묘(大名)였던 모리 모토나리(毛利元就)는 숨지기 직전 '친구를 얻어 한층 더 기쁘고, 어제의 벚꽃이 변해 오늘은 엷은 분홍빛으로(友を得て なほぞうれしき 桜花 昨日にかはる 今日のいろ香は)'라는 지세이를 남긴다. 야스쿠니에 바쳐지는 헌목의 99퍼센트는 벚꽃이다. 야스쿠니는 일본 사무라이의 정수(精粹)이기도 하다.

야스쿠니가 사무라이의 성역인 이유는 태평양전쟁 중 생산된 야스쿠니 산(産) 칼을 통해서도 알 수 있다. 8,100개의 이르는 일본도로 큐단도(九段刀)라 불린다. 현재 차도(茶道) 시설로 활용되고 있는 고우운데이(行雲亭)가 큐단도 생산지다. 본당 오른쪽 뒤에 있다. 전통 기술에 입각해 세심하게 만들어져 1940년대 군 최고 간부들에게 선물로 전해졌다. 큐단도는 21세기에 들어서도 과거 못지않은 명성을 지킨다. 한 자루에 최소 1억 원이 넘는, 전 세계에서 고가로 매매되는 대표적인 일본도다.

전몰자를 추모하는 본당은 흰 천에 검은색 국화 문양 커튼이 드리워져 있다. 국화 문양은 오직 한 사람만이 사용한다. 바로 천황이다. 마음대로 쓸 수 없고 천황이 지정한 곳에서만 사용이 가능하다. 야스쿠니는 천황이 직접 방문할 것을 전제로 천황용 마차 휴게소를 본당 앞에 마련해주고 있다. 그러나 1975년 쇼와(昭和) 천황이 야스쿠니를 방문한 것을 마지막으로 지난 40년간 천황의 방문은 끊겼다. 이유는 A급 전범자에 있다. 천황을 보호하는 궁내청(宮內廳) 전직 장관이 수기를 통해 밝힌 사실이다.

A급 전범의 합사는 1978년 10월에 이뤄진다. 당시 야스쿠니 집행부는 교묘한 방법으로 A급 전범자의 합사를 추진한다. 상대는 로마교황청이다. 야스쿠니 간부들은 1970년대 초 교황 바오로 6세에게 편지를 보낸다. 도쿄 재판에서 전범으로 사형되거나 감옥에 간 사람들을 위한 미사 요청이다.

야스쿠니는 형식상 종교 단체다. 종교 기관으로서 A급, 나아가

B, C 전범자를 용서하고 기리는 의식을 교황에게 부탁한 것이다. 로마 교황청은 국가를 위해 죽은 사람은 승자와 패자 관계없이 존경받고 용서돼야 한다고 말한다. 바오로 6세는 전범자를 위한 미사를 약속한다. 그가 1978년 숨지면서 무위로 끝나지만 후임자인 요한 바오로 2세가 전범자를 위한 미사를 집전한다. 1980년 5월 21일이다.

미사가 예정된 상태에서 이미 1,618명의 전범자가 야스쿠니에 합사된다. 교황도 용서하고 인정한다는 명분과 함께 물타기로 A급 전범자를 야스쿠니에 슬쩍 끼워 넣는다. 화해와 용서라는 명분과 바티칸의 권위를 빌어 야스쿠니를 A급 전범자의 안식처로 둔갑시킨 것이다. 비록 교황의 인정 하에 이뤄졌지만 천황은 그 후 야스쿠니를 멀리한다. 따라서 천황은 야스쿠니의 A급 전범 분사에 가장 먼저 반대한 인물이라 볼 수 있다. 천황을 최고의 신으로 받드는 곳이지만 정작 천황의 뜻을 거스르는 행동을 한 곳이 바로 야스쿠니다.

야스쿠니가 국제적으로 문제가 된 것은 이후 5년이 지난 1985년 8월 14일이다. 중국이 문제를 제기한다. 나카소네 야스히로(中曽根康弘) 총리가 공식 일정으로서 야스쿠니에 참배한 데 대한 반발이다. 중국 측은 A급 전범자를 위한 참배는 과거 중국에 대한 침략을 정당화하는 것이라 말한다. 야스히로는 총리 재임 뒤 이미 10회에 걸쳐 야스쿠니를 다녀갔다. 이전 총리들 대부분도 참배를 정례화했다. 1985년과 차이점은 공식 여부다.

사실 중국의 야스쿠니 관련 반발은 단순히 총리의 공식 참배 때문만은 아니다. 당시 개방 정책으로 나아가려던 후야오방(胡耀邦) 총서기에 대한 반발로 일본을 끌어들인 것이다. 후야오방은 일본 자본을 통해 중국 개방을 촉진하려 했다. 1984년 10월 1일 건국 기념 35주년을 맞아 일본 청년 3,000명을 천안문광장에 초대해 중일 협력 체제를 모색하자고 강조한다. 야스히로 총리와의 개인적 우정도 유명하다.

후야오방의 친일 정책을 못마땅하게 여기던 공산당 원로들은 야스히로를 적으로 대하면서 더불어 후야오방을 밀어낸다. 이후 150센티미터 단구의 덩샤오핑(鄧小平)이 미는 장쩌민(江澤民)이 총서기에 오른다. 장쩌민은 한국의 김영삼 대통령과 함께 반일 공동 전선을 편 인물이다. 친일 정책을 편 후야오방을 몰아낸 인물이란 점을 감안하면 너무도 당연한 결과이다.

/ 중국 권력 투쟁과 야스쿠니의 외교 이슈화 /

중국의 권력 투쟁과 일본 총리의 야스쿠니 공식 참배는 닭과 달걀과의 관계라 볼 수 있다. 한국 입장에서는 후야오방 실각보다 야스히로의 야스쿠니 참배가 한층 더 피부로 와 닿을 듯하다. 그러나 놓치지 말아야 할 부분은 중국이 문제를 제기하고 권력 투쟁 속에서 문제를 확산시키는 과정에서 한국이 뒤늦게 수동적으로 합세했다는 점이다. 종군위안부 문제가 일본 지식인들 사이에서 논의되기 시작해 한국으로 넘어왔듯이 야스쿠니 문제도 한국 내에서 먼저 제기된 것이 아닌 중국을 따라가는 과정에서 확대됐다. 한국의 독자적 판단 없이 중국의 주장에 동조하는 과정에서 야스쿠니가 외교적으로 이슈화된다.

총론에 따르자면 일본에 대한 한국과 중국의 과거사 해석은 비슷하다. 그러나 각론으로 들어가면 다르다. 중국은 일당 독재 공산국가다. 민주주의 국가인 한국과 다른, 한두 명에 의해 결정되는 밀실 속 방침과 원칙이 중국식 외교의 기본이다.

중국과 함께 갈 경우 더 큰 목소리를 낼 수는 있다. 그러나 만약 중일 간 합의가 이뤄질 경우 한국은 '닭 쫓던 개'꼴이 된다. 야스쿠니 문제는 중요한 외교 현안이다. 그러나 중국과의 공조 형태로 이뤄질 경우 언젠가 치명적인 손해를 볼 수 있다. 중국의 대일 외교가 한국의 입장을 고려하면서 이뤄질 것이라는 것은 엄청난 착각이다.

한국에서 보는 야스쿠니는 우익의 경연장으로 와 닿는다. 그 같은 모습은 매년 열리는 8월 15일 특별 이벤트에 한한다. 야스쿠니 정문 앞에 있는 일본 무도관(日本武道館)에서 8·15 전몰자 추모식 직후 벌어지는 상황이다. 무도관 공식 행사에 참가한 총리와 각료들이 돌아가는 길에 야스쿠니를 방문한다. 우익들이 몰려들고 이에 맞서 공산당, 사회당 중심의 야스쿠니 반대 데모도 동시에 벌어진다. 헌법9조사수회(死守會), 헌법개정 지지연합회, 천황제 반대모임, 북방5도 반환촉구회, 원발(原發) 반대모임 등이 뒤얽혀 하루 종일 시끄럽다. 전 세계 언론이 전부 모이는 것은 물론이다.

이날은 최소 10만 단위의 전몰자 유족들이 참배하는 날이기도 하다. 8월 15일 대형 이벤트가 끝나면 야스쿠니는 조용한 신사로 돌아간다. 수백 명 떼로 몰려오는 중국인 관광객을 위한 도쿄의 관광 명소로 변해간다. 전쟁 경험자나 전쟁에 관한 얘기를 듣고 자란 사람들이 사라지고 있다. 야스쿠니에 대한 지원금이 줄어들고 위상도 한층 약해지고 있다. 야스쿠니를 성역시하려는 사람이 늘어난다는 것은 거꾸로 야스쿠니를 잊어가는 사람이 많다는 의미이기도 하다.

기능상 야스쿠니는 한국의 동작동 국립묘지에 비견된다. 두 장소는 한일 간 문화의 압축판에 해당되기도 한다. 앞서 살펴봤듯 야스쿠니는 레이지보에 명부를 올리면서 합사가 공식화된다. 계급, 출신, 지역 심지어 국적에 관계없이 등록되는 '집단으로서의' 합사다. 사성(四星) 장군이라 해서 특별히 추모되는 것이 아니다. 나라를 위해 싸우다 숨진 모든 사람들이 '신(神)'으로 추앙된다.

살아 있을 때와 달리 야스쿠니 멤버로 등록되는 순간 모두가 평등해진다. 집단으로서 전몰자만 있을 뿐 개개인의 모습은 없다. 한국의 경우 대통령과 장군은 사후에도 존경된다. 동작동 국립묘지에 들러 베트남 참전 군인과 대통령의 묘를 비교해보라. 필자의 관심사는 한국과 일본 사이의 평등 여부에 관한 것이 아니다. 두 나라의 문화다. 일본은 개개의 전몰자가 아니라 집단으로서 죽은 이 전부를 기린다.

살아서도 집단이고 죽어서는 한층 더 집단이다. 한국의 지도자는 살아서도 죽어서도 국민들을 지도한다. 각각 장단점이 있지만 한국은 지도자를 중심으로 한 단기전에, 일본은 집단으로 움직이는 장기전에 강한 문화라 볼 수 있다. 좋은 지도자를 만나면 한순간 정상에 도달할 수 있는 나라가 한국이다. 일본의 경우 좋은 지도자 여부와 무관하다. 집단으로 움직이기에 크게 비약하는 것도 없지만 잘못된 지도자를 만나 추락할 가능성도 없다.

예측하건데 야스쿠니의 위상과 권위는 한층 더 약화될 것이다. 그러나 한순간 없어지지도 않을 것이다. 힘은 약화되지만 꾸준히 그리고 지속적으로 이어지는 것이 야스쿠니다. 천안함 사건 이후 달아오른 순국 애국자 추모 붐이 어느 날 갑자기 사라져버리는 한국의 상황과 구별된다. 집단에 기초하기 때문에 천천히 꾸준히 오래간다. 따라서 야스쿠니 문제는 앞으로도 계속될 외교 현안이 될 것이다.

/ **고독과 비애로서의 전쟁기념관** /

야스쿠니 본당 오른쪽으로 걸어가면 '유슈칸(遊就館)'이란 이름의 상설 전시관이 마련돼 있다. 전몰자들을 되새기는 전쟁박물관에 해당된다. 19세기 말부터 태평양전쟁, 나아가 최근의 중동 평화유지군 파견에 이르는 일본 전쟁사 관련 자료가 전부 전시돼 있다. 야스쿠니 문제의 핵심인 태평양전쟁 당시 대본영 수장(首將) 도조 히데키(東條英機)를 비롯한 A급 전범자들에 관한 사진과 자료도 접할 수 있다.

본당에서는 모두가 하나의 집단으로 움직이지만 유슈칸에서는 개별화된 전쟁 지도자들을 만날 수 있다. 유슈칸 입구에는 태평양전쟁 당시 활약했던 제로기, 대포, 열차가 전시돼 있다. 제로기가 얼마나 우수한 비행기였는가, 라는 얘기는 유슈칸에서 울려 퍼지는 유일한 승전보가 아닐까 싶다.

보통 다른 나라의 전쟁기념관은 자국 군대의 우수성과 승리를 기념하는 공간으로 활용된다. 워싱턴 스미소니언 내 전쟁 관련 기념관에 가면 미국 창공에 휘날리는 성조기의 함성이 귀를 찌르는 듯하다. 항상 전진하고 승리한다, 라는 것이 워싱턴 전쟁기념관이 주는 인상이다. 하지만 일본은 다르다. 뭔가 슬프고 어두운 그림자가 유슈칸 전체에 흐른다. 원자폭탄을 두 발이나 맞은 패전국이기 때문이라 볼 수도 있지만 꼭 그런 것만은 아니다. 일본이 승기를 잡았던 19세기 말과 제1차 세계대전을 전후한 전시관을 봐도 승리감에 도취한 모습과 거리가 멀다.

승자의 자신만만함보다 뭔가에 쫓기고 어쩔 수 없이 밀려서 앞으로 나아가는 듯한 느낌이다. 당시 군인들이 집에 보낸 편지를 봐도 승리를 목적으로 하기보다 패하지 않으려고 발버둥치는 서바이벌 군대처럼 느껴진다. 일본이 시행한 전투는 엄청난 병력을 퍼부은 결과에 불과하다. 인해전술(人海戰術)은 중국만이 아니라 일본군에도 해당된다. 이길 때도 질 때도 엄청난 손실이 뒤따른다.

1945년 1월부터 8월 15일 종전일까지 계속된 필리핀 루손(Luzon)섬 전투를 보자. 좁은 섬에 무려 25만 명의 일본군이 주둔했다. 전사자는 일본군 21만 7,000명, 미군 3만 8,000명이다. 거의 떼죽음이다. 섬을 무대로 한 일본군 전사자의 비율을 보면 보통 90퍼센트가 넘는다. 생전에 쓴 편지를 보면 먼저 죽은 전우를 생각하며 곧 저 세상에서 만나자는 얘기가 주류다. 죽은 전우를 생각하면 살아서 집에 돌아갈 수 없다고 단정한다. 살기 위한 전쟁이 아니라 죽기 위한 싸움이다. 전시관 분위기 전체가 숨을 쉬기 어려울 정도로 비장하다. 무운장구(武運長久)를 비는 일장기 혈서나 친구들의 격려문도 살기 위한 것이 아닌, 영광스럽게 죽기 위한 액세서리로 느껴진다.

군대 행진곡도 전시관 곳곳에서 울려 퍼지지만 슬프고도 애절하다. 고래고래 소리 지르며 적을 향한 증오심을 높이는 군가가 아니다. 어머니, 형제, 자연, 친구 등을 가사로 한, 슬픈 멜로디 속의 서정시로 와 닿는다. 이미 사라졌는지 모르지만 1990년대 말까지만 해도 서울 한복판에서 1940년대 일본 군가를 들을 수 있었다. 동대문 일요시장 주변이다. 일본군을 찬미하기 위한 노래가 아니다. 일제시대를 살았던 사람들의 가슴 속에 남아 있던 '애잔한 기억'이 다시 재현됐을 뿐이다. 동심이 접했던 유일한 음악들이다. 필자도 동대문 거리를 걷다가 몇 번 들었지만 애절하고 슬픈 군가로 기억된다. 상대를 압도하는 힘이 아니다. 최악의 상황 하에서도 가족, 친구, 고향을 그리며 최선을 다하는 모습이 군가 속에 투영돼 있다.

일본은 전 세계에서 단조(短調)로 이뤄진 국가(國歌)를 가진 유일한 나라다. 천황의 만수무강을 비는 기미가요(君が代)는 시작도 끝도 음울하고 쓸쓸하다. 유슈칸 내 기록 영화로 1944년 가미카제 출격에 앞선 의식이 있다. 기미가요 제창이다. 노래를 부르면서 눈물을 참는 어린 조종사들의 모습이 인상적이다. 죽음에 앞선 공포 때문이기도 하지만 조종사들의 슬픈 모습은 적개심이 아닌 스스로에 대한 다짐과 주변 정리로 해석된다. 적을 공격하고 증오하기에 앞서 자신을 단련하고 주변을 고려하는 과정에서의 슬픔이다.

야스쿠니는 수상의 공식 참배, A급 전범에 국한되는 공간이 아니다. 일본 전체를 압축한 일본 문화의 결정판이다. 야스쿠니에 반대한다는 것은 일본을 상대로 한 전방위 싸움에 나선다는 얘기다. 일본과의 전쟁이 아니라, 일본에 관한 모든 것에 대한 철저한 연구와 대응책이 이뤄지지 않는 한 코끼리 다리를 더듬는 수준에 일단락될 뿐이다.

2017년 8월 15일 전후 72년 야스쿠니는 지금까지 볼 수 없던 상황을 연출할 것이다. 주저하고 머뭇거리는 모습이 아닌, 아예 밖으로 드러내놓은 상태에서 야스쿠니 찬미로 나갈 것이다. 정치가의 공식 참배 수준이 아니다. 현재 일본의 공기로 본다면 천황의 야스쿠니 참배도 이뤄질 전망이다.

전방위로 싸울 자세는 돼 있는가? 싸워 이길 만한 역량은 있는가? 논리와 팩트라는 측면에서 상대를 압도하고 세계의 여론을 주도할 자신이 있는가?

시부야 교차점을 바라보는 눈

/ 일본의 속은 알기 어렵다 /

인터넷 덕분이기도 하지만 결론은 비주얼(visual)이다. 100번 듣는 것보다 한 번 보는 것, 열 번 읽는 것보다 한 번 보는 것이 대세다. 보고 싶은 것만 보고 진짜 봐야 할 것을 놓치는 경우도 있지만 일단 비주얼은 펜과 귀를 압도한다. 글로벌 시대를 맞아 세계 각국에 관한 정보나 평가도 비주얼로 결정된다. 특정 나라를 상징하는 모습이 사진 한 장에 압축돼 전 세계에 전달된다.

두꺼운 책이나 긴 설명도 필요 없다. 파리의 에펠탑, 뉴욕의 타임스퀘어, 중국의 천안문 같은 것들을 한 번 비추면 끝이다. 한국은 국보 1호인 숭례문, 즉 남대문이 주인공이다. CNN 아시아판 뉴스를 보면 서울 발 뉴스의 배경으로 남대문의 야경이 비친다. 외국인이 보는 한국의 이미지는 돌로 쌓은 전형적인 오리엔탈 성곽이다. 불에 타고 가짜 전통목과 엉터리 장인들로 얼룩진 건축물이지만 비주얼로 표현할 경우 '한국=남대문'이다.

일본은 어떨까? 한국이나 중국에 비해 수많은 얼굴을 가진 나라다. 먼저 후지산이 떠오른다. 시속 600킬로미터가 넘는 세계 최고 스피드를 자랑하는 신칸센(新幹線), 스시(すし)를 정성스럽게 만드는 요리사, 기모노(着物) 차림에 하얀 분칠을 한 게이샤(芸者)의 모습도 있다. 외국인이 볼 때 한국과 중국은 간단하다. 이해하기 쉽다는 말이다. 다양한 모습을 가진 일본은 속을 알기 어렵다.

/ 일본의 얼굴 시부야 교차점 /

시부야 교차점(渋谷交差点)은 비주얼로 나타난 일본의 상징물 중 하나다. 도쿄 JR 시부야 역 하치코(ハチ公) 출입구를 나오는 즉시 펼쳐지는 5차선 횡단 도로다. 보행자 전용 횡단보도가 아니라 도로 전체를 횡단하는 식이다. 일본인은 물론 한국인과 전 세계 모든 사람에게 해당되는 얘기겠지만 시부야 교차점에 가봤거나 그곳을 좋아한다고 말한다면 심적으로 젊다는 의미다. 육체적으로 늙어도 시부야 교차

점을 흥미진진한 곳으로 받아들인다면 아직은 팔팔하다.

시부야 교차점의 원래 지명은 시부야 스크램블 교차점(渋谷スクランブル交差点)이다. 스크램블은 영어 'scramble', 즉 '엉키고 섞이다'란 의미다. 서로 방향이 다른 다섯 개 도로의 횡단 신호등이 한순간에 전부 푸른색으로 변한다. 곧이어 5차선 횡단 도로 전체가 인파로 뒤덮인다. 다섯 개 도로 내 횡단 신호등을 순환적으로 운용하는 것이 아니다. 일시에 전부 바꾸는 일체형 신호등 체계가 시부야 교차점의 특징이다. 전체 면적은 축구장 정도 크기다. 평균해서 보통 한 번에 3,000명이 건넌다. 하루 평균 10만 명 정도가 이용하는 셈이다. 횡단 시설을 기준으로 할 때 전 세계에서 가장 많은 인파가 통행하는 곳이다.

한국 기준으로 보면 시부야 교차점은 그렇게 크게 와 닿지 않는다. 출근길 만원 지하철이나 동대문시장에 익숙한 상태에서 '횡단 도로 전체가 사람으로 뒤덮이는 것이 무슨 큰 구경거리냐?'고 반문할 듯하다. 미국이나 유럽은 다르다. 도쿄를 방문하는 관광객이라면 하루 정도 시간을 내서 인해(人海) 거리를 보러 간다. 그냥 가서 휙 둘러보는 수준이 아니다. 낮과 밤에 걸쳐 다양하게 경험하는 것은 물론, 직접 도로를 건너거나 주변을 샅샅이 훑는 식이다. 도로 풍경이 아니라 '일본론'으로서 체험 연구 과제에 해당된다.

구글에 들어가 영어로 '시부야 크로스(Shibuya Cross)'란 키워드를 넣어보자. 전체 56만 건, 비디오가 6만 5,900건이 나온다. 한국을 상징하는 남대문(Namdaemun Gate)을 키워드로 넣으면 전체가 14만 건, 비디오가 1만 3,500건이 뜬다. 한국 전체를 대표하는 상징물보다 일본을 나타내는 여러 가지 얼굴 중 하나인 시부야 교차점에 대한 관심이 더 높다.

시부야 교차점에 도착한 것은 해가 넘어가기 한 시간 전쯤이다. 일본이란 나라를 이해하기 위한 '현장 관찰'이 주된 목적이다. 그렇지만 일본에서 가장 저렴하면서도 풍부한 양을 자랑하는 시부야 라멘도 방문 이유 중 하나다.

시부야는 라멘의 거리다. 라멘은 젊음의 상징이다. 10대, 20대 젊은이로 채워진 곳이 시부야다. 한국의 인스턴트 라면과 달리 일본 라멘은 돼지고기 스프를 재료로 하는 기름진 음식이다. 위에 부담을 준다. 보통 고기를 토핑해주기 때문에 양도 엄청나다. 어느 정도 나이가 든 사람은 모밀로 만든 소바(そば)를 찾는다. 양도 적당하지만 담백하기 때문에 위에 부담이 없다.

우동(うどん)은 청년과 노년의 중간 정도 나이에 든 사람들이 좋아한다. 라멘보다 위에 부담을 적게 주고 소바보다 양도 많고 스프도 가볍다. 따라서 시부야 주요 거리에는 소바 가게가 극히 드물다. 우동집도 거의 없다. 육식으로 배를 채우는, 쇠(鐵)도 녹일 수 있는 위장으로 무장한 청년들의 해방구다.

/ 단순한 약속이 쌓이다보니 /

퇴근 시간이 시작된 탓도 있겠지만 하치코 출구를 나서는 순간 엄청난 인파가 시부야 교차점 앞에 늘어서 있다. 인산인해(人山人海)다. 동대문시장이나 천안문광장과 다를 바 없지만 주목해서 볼 부분이 있다. 푸른 신호등이 켜지는, 정확히 50초 동안 벌어지는 '특이한 광경'이다.

붉은 신호가 푸른색으로 바뀌는 순간 5차선 횡단 도로 전체가 사람으로 뒤덮인다. 50초 뒤 신호가 붉은색으로 변하는 순간 도로는 한순간 텅 빈다. 자동차로 빈 공간을 다시 메운다. 50초 만에 이뤄지는 수천 명 단위의 완주(完步) 게임이 대략 3분에 한 번씩 진행된다. 나이가 많다고, 유모차를 민다고, 연인과 함께 손잡고 걷는다고, 병으로 기력이 딸린다고 50초 완주에 실패할 수도 있다. 그러나 그런 경우는 극히 드물다.

누구 하나 예외가 없다. 두 시간 이상 머무는 동안 자세히 지켜봤지만 50초 완주에 실패하면서 차에게 '폐를 끼친(迷惑をかける)' 경우는 단 한 차례도 없었다. 미국이나 유럽인이라면 50초 만에 벌어지는 대이동이 신기하게 느껴질 수밖에 없다. 신호가 바뀌는 순간, 보행자와 자동차가 서로의 권리와 의무를 확실히 지킨다.

50초 완주와 더불어 횡단 도로에서 걸어가는 동안 벌어지는 풍경은 시부야 교차점의 흥미로운 부분 중 하나다. 한국인이 놓치기 쉬운, 일본인만이 만들어낼 수 있는 풍경이다. 수많은 사람들이 엄청난 스피드로 건너간다. 그러나 속보(速步)임에도 불구하고 중간에 어깨를 부딪치거나 충돌하는 일본인은 거의 없다.

사실 수천 명이 50초에 맞춰 일시에 걸어가는 동안 가벼운 충돌이 없을 수는 없다. 그러나 일본인들은 횡단 도로에서 충돌하면 일본인이 아니라고 말한다. 어릴 때부터 빠른 보행으로 신호를 지키는 데 익숙하기 때문에 어깨를 부딪칠 이유가 없다는 것이다. 마치 고성능 안테나를 머리에 달고 있듯 보행자 간에 절묘한 공간을 확보하면서 무사히 그리고 신속히 행동한다. 이른바 일본인만이 체득할 수 있는 '공기(空氣)'다. 그런 공기를 만들고 만들어진 공기에 익숙해진 일본인이라면 결코 횡단보도에서 충돌할 수 없다고 단언한다. 공기가 무엇인지도 모르고 공기에 익숙하지 못한 외국인만이 걸어가다가 부딪친다.

서울 거리를 걸을 때 느끼는 것이지만 한눈을 팔다가는 어떤 참혹한 꼴을 만날지 알 수 없다. 종로나 강남의 인도를 걷는 과정에서 잘못하다가 맞은편 보행자와 어깨를 부딪치면서 시비에 휘말릴 수 있다. 도쿄 긴자(銀座)의 일요일은 보행자 천국의 날이다. 일본인은 물론, 최근 엄청나게 몰려드는 중국인과 한국인 관광객으로 터져나간다. 그러나 그렇게 복잡해도 일본인의 경우 아무런 정차(?)없이 술술 빠르게 잘 빠져 나간다.

중간에 중국인이나 한국인 관광객이 끼어 있으면 상황은 달라진다. 병목이나 정차가 곳곳에서 벌어진다. 일본의 공기에 익숙하지 못하기 때문이겠지만 구체적으로는 좌측통행이 가장 큰 이유일 듯하다. 일본인의 경우 서로 마주치는 사람들은 마치 약속이나 한듯 왼쪽으로 몸을 튼다. 좌측통행을 전제로 한 보행이기 때문에 충돌 직전에 왼쪽으로 방향을 바꿔 조금씩 양보한 상태에서 앞으로 나아간다. 시부야 교차점에서 충돌이 없는 것은 바로 그 같은 단순한 약속에서 비롯된 것이다.

서울 거리는 좌우 통행에 대한 기준이 모호하다. 에스컬레이터의 경우 역에 따라 다르다. 좌측 보행 역이 있는 반면, 최근에는 우측 보행 에스컬레이터가 주류다. 필자의 경우 어릴 적 좌측통행을 기본으로 했다. 식민지 교육의 영향이다. 그러나 언제부턴가 우측통행이 기본이 된다. 좌우가 헷갈리면서 인도나 횡단보도는 사람으로 뒤엉킨다. 더욱이 동료나 친구와 함께 옆으로 늘어서 인도 전체를 차지하며 걸어가는 사람도 있다.

가능하면 앞서 걸어오는 사람의 방향을 짐작해 미리 옆으로 피하는 식이지만 빠른 보행자도 있기 때문에 방향 전환이 어려울 때도 있다. 보행자만이 아니라 자전거 심지어 오토바이도 충돌의 대상이다. 필자의 경우, 위험하기는 하지만 인도 밖의 도로 안쪽을 걷는 식으로 충돌을 피한다.

시부야 교차점 풍경에 대해 길게 얘기하는 이유는 일본을 보는 정확한 눈을 기르기 위해서다. 표면적으로 볼 때 시부야 교차점은 한국의 번화가와 비슷하다. 수천 명이 한꺼번에 50초 만에 대이동을 하는 과정에서 나타나는 '일본적 풍경의 내면'을 간과하기 쉽다. 한국에서 흔히 볼 수 있는 '카오스(chaos: 혼돈)'에 주목하면서 '똑같네!'라고 외칠 듯하다. 카오스처럼 보이지만 일본만의 독특한 '코스모스(cosmos: 질서)'로 창조해내는 내면에 대해 무심하다.

한국의 경우 사방팔방 보행자 3,000여 명이 50초 만에 완주할 수 있을까? 아마 대부분의 사람들은 완주할 수 있을 것이다. 그러나 대략 5퍼센트, 아니 극소화해서 1퍼센트가 완주를 못하거나 아예 거부할 것이 눈에 선하다. 여러 가지 핑계를 대는 과정에서 낙오자도 나타난다. 보행자들이 빨리 건너가는 과정에서 생기는 물리적 충돌은 더 큰 이유가 될 수 있다. 어깨가 부딪치면서 시비가 붙고 더불어 도로 한가운데서 난투극이 벌어지는 상황도 상상할 수 있다. 한국을 비하한다고 말할지 모르겠지만 최근 기억하는 거리 풍경을 떠올려보길 바란다. 도로 한가운데에 차를 세워둔 채 언쟁에 들어가거나 어깨 충돌로 시비를 벌이는 사람을 만난 적이 있을 것이다. 하루 10만 명이 오가는 시부야 교차점은 그 같은 상황과 무관하다.

중국은 어떨까? 베이징 출신 친구에게 물어봤다. '베이징 거리에 가보면 쉽게 볼 수 있다. 먼저 한국처럼 어깨 충돌로 인한 언쟁이나 지체는 없다. 그러나 많은 사람들이 갖가지 이유를 대면서 50초 룰을 무시할 것이다. 50초가 짧다면서 2, 3분으로 늘려야 한다는 얘기도 나올 듯하다. 나이가 많다, 임산부다, 어리다, 병 중이다, 아버지가 돌아가셔서 정신이 없다, 안경을 안 가져와 눈이 어둡다 등과 같은 이유로 횡단보도 전체를 느긋하게 이용하는 보행자도 넘칠 것이다. 마비 상태의 도로를 비집고 자동차도 밀려들 것이다. 사람과 자동차가 뒤엉켜 돌아가는 구도다. 시부야 교차점처럼 3,000명이 아니라 보행자 30여 명만 넘어도 그러한 상황이 벌어질 것이다. 그러나 시간문제지만 어쨌거나 중국인 모두가 건너갈 것이다.'

일본은 카오스를 코스모스로 바꿀 수 있는 나라다. 외국인이 보면 한국은 아예 카오스와 코스모스의 벽이 없는 나라로 비쳐질 듯하다. 카오스도 코스모스로, 코스모스도 카오스로 받아들인다. '대한민국에서 안 되는 것이 어디 있어?'라는 말은 현실을 대변하는 말이다.

좋게 말하면 융통성이 있지만 나쁘게 말하면 시작과 끝도 없다는 의미다. 역동적이라고 말할 수 있겠지만 거꾸로 보면 항상 피곤하고 날이 서 있다. 중국은 어떤가? 애초부터 코스모스라는 세상을 모른다. 카오스, 코스모스가 아니라 어떤 환경 하에서도 살아남는 절대 생존이 가장 중요하다. 따라서 건너가는 것 자체가 중요하다. 느리든 빠르든, 차가 끼어들든 말든 상관없다. 카오스는 카오스, 나아가 코스모스도 카오스로 만드는 나라가 중국이다.

중국은 문자 그대로 세계의 중심에 선 나라다. 천상천하유아독존(天上天下唯我獨尊)의 중화사상으로 무장한 것은 나라로서 중국만이 아니다. 개인으로서 중국인에게도 똑같이 적용된다. 보행자는 보행자의 생존을 위해, 운전자는 운전자의 생존을 위해 최선을 다할 뿐이다. 횡단보도 50초 룰 같은 것이 눈에 들어올 리가 없다.

/ 어느 사회나 존재하는 집단행동 /

미국의 공공 수영장에 가면 한국과 다른 운영 방법을 발견할 수 있다. 25미터 길이의 레인을 나눠 쓸 때의 운영 방법이다. 25미터를 왕복하는 사람의 경우 한 레인에 두 사람만 사용가능하다. 레인의 중간을 나눠서 오른쪽 또는 왼쪽을 차지하는 식이다. 25미터 끝에 가서도 자기가 원래 왔던 공간으로 다시 돌아온다. 개인주의에 기초한, 안전한 수영법이다. 선을 넘어서면 안 된다.

한국의 경우를 보자. 한 레인에 두 명이 아니라 서너 명도 가능하다. 한 레인의 반을 한 사람이 독차지하는 것이 아니다. 한 레인을 반으로 나눈 뒤, 오른쪽에서 출발해 25미터에서 돌아오며 다시 반대쪽의 오른쪽 공간을 헤엄쳐 돌아오는 식이다. 유턴 순환형이다.

일본 역시 한국과 마찬가지다. 수영장 운영 방법의 경우 한국과 일본은 거의 비슷하다. 직선형의 공간을 확실히 나눈 미국식과 달리, 제한된 공간을 여러 사람이 활용하자는 유턴 순환식이다. 그러나 한일 두 나라는 총론이 아닌, 각론 차원의 활용 방안으로 들어가 보면 달라진다.

필자는 수영을 건강 관리법으로 활용하고 있다. 서울, 도쿄, 워싱턴 어디를 가도 공공 수영장부터 찾는다. 서울의 경우 유턴 순환법이기는 하지만 사실상 한 레인에 두 명이 최대 정원처럼 인식된다. 두 명이 수영하고 있는 곳에 추가로 끼어들기가 어렵다. 들어가려고 하면 싫어하는 내색이 역력하다. 그러나 보다 큰 이유는 다른 데 있다. 설령 끼어들었다 해도 세 명 모두가 서로의 속도를 조절하지 않기 때문에 엉키기 십상이다. 필자의 경우 초반에는 빠른(자유형), 후반에는 느린(배영) 수영을 즐긴다. 빨리 갈 때는 문제가 없지만 느리게 가면 당장 뒤에서 뭔가 불만이 터져 나온다. 말은 안 하지만 필자의 뒤에 바짝 붙어 헤엄을 치면서 독촉하는 식이다. '왜 두 명이 헤엄치는 곳에 끼어들어 체증을 유발하느냐?'

일본의 경우 어떨까? 한국과 비슷하기는 하지만 서울에서 볼 수 없는 풍경을 만들어내는 것이 도쿄의 수영장이다. 필자가 자주 가는 도쿄 록본기(六本木) 수영장에서 경험한 것이지만 저녁 일곱 시쯤 되면 한 레인에 무려 4~5명이 동시에 헤엄을 친다. 퇴근길에 몰려들면서 네 개 레인이 꽉 찬다.

지금까지 본 최고 신기록은 한 레인에 무려 일곱 명이다. 25미터를 왕복으로 하면 50미터, 거기에 일곱 명이란 말은 한 명당 대략 7미터의 공간을 갖는다는 의미다. 신장을 약 2미터 정도라 해도 앞사람과 거리는 약 5미터 정도다. 팔을 뻗으면 나갈 수 있는 짧은 거리지만 서로 부딪치지 않고 사이좋게 충분히 활용한다.

수영 속도가 제각각 다르지만 묘하게 서로에게 맞추면서 일곱 명이 25미터 수영장을 충분히 즐긴다. 시부야 교차점을 주의 깊게 본 사람이라면 퇴근길 도쿄 수영장을 방문해볼 것을 권한다. 좁은 공간을 120퍼센트, 아니 200퍼센트, 1,000퍼센트 아무런 충돌 없이 활용하는 나라가 일본이다. 시부야 교차점이나 수영장만이 아니라 좁은 라멘집에서부터 도시 곳곳에 들어선 어린이공원에 이르기까지 제한된 공간을 아주 유용하게 그리고 서로 간의 충돌 없이 활용하는 곳이 일본이다.

시부야 교차점에서 만나는 일본의 내면 풍경은 집단행동(しゅうだんこうどう)이란 일본 특유의 퍼포먼스를 통해 재확인할 수 있다. 영어로 '그룹 액션(group action)'이라 표현되는 것으로 한국의 군대 의장대(儀仗隊)를 연상하면 될 듯하다. 똑같은 행동이나 연속 동작을 집단을 통해 연출해내는, 말 그대로 집단행동이다. 구글에서 한자로 집단행동을 검색하면 128만 건의 정보가 등장한다. 비디오나 사진을 보면어떤 것인지 충분히 이해할 수 있을 것이다.

집단행동은 어느 사회에나 존재한다. 똑같은 행동이나 동작을 통해 서로 간의 유대와 규율 그리고 정신을 가다듬는 의식이자 훈련이다. 확실한 군기와 강한 군대라는 것을 강조하기 위한 군대 행진 같은 것이 떠오를 것이다. 튀는 개성과 나만의 세계를 강조하는 21세기 기준으로 본다면 20세기 흑백 사진의 추억에 해당될 듯하다. 학교에서 군대 행진을 배운다고 할 때 반기는 부모는 거의 없을 것이다. 그러나 일본은 다르다. 개개인의 창조성을 강조하는 분위기이기는 하지만 집단행동도 여전히 중시되고 있다.

일본에서 집단행동은 아예 스포츠의 한 분야로 통용될 정도다. 매년 11월 도쿄 일본체육대학(日本体育大学)에서 열리는 집단행동 발표회는 세계적으로 알려진 이벤트다. 구글 비디오를 통해 인터넷으로 직접 확인할 수 있다. 보통 행진으로 이뤄지지만 한국인이 생각하는 행진과 질적으로 다르다. 우선 속도다. 걷는다고 하지만 거의 뛰는 수준으로 줄을 맞추며 함께 걸어간다. 똑같은 의복을 입은 젊은이들로 50명, 100명 단위로 이뤄진다.

구령에 맞춰 갖가지 행진 모습을 보여주지만 정확성과 속도라는 점에서 소름이 돋을 정도다. 모두가 손을 흔들며 앞으로 걸어가는 것이 아니다. 뒤로 걸어가기도 하고 옆으로도 행진한다. 서로가 스치듯 정확하게 자신의 공간을 확보해 가면서 모두를 위한 하나(One for All), 하나를 위한 모두(All for One)의 퍼포먼스다. 1961년 이래 일본 대학에서 매년 펼치는 스포츠 퍼포먼스다.

일본의 집단행동이 다른 나라와 다른 것은 스피드와 같은 기량에 한하지 않는다. 군인이나 대학생 같은 20~30대 남성만이 아니라, 10대 여학생이나 10세 이하 초등학생들도 행하는 일본만의 특징이다. 반바지 체육복처럼 모두가 똑같은 옷을 입고 경우에 따라서 똑같은 머리 모양을 하고 나타나 일사불란(一絲不亂) 일체형으로 움직인다. 언뜻 보면 로봇 같다는 느낌이 든다.

참가자 대부분의 표정은 비장하다. 어린이라고 해서 대충 봐주는 것이 아니다. 빠른 속도와 정확성이 요구된다. 지구가 자신을 중심으로 돈다고 믿는 것이 21세기 청년들이다. 세계의 중심은 바로 나다. 그러나 일본은 그러한 세계의 상식과 다른 세계관을 구축하고 있다. 어린이조차 머리에 띠를 묶은 채 '신속 정확한' 집단행동에 몰입한다. 한순간 보여주기 위한 시간 낭비가 아니라 서로를 하나로 묶는 의식이라 믿는다. 결과적으로 나타나는 행진으로서의 집단행동이 아니라 똑같은 동작과 행동으로 통일해 나가는 과정 속에서 일체감을 느낄 수 있다고 확신한다. 집단행동은 결과일 뿐, 로봇 행진이 되기까지 서로의 노력과 이해를 중시하는 문화다.

잘 알려져 있듯 중국은 5세 어린이의 몸을 비틀고 찢어서 올림픽 체조 금메달 후보 선수로 키우는 나라다. 세계 체조의 금메달이 10대 중국인에게 돌아가는 것은 그 같은 강훈(强訓)의 결과다. 속도의 정확성이란 측면에서 중국인이야말로 세계 최고의 집단행동을 연출해낼 수 있을 것이다. 소름이 돋는 일본의 집단행동이지만 중국은 한술 더 뜰 것이 분명하다.

그러나 가장 중요한 것이 빠져 있다. 코칭에 의한 다리 비틀기와 허리 조이기를 통한 체조 금메달일 뿐이다. 선수 스스로가 노력하고 다른 선수들과 협력하고 양보하면서 이뤄내는 승리가 아니다. 결과로서는 세계 최고가 될 수 있겠지만 과정으로 볼 때 결코 일본을 따라잡을 수 없다.

일본에서 집단행동은 행진이나 매스 게임에 국한되지 않는다. 어린이 두 명의 다리를 줄로 묶어 함께 뛰는 2인 3각 달리기에서부터 마을 주민 전체가 모여 행하는 줄다리기, 48명 단위의 여성 아이돌 그룹, 매년 가을 열리는 전일본대학역전(全日本大学駅伝) 마라톤에 이르기까지 사회 구석구석에 드리워져 있다.

/ 표면이 아니라 내면 /

'목표를 잃어버린 일본 청년'이란 말은 한국인을 보는 일본론 중 하나에 속한다. 잃어버린 20년이란 표현과 함께 미래가 없는 일본을 얘기할 때의 호례에 해당된다. 필자는 일본 청년들이 목표를 잃어버렸다고 보지 않는다. 구세대들이 생각하는 국가, 민족, 세계, 이념과 같은 뭔가 큰 덩어리로서 목표가 아니라는 점일 뿐이다. 인간인 이상 누구에게도 꿈은 있다. 관상용 어항 장식, 나이키 시리즈 운동화 수집, 손톱 매니큐어 디자인 같은 기성세대가 모르는 미래를 갖고 있을 뿐이다. 한국에 전해지는 일본 미래 암흑론은 바로 세상 모르는 '늙은이들의 푸념'에 불과하다.

시부야 교차점은 20대 일본 청년의 얼굴에 해당한다. 시부야 구청은 일본에서 가장 먼저 동성 결혼을 인정한 곳이다. 뭔가 전위적인 예술의 출발지도 시부야. 인산인해 속에 가려진 일본 청년들의 특징, 나아가 장단점을 이해할 수 있는 곳이다. 청년은 미래다. 글머리에서 살펴봤듯이 시부야 교차점은 비주얼로 압축된 일본의 상징물이다. 일본의 미래가 외국에 알려진 일본적 풍경 중 하나다. 이조시대를 대표하는 한국의 남대문은 과거형 상징물이다. 중국의 천안문은 자본주의보다 더한 공산당 지배 하의 현재진행형 상징물에 해당된다. 한중일 3국을 대하는 외국의 시선은 보는 각도에 따라 묘하게 다르다.

일본은 광장이 드문 나라다. 필자의 판단이지만 도쿄의 경우 치요타쿠(千代田区)의 황거 앞 공간을 제외할 경우 넓게 트여진 광장이 전무하지 않을까 싶다. 제2차 세계대전 당시 군국주의를 청산하는 과정에서 없어진 것인지 알 수 없지만 일본인의 캐릭터를 본다면 처음부터 없었을 가능성이 높다. 천안문광장이 아니더라도 작은 공간을 통해 광장처럼 사용할 수 있기 때문이다.

필자의 주관적 판단이지만 시부야 교차점이야말로 일본식 광장이 아닐까 싶다. 하나임을 증명하기 위한 엄청난 크기의 '정적(靜的) 공간'이 아니다. 자동차와 보행자로 메워진 횡단 도로지만 언제든지 하나로 나설 수 있는 '동적(動的) 공간'으로서 광장이다. 흥미롭게도 동적 공간으로서 시부야 교차점의 중심을 차지하는 아이콘은 개(犬)이다. 바로 하치코(ハチ公) 동상이다. 시부야 교차점에서 친구를 만난다고 할 때 가장 먼저 떠올리는 약속 장소가 하치코 청동상이다.

당연히 주변은 엄청 복잡하다. 하치코는 충(忠)의 상징이다. 영화와 드라마로도 수차례 만들어진 실화에 바탕을 둔 개이다. 주인이 숨진 뒤에도 주인의 평소 출퇴근 시간에 맞춰 시부야 역 주변을 정기적으로 오간 충견이다. 1932년 아사히신문에 하치코의 행적이 알려지면서 일본 전역이 감동한다. 때마침 일본 전체가 전쟁 분위기로 들어가면서 하치코는 죽을 때까지 충성을 다하는 개로 미화된다. 청년이 지배하는 미래로서 시부야 교차점이지만 정작 중심에 선 것은 충으로 무장한 개다.

언제부터인지 모르겠지만 욕하고 비난하는 것이 일본을 대하는 기본적인 자세로 정착된 듯하다. 목소리를 높이기에 앞서 정확히 이해하는 것이 기본이다. 표면이 아니라 내면을 통한 이해다. 한국인이 간과하기 쉬운 일본의 모습을 정확히 보려는 사람에게 가장 먼저 추천하고 싶은 곳이 시부야 교차점이다.

03

가깝고도 먼
문사의 나라

고서점의 가치란 무엇인가

/ 다시 말해 고서점이 많을수록 /

한 나라의 문화와 문명을 재는 척도로 책만큼 확실한 것도 없다. 책을 한자리에 모아둔 도서관은 문화와 문명의 결정판에 해당된다. 고대 문명의 출발지 아시리아, 페르시아, 그리스가 책을 통해 무역과 정보를 얻어 대제국으로 뻗어나간 것은 잘 알려진 얘기다. 서로 다른 언어를 번역하고 각 지역의 어제와 오늘을 한자리에 모아둔 곳이 바로 고대 도서관이다.

21세기 미국이 세계 문명과 문화의 중심이 된 것도 책을 통해 재음미해볼 수 있다. 워싱턴에 자리잡은 미의회도서관(www.loc.gov)이 주인공이다. 세계에서 가장 큰 초대형 도서관으로 연방정부 소속 직원 수가 3,200여 명에 달한다. 아날로그만이 아니라 디지털 책에 관해서도 세계 그 어떤 도서관이 넘볼 수 없다. 텍스트만이 아니라 사진, 필름, 음성 등 인류의 지적 활동에 관련된 모든 정보가 디지털 데이터로 분류돼 있다. 한국 현대사를 연구하는 주변 사람들에게 권하지만 미의회도서관에서 1년만 머물면 한국 최고 수준의 논문을 하나쯤 만들어낼 수 있을 것이라 확신한다.

'세계에서 가장 아름다운 책방'에 대한 글이 최근 한국 신문에서 다뤄졌다. 아름다운 책방을 하나 갖는다는 것이 얼마나 힘든 '문화 창조'인지 절감할 수 있는 연재물이다. 단순히 책을 파는 장소로서만이 아니라, 문화와 문명의 결정체가 바로 책방이다. 아름다운 책방이 있기에 품위 있는 독자가 있고 더불어 역사에 남을 작가도 탄생될 수 있다.

닭과 달걀의 문제겠지만 책방, 독자, 작가 가운데 어디가 출발지인지는 모르겠다. 분명한 것은 제대로 된 작가 한 명을 만들어내기가 노벨 과학상 수상보다 한층 어렵다는 점이다. 노벨 과학상은 천재 연구가의 집념과 경륜이라는 개인 차원의 문제에 국한된다. 주변의 도움까지 포함해 영역을 넓힌다 해도 대학이나 기업 차원의 성과에 그친다. 역사에 남을 작가는 다르다. 국민과 국가와의 소통 그리고 교류를 통한 총체적 결과물이 작가라는 구체적 형상으로 나타난다.

부끄러운 얘기지만 표절 시비와 이념 문제로 도배된 한국 문단의 모습은 바로 독자인 국민, 작품의 배경인 국가의 얼굴로 직결된다. 서로 공유하고 교류하는 관계임을 감안해볼 때 작가만 특별하기를 바라는 것은 어불성설(語不成說)에 불과하다. 노벨상 전부를 합쳐도 노벨문학상의 권위에 못 미치는 가장 큰 이유는 바로 여기에 있다.

고서점은 아름다운 책방을 얘기할 때 빼놓을 수 없는 존재다. 세월이 흐를수록 빛을 더해가는 것이 고서다. 정치인, 연예인의 자기자랑이나 일확천금 재벌들의 스토리라도 30년이 훌쩍 지나 읽어보면 새로운 맛을 느낄 수 있다. 빠르게 스쳐지나간 세월의 흐름을 통해 새로운 시각이나 지혜 같은 것을 얻어낼 수 있다. 한 시대를 호령하던 정치인의 통 큰 목소리, 안방 텔레비전을 주름잡던 드라마 여주인공, 강남 전체를 살 것처럼 돈을 굴린 젊은 실업인, 그들의 과거와 현재가 고서점에 가면 발견된다. 어제의 기억에 대한 오늘의 심판이자 어제에 이어진 오늘의 현실로서 공간이 바로 고서점에 해당된다. 새삼스럽게 온고지신을 읊조리지는 않겠지만 고서점에서 얻은 어제의 기억은 오늘만이 아니라 내일에 대한 전망이나 희망으로 연결되는 열쇠가 될 수도 있을 듯하다.

다시 말해 고서점이 많을수록 어제와 오늘 그리고 내일로 이어지는 연결고리가 많다고 볼 수 있다. 부연하자면 고서점이 드물수록 어제와 내일이란 접점을 상실한, 현실로서의 '지금 당장'만이 존재한다고 볼 수 있다.

고서점은 필자가 일본의 장점을 얘기할 때 거론하는 첫 번째 좋은 예시다. 일본은 세계에서 가장 큰 규모의 고서점을 가진 나라다. 도쿄는 물론 교토, 오사카, 고베를 비롯한 대도시 대부분에서 발견할 수 있다. 하나씩 독립해서 운영하는 고서점도 있지만 일반적으로 거리 전체를 아우르는 밀집형 고서점으로 이뤄져 있다. 따라서 고서점가라고 보는 것이 정확한 표현일 듯하다.

/ 일본 고서점의 역사와 가치 /

일본인이 그러하듯 고서점들도 집단주의에 기초해 움직인다. 일본 고서점의 특징 중 하나로 '소규모'를 놓칠 수 없다. 매장 크기는 아무리 커도 10평을 넘기지 않는다. 고서점 이용객이 많지 않기 때문이기도 하지만 크고 넓은 것보다 작지만 깊고 오래가는 부분에 방점을 둔다. 이는 일본 비즈니스의 전통이다.

도쿄에 위치한 진보초(神保町)는 세계에서 가장 큰 초밀집형 고서점가다. 한국에도 잘 알려진 야스쿠니신사와 메이지대 사이에 위치한 곳으로 가로, 세로 약 2킬로미터에 걸쳐져 있다. 진보초 내 고서점 수는 약 160개다. 신간만 파는 곳도 40여 곳이 있기 때문에 전부 합칠 경우 200개 서점이 들어서 있다. 도쿄에는 진보초 외에도 분쿄쿠(文京区), 혼고우(本郷)의 학술지 관련 고서점가, 와세다(早稲田)대학 주변의 와세다 고서점가 등 크고 작은 고서점가가 있다. 도쿄 내 고서점만 합쳐도 서울의 신간 서점 수를 능가할 것이다.

원래 진보초는 에도시대 사무라이들의 숙소로 유명하다. 에도막부를 지키는 것이 이들의 주된 일이지만 전국에서 인사차 올라온 지방 권력자들을 호위하던 업무도 병행한다. 이들의 운명은 19세기 말 메이지 천황 체제로 들어서면서 한순간 사라진다. 월급을 줄 막부가 사라지면서 실업자로 전락한 것이다. 더불어 숙소나 부속 건물도 천황이나 국가 재산으로 넘어간다.

텅 빈 숙소는 메이지시대부터 시작된 국민 교육의 무대로 활용된다. 초·중·고등학교가 들어서고 메이지와 더불어 센슈(專修), 니폰(日本) 같은 대학도 세워진다. 진보초 고서점은 영고성세를 통해 등장한다. 학교가 세워지면서 주변에 출판사가 들어서고 더불어 책방도 필요해진다. 새 책을 구입하기 어려운 사람들이 즐겨 찾던 중고서적 전문 서점도 하나둘 등장하면서 오늘날의 서점가가 나타나게 된다. 가장 오래된 고서점은 1877년 문을 연 '유히가쿠(有斐閣)'라는 곳이다. 정치, 경제에 특화하던 책으로 현재 주식회사 형태로 운영되면서 창업 이래 6대손이 경영하고 있다. 진보초의 대형(大兄)인 셈이다.

흥미로운 것은 일본 지식인의 중심 역할을 하는 이와나미(岩波) 출판사다. 일본 전체는 물론, 진보초의 중심을 지키는 최대 최고(最高)의 출판사가 이와나미다. 20세기 일본은 물론 아시아 전체 지식인의 지적 욕구를 충족시켜준 이른바 '이와나미 교양'의 진원지가 바로 진보초 한복판에 들어서 있다. 진보적 성향 때문에 한국에서는 '빨갱이' 이념 서적 공급처로 알려진 곳으로 현재도 일본 리버럴리즘의 상징으로 자리잡고 있다.

이와나미가 진보초에 자리잡은 것은 고서점으로 출발한 역사에서 비롯된다. 원래 이와나미는 출판사가 아니라 작은 고서점에서 출발했다. 유히가쿠보다 36년 늦은 1913년 진보초의 고서점으로 등장한다. 책을 사고파는 고서점이 책을 직접 만들어내는 지식 공급처로 나선 이유는 간단하다. 책 속 정보를 캐고 분석하고 토론하는 과정에서 보다 근본적인 의문이 생기며 아예 책을 출판하게 된 것이다.

임마누엘 칸트의 《순수이성비판》을 읽다가 아예 서양철학사 전체를 출판하게 된 것이다. 이와나미는 1945년 종전 후에는 민주 자유주의에 기초한 일본 리버럴 이념의 중심지로 활동한다. 1970년대 박정희 독재를 가장 신랄하게 비판한 출판사가 바로 이와나미였다. 1949년부터 창업자의 그늘에서 벗어나 오늘날 주식회사형 출판사로 변신한다. 한물간 세상만 바라보는 늙고 지친 모습이 고서점의 전부는 아니다. 전전(戰前)에는 좌익 이념의, 전후에는 일본 리버럴리즘의 중심에 선 곳이 바로 진보초 고서점가의 흔적이다.

진보초와 필자의 연(緣)은 25년 전으로 돌아간다. 노트북 컴퓨터를 사러 아키하바라(秋葉原)에 간다고 하자 가깝게 지내던 일본인 친구가 진보초에 들를 것을 권했다. "아키하바라에 가서 전자제품만 보지 말고 진보초에 들러 일본의 어제 모습도 보기 바란다. 조선 역사에 관한 책도 잊지 말고 살펴보길 바란다."

아키하바라와 진보초는 약 1,500미터 떨어져 있다. 지하철로는 단한 번에 갈 수 있는 가까운 곳이다. 최근에는 정도가 덜해졌겠지만 1990년대 초 아키하바라는 일본을 찾는 외국인의 필수 방문지였다. 20세기 전자 강국 일본이 자랑하는 최첨단 기기가 그곳을 장식하는 간판이었다. 코끼리 밥통은 한국인 모두가 구입하던 일제 전자제품의 대명사였다.

코끼리 밥통은 알았지만 고서점가에 대해 전혀 무지했던 것이 당시 필자다. 친구 조언에 따라 코끼리 밥통 매장에 앞서 진보초에 내렸다. 고서점을 전전하며 느꼈던 당시의 문화 충격은 지금도 생생하다. 오전 11시부터 저녁 7시 문을 닫을 때까지 밥도 안 먹고 돌아다닌 탓에 거의 탈진 상태로 숙소에 돌아온 것도 남다른 경험 중 하나다. 필자가 일본어 공부를 시작한 것은 20대 말이다. 한창 지식욕이 왕성하던 시기였기에 진보초가 보여준 '문화의 힘'에 한층 예민하게 반응했을지도 모르겠다.

1990년대 초 일본은 제2의 중국 붐에 휩싸여 있었다. 1차 중국 붐은 1972년 일중국교정상화 이후 불었다. 문화적, 역사적, 정치적 차원의 열기였다. 1990년대 초 2차 중국 붐은 실질적, 경제적, 인적 교류 수준에 주목했다. 진보초 고서점은 중국에 주목하던 당시 필자에게 일본어로 된 중국 관련 정보가 얼마나 많은지를 확인시켜준 곳이다. 지금도 거의 변한 것이 없지만 당시 한국에서 중국에 관한 책은 이넘 서적 몇 권이 전부였다. 그나마 중국인조차 악몽으로 여기는 문화혁명 예찬을 기조로 하는 책이 주류였다.

지적 갈증을 미국이나 일본에서 풀 수밖에 없었다. 진보초 고서점가의 경우 중국 관련 신간만이 아니라 고서도 엄청나다. 횡(橫)으로서 정치, 경제, 사회 관련 책만이 아니라 종(縱)으로서 역사, 문화, 인류학 차원의 책도 넘치고 넘친다. 가격은 1,000엔대에서 수십만 엔 단위까지 다양하다. 고서의 대부분은 일본이 중국을 침략하기 시작한 1930년대 전후에 나온 것들이다. 한족을 비롯한 중국 내 56개 민족에 관한 문화, 역사 관련 서적도 즐비하다.

공기론(空氣論)으로 유명한 작가, 야마모토 시치헤이(山本七平)가 직접 만든 야마모토서점은 일본 내 중국 연구가는 물론 대륙이나 타이완의 중국인 학자도 반드시 방문하는 중국 관련 고서점의 대명사다. 다른 고서점에 비해 다소 큰 30평 크기의 매장으로 시치헤이가 평생 모은 책들이 매물로 나와 있다. 고서가 아닌 중국 발 중국어 신간이나 중국 관련 일본어 신간을 전문으로 하는 동방서점(東方書店)도 중국 연구의 중심지다. 티베트나 위구르에 관한 자료나 책도 풍부하다.

한반도 관련 서적은 문화 충격만이 아니라 필자를 부끄럽게 만든 주범들이다. 중국 서적을 파는 고서점 어딘가에는 반드시 조선이나 고려 심지어 한반도 삼국시대에 관한 책들이 있다. 이미 19세기 초에 출간된 책부터 식민지 당시 출간된 시리즈물도 즐비하다. 조선시대 작황 상태에 관한 기록에서부터 각 지역 민요와 장례 풍습, 양반과 족벌에 관한 연구서도 눈에 띈다.

조선 역사를 왜곡하기 위해 만든 책들도 있지만 대부분 책들은 기록이나 통계만으로도 중요한 의미를 가질 듯하다. 고서점에서 2,500엔에 구입한 경주 불국사 주변에 관한 에세이집은 좋은 예다. 글 내용은 극히 주관적이지만 1920년대 초 불국사 주변의 모습을 사진과 그림으로 표현해 전한다는 점에서 중요한 자료라 볼 수 있다. 필자가 수집한 고서 가운데 가장 아끼는 책이다.

/ 고서점이 다루는 엄청난 분야 /

한번 연을 맺은 뒤 진보초 고서점가는 도쿄를 방문할 때 필수 방문지로 자리잡았다. 항상 새로운 세계를 발굴하는 심정으로 들른다. 그러나 필자가 주로 구입하는 고서는 고가(高價)와 무관한 100엔, 200엔 단위의 중고품 최저가 책에 불과하다. 30여 개 출판사가 매달 쏟아내는 '신쇼(新書)'가 필자의 진보초 방문의 주된 이유다. 신쇼는 손바닥 안에 꼭 들어가는 포켓형 책으로 대략 2~3시간에 끝낼 수 있는 8만자 내외의 책이다.

양장본에 비해 절반 이하인 800엔대에 팔린다. 한국에서는 을유문고와 삼중당에 의해 출간되기도 했지만 화려한 양장본과 큰 책으로 치장된 21세기 출판계에서는 거의 멸종 상태에 들어서 있다. 외화내빈(外華內賓)이라고 하지만 내용이 부실한 책일수록 책의 크기나 고급 하드커버로 가리려고 한다. 신쇼는 거품을 뺀 120퍼센트 내용에만 충실한 책이다.

현대 일본인은 책을 집에 보관하지 않는다. 공간이 협소하기 때문이다. 한 번 읽은 잡지는 지하철에 그대로 두고 내린다. 더불어 읽은 책은 리사이클(recycle)을 통해 시장에 되파는 체제에 익숙하다. 책 상태에 따라 다르지만 대략 원가의 10분의 1 정도는 건진다. 따라서 800엔짜리 신쇼의 경우 고서점에 80엔 정도에 팔린다. 매장에는 100엔이나 200엔으로 등장한다.

리사이클을 통한 고서점 재등장까지 걸리는 시간은 엄청 빠르다. 유명 작가의 신쇼가 나온 지 1주일만 지나면 고서점 중고품으로 나타난다. 신쇼의 범주는 정치, 경제, 사회, 문화, 역사 등 세상만사 모든 것을 포함한다. 일본에서 출간되는 신쇼의 종류는 한 달 평균 100여 권이 넘는다. 1년이면 1,000권을 넘어선다.

진보초에 몇 년만 안 가도 다양한 주제의 새로운 신쇼를 엄청나게 만날 수 있다. 따라서 한번 들르면 갖가지 장르의 책을 수십 권씩 살 수밖에 없다. 신쇼는 필자만이 아닌 진보초 고서점가를 찾는 대부분의 공통 관심사이기도 하다. 고서점 대부분이 입구에 아예 신쇼 진열대를 따로 설치해두고 있다. 고서점 중심 길목에는 한 권에 200엔, 인적이 드문 매장의 경우 100엔대가 주류다. 수만 엔짜리 고서만이 아니라 100엔 단위의 신쇼도 고서점가의 주된 메뉴다.

고서점은 일본 오타쿠 문화의 정수를 알 수 있는 현장에 해당된다. 먼저 160개 고서점이 나름대로 특화된 공간이란 점이 진보초 오타쿠 문화의 증거다. 책방 하나하나가 고유의 캐릭터로 무장하고 있다. 정치, 경제, 역사, 문화 같은 전문 영역만이 아니라 책을 정리하고 진열하는 방법도 조금씩 다르다. 각자의 관심사에 따라 160개 공간을 하나씩 즐기면서 탐방할 수 있다.

진보초를 비롯한 일본 고서점의 오타쿠 문화는 책에 국한되지 않는다. 기록과 관련된 아날로그 자료, 나아가 디지털 정보의 일부도 판매한다. 아날로그 자료란 그림과 화보를 의미한다. 고서점 품격에 맞는 동양화나 인상파 그림만이 아니라 여성의 누드 화보나 섹스에 열중하는 사진집도 고서점가에서 만나는 풍경 중 하나다. 진보초는 아키하바라와 더불어 섹스 관련 오타쿠의 천국이다. 직접 상대와 만나 성행위를 즐기는 것이 아니라 성적 만족도를 높일 수 있는 자료와 정보의 무대가 진보초와 아키하바라다. 몸으로 즐기는 것이 아닌, 성병과 전혀 무관한 머리로 느끼는 섹스 현장이다.

이에 주목하는 오타쿠는 진보초와 아키하바라를 성의 천국으로 받아들인다. 두 곳의 차이점은 아키하바라에 비해 진보초에는 컴퓨터용 소프트웨어를 팔지 않는다는 점 하나뿐이다. 섹스 관련 고서점의 메뉴나 장르는 10대 여성부터 섹스 비디오 전문 배우, 동성애자 등 천차만별이다. 수요자도 나이에 관계없이 다양하다. 진보초 고서점가가 연령을 초월한 공간이 되는 이유 중 하나다. 섹스에 탐닉

하는 인간의 본능을 형이상학적으로 풀어주는 곳이 바로 진보초 고서점가다. 여성과 함께 갈 경우 얼굴을 붉히지 않을 수 없겠지만 고서점에 진출한 섹스 관련 서적과 정보에 대한 연구를 핑계로 한번쯤 들리는 것도 나쁘지는 않다.

수첩과 달력 판매대는 연말 일본 서점의 풍경 중 하나다. 다양한 종류와 크기의 수첩과 달력이 결코 저렴하지 않은 가격에 판매된다. 수첩을 예로 들어보자. 날짜별로 핵심만 적는 가로 10센티미터 크기의 메모형 제품, 3년 또는 5년간 기록하고 정리할 수 있는 대형 수첩에 이르기까지 다양하다. 날짜 없이 요일별로만 기록된 종이 위에 스스로 날짜를 적어나가는 식의 수첩, 1년을 365일로 나눈 건강 체크에 주력하는 제품도 있다. 사용하는 수첩 하나만 봐도 개개인의 캐릭터를 이해할 수 있다.

진보초 고서점가는 수첩에 관련된 일본인의 캐릭터를 그대로 반영한 현장이다. 책 정리나 전시에 관한 부분이 160여 개 고서점마다 조금씩 다르다. 고서점을 자세히 살펴보면 모두 고유한 캐릭터를 갖고 있다. 책들이 대충 진열된 것 같지만 주인 특유의 방식에 의해 주도면밀하게 정리정돈 돼 있다. 아무리 값싸고 작은 책이라 해도 서점 주인에게 물으면 어디에 있는지 금방 찾아낸다. 책 사이에 붓으로 쓴 설명서를 붙여 내용에 관한 압축 설명도 첨가한다. 신문으로 치자면 기사의 제목을 확실하고도 인상 깊게 남기는 식이다.

수집한 고서의 내용을 통해서도 서점의 캐릭터가 나타난다. 할복

자살한 작가 미시마 유키오(三島由紀夫)의 작품만을 다루는 곳, 미스터리나 괴담을 특화한 매장, 스웨덴, 노르웨이, 핀란드 등 북유럽 문학을 특화한 서점 등이다. 이들 고서점은 개별화된 독자와의 관계를 통해 특별한 오타쿠 문화를 형성하고 있다. 여담이지만 고서점을 찾을 때는 나름대로 예의가 필요하다. 찢어지기 쉬운 종이로 만들어진 비싼 고서의 경우, 구입자의 자세 하나만으로 책 열람 여부를 허락한다고 한다. 책을 꺼낼 때는 반드시 두 손으로, 책장을 넘길 때는 손가락을 책의 지면에 붙이지 말아야 하는 것이 고서를 다루는 기본 예의다. 비싼 고서의 경우 가능하면 흰 장갑을 끼고 책을 다루는 것이 좋다.

/ 고서점가를 더욱 빛내는 것들 /

커피 맛은 결코 입맛에 있지 않다. 커피 원두에 관한 풍부한 지식을 근거로 신선한 커피를 구입한 뒤 정제하고 마음에 드는 커피 기구를 구입해 적절한 온도에서 뽑아내는 과정 속에서 드러나는 맛과 멋이 커피의 가치이자 진수(眞髓)다. 따뜻한 커피 한 잔을 만드는 과정에서 느끼는 특유의 향은 커피를 기호품 수준이 아닌, 추억과 기억을 격상시키는 가장 큰 요소라 여겨도 무방하다. 미(美)에 관련된 모든 것이 그러하듯 하나로 이어진 긴 과정 속에서 느껴지는 오감(五

感) 종합체로서 대해야 하는 것이 커피이자 문화다. 진보초 고서점도 마찬가지다. 책, 나아가 잡지, 화보 심지어 섹스 비디오뿐만이 아니다. 고서점가를 꾸미고 빛내주는 주변과의 조화를 통해 진보초의 명성과 역사가 한층 더 오래갈 수 있다.

대표적인 것은 고서점가 골목 곳곳에 들어선 '기사텐(喫茶店)', 즉 휴식처다. 담배도 피우고 차도 마시는 곳으로 고서점가의 품격에 어울리는 장식과 찻잔 그리고 분위기로 꾸며진 곳이다. 커피 한 잔의 경우 보통 찻집보다 200~300엔 정도 비싼 800엔 정도다. 그러나 사이폰(siphon)으로 뽑아내는 '향'에 특화된 커피 맛을 즐길 수 있다. 진짜 여부는 누구도 모르지만 일본을 대표하는 문학가인 카와바타 야스나리(川端康成)부터 다자이 오사무(太宰治), 미시마 유키오의 흔적이 묻은 찻집도 곳곳에서 발견할 수 있다. 최근에는 무라카미 하루키(村上春樹) 팬들로 구성된, 진보초 찻집 내 하루키의 흔적을 좇는 투어도 이뤄지고 있다.

2015년 일본을 찾은 관광객은 총 2,000만 명, 2016년에는 2,400만 명이다. 이 가운데 중국인이 가장 큰 손님이다. 중국인의 싹쓸이 쇼핑을 의미하는 '바쿠가이(爆買い)'가 2015년 유행어 대상에 오른 것은 이러한 분위기를 반증하는 것이다.

방일 관광객이 뿌리는 돈은 1인당 15만 엔 정도라고 한다. 일본인 평균 1년간 소비 지출액은 124만 엔이다. 관광객 3,000만 명은 일본인 400만 명 정도의 소비 지출액과 맞먹는다. 가만히 앉아서 인구

400만이 창출할 경제적 효과를 만끽할 수 있게 된다. 사실 중국인 관광열풍의 출발점은 원래 일본이 아닌 한국이다. 2015년 한국을 찾은 중국인은 611만 명으로 일본보다 111만 명이 많다. 그러나 증가 속도를 감안해보면 머지않아 한일 방문 중국 관광객의 규모는 역전될 전망이다.

중국인 관광객 한일 역전 현상은 여러 가지 이유에서 설명될 수 있다. 진보초에서 만난 책거리(Chekccori)는 그러한 배경 중 하나다. 책거리란 책과 거리(街), 또는 막걸리(マッコリ)의 일본식 발음 중 '거리'를 합친 조어다. 한국어, 일본어로 된 한국 관련 책 3,500여 권을 배치한 곳으로 커피는 물론 막걸리와 한국식 수정과도 마실 수 있는 문화 공간이다. 한국 관광객을 끌어들이기 위한 이벤트 무대인 동시에 한국 관련 책을 수입하고 수출하기 위한 문화 교류의 현장이다.

도쿄 전역이 중국인의 바쿠가이로 떠들썩하지만 진보초만은 유일하게 조용하다. 아직 중국인은 물론 한국인 관광객이 드문 장소다. 그러나 빠른 속도 하에 외국인을 위한 문화 공간으로 변신해 가고 있다. 고령화와 함께 고서점을 찾는 사람들이 줄어들면서 관광객과 외국인을 위한 무대로 바뀌는 중이다. 쇼핑에 여념이 없는 사람이라면 무시할 곳이지만 뭐라도 하나 배우려고 애쓰는 사람에게는 진보초만한 곳도 없다.

"동대문 관광 명소는 기껏해야 1~2시간 코스에 불과하다. 전부 비슷하고 특별한 캐릭터가 없다." 최근 방한한 유럽의 한 도시 계획 전문가가 말한, 한국 제1 관광 명소에 대한 평이다. 기분 나쁘게 들리겠지만 외국 관광 명소와 비교해볼 때 틀린 말은 아니다. 먹고 입는 식의 몸으로 때우는 것도 좋다. 그러나 머리에 남는 추억으로서의 문화와 문명의 힘은 한층 더 오래가고 진하다.

이탈리아나 프랑스는 방문하면 할수록 깊은 맛이 더해진다. 관광객을 위한 공간으로서만이 아니다. 둥둥 떠다니면서 방향도 없이 흘러가는 현대인을 위한 마음의 안식처가 바로 진보초와 같은 고서점이다. 아름다운 서점, 오래 기억되는 공간, 편안하고 깊은 어제와 오늘 그리고 내일의 무대로서의 고서점이다.

하루키스럽다는 것에 대하여

/ 음식을 통한 문학의 이해 /

'모노(もの)에서 고토(こと)로.' 연간 관광객 2,000만 명 시대를 연 일본발 관광 전략의 슬로건 중 하나다. '모노'란 손에 잡히는 구체적인 물건이나 상품을 의미한다. '고토'란 물건과 상품을 통한 체험이나 경험에 해당된다. 취업 전문 컨설팅회사 리크루트(リクルート)가 예측한 2016년 단어로 '빈바운드(美ンバゥンド)'라는 신종어가 있다. '모노'가 아니라 '고토'에 주목하는 방일 관광객의 소비 성향을 간파한 말이다.

관광객을 의미하는 영어의 인바운드(inbound)에 미(美)라는 일본어 발음을 합친 합성어다. 단순히 화장품을 파는 것이 아니라 미용 살롱을 며칠간 드나들면서 일본의 미용 문화를 직접 체험하는 식의 관광이다. 중국과 대만 여성에게 인기가 높은 신종 관광 상품이다. 하루 3,500엔짜리 기모노 대여를 통한 관광객들의 일본 체험도 '고토'를 통한 새로운 관광 문화라 할 수 있다.

필자가 즐기는 '고토' 체험으로 음식을 빼놓을 수 없다. 단순히 허기를 채우는 것이 아닌 문화, 역사에 관한 스토리텔링의 소재로서 음식이다. 사실 외국에서 음식을 즐길 경우 문화, 역사라는 관점이 들어가는 것은 너무도 당연하다. 필자가 강조하고 싶은 부분은 보다 더 세밀한 영역이다. 문학가와 관련된 음식이다.

예를 들어 파리를 방문할 경우 찾는 '레드마고(Les Deux Magots)'와 '카페드프로르(Cafe de Flore)' 같은 곳이다. 레드마고는 헤밍웨이와 발자크가, 카페드프로르는 사르트르는 물론 피카소도 애용한 명소다. 직원에게 팁을 살짝 건네면 언제 어느 자리에서 어떤 메뉴로 식사를 했으며 자주 합석한 사람이 누구인지도 알 수 있다. 유명인 스토커처럼 보일지 모르겠지만 필자의 경우 문학을 이해하는 한 방편으로 문학가가 방문한 음식점과 음식에 주목한다. 프랑스 미식 문화를 연브리야 사바랭(Brillat-Savarin)은 일찍이 "무엇을 먹는지 말해보라. 당신이 어떤 사람인지 말해주겠다"라고 단언했다. 음식을 통해 문학가와 문학 세계를 이해하는 식이다.

'이모야(いもや)'는 고토+음식+문학가를 하나로 묶은 공통분모 중 하나다. 필자가 도쿄를 방문할 경우 반드시 들르는 덴푸라 전문 음식점이다. 도쿄 지하철 진보초(神保町) A4 출구에서 2분 거리에 있다. 이모야는 레스토랑이 아니라 위장을 때우는 밥집에 해당된다. 그러나 이곳을 애용한 문학가는 매년 노벨문학상 수상자로 오르내리는 무라카미 하루키다. 신간이 나올 때마다 엄청난 선인세로 잘 알려진, 한국에서 가장 유명한 일본 작가다. 필자는 하루키의 팬이 아니다. 30대 초 일본어를 배우면서 읽었던《노르웨이의 숲(ノルウェイの森)》을 비롯해 단편 몇 권이 전부다. 100만 부 단위로 팔린다는 최근 작품에는 무지하다.

한국에서 하루키가 남다르다는 얘기를 들을 때마다 '그 애매하고도 난해한 하루키의 문장들을 어떻게 번역할까?'라는 의문이 떠오를 뿐이다. 마침표가 없는 문장, 색깔을 규정하기 어려운 문체가 하루키 문학에서 느껴지는 이미지다.

어쨌거나 이모야는 하루키를 좋아하는 일본인이라면 누구나 알고 있는 유명 밥집이다. 1949년생 하루키가 23세던 1972년 즐겨 찾았던 곳이다. 20대 초반의 하루키는 재즈에 빠져 있었다. 재즈를 좋아하는 수준이 아니라 아예 재즈 카페에서 아르바이트를 하며 숙식을 해결했다고 한다. 재즈를 소재로 한 문학 작품의 대부분은 20대 초반 당시 경험에서 나온 것이다. 하루키 열혈 팬이라면 알겠지만 23세 그가 일했던 재즈 카페는 '스윙그(スイング: Swing)'다. 도쿄 재즈 마니아 본거지로, 수이도바시(水道橋) 지하철역 바로 옆에 있다. 이모야와는 약 500미터 정도 떨어져 있다.

청년 하루키가 이모야에 들른 것은 당시 막 결혼한 부인 다카하시 요코(高橋陽子) 때문이다. 그는 와세다대 재학 중이던 1971년 동갑인 요코와 결혼한다. 요코는 이모야에서 150미터 정도 떨어진 곳에서 아르바이트생으로 일하고 있었다. '響(교우)'라는 이름의 재즈카페다. 스윙그에서 점심시간을 이용해 '동종업계 비정규직 직원'이던 부인과 만나 이모야에서 밥을 먹었던 것이다. 하루키는 1983년 발간된 스윙그 25주년 기념집을 통해 이모야에 얽힌 스토리를 소개했다.

필자와 이모야의 첫 번째 연은 하루키와 무관하다. 이미 20년 전으로 책 때문에 들렀다가 우연히 찾아간 곳이다. 하루키의 단골 밥집이었다는 사실은 이후에 알았다. 이모야가 있는 진보초 주변은 세계 최대의 고서점이 밀집한 곳이다. 하루키의 재즈와 결혼 그리고 이모야는 고서가 밀집한 곳을 배경으로 한다.

이모야에 들른 것은 점심시간을 막 넘긴 오후 한 시쯤이다. 여전히 사람들로 꽉 차 있다. 기다리는 사람도 다섯 명이다. 둥근 테이블 주변에 15개 좌석이 전부 차 있다. 가운데는 조리 공간으로 전부 세 명이 일한다. 메뉴는 크게 두 가지다. 700엔짜리 덴푸라 정식과 900엔짜리 새우 정식이다. 자리에 앉는 즉시 "덴푸라 정식이지요?"라고 묻는다. 차와 밥, 조개국과 덴푸라가 주문 3분 만에 동시에 나온다. 새우와 고구마, 채소를 사용한 것으로, 김의 한쪽만 튀긴 희귀한 덴푸라도 나온다. 맛보다 양이다.

침묵은 라멘집과 같은 싼 밥집에서 지켜야 하는 철칙 중 하나다.

'옆 사람과 잡담하면서 시간 보내지 말고 음식이 나오는 대로 빨리 먹고 나가라!'라는 것이 박리다매(薄利多賣) 밥집의 철칙이다. 물론 46년 전, 신혼의 하루키와 아내도 당시 200엔 밥집의 규율을 엄수했을 듯하다. 식사 시작 7분 만에 필자도 '식업(食業)'을 끝낸 뒤 곧바로 바깥으로 튕겨져 나왔다. 아마 대부분은 이모야를 하루키 소설의 이미지와 전혀 다른, 이질적 공간으로 받아들일 것이다.

필자에게는 너무나도 '하루키스러운' 밥집으로 와 닿았다. 최근 한국에 출간된 하루키의 《시드니(シドニー)》는 이모야와 하루키와의 연관성을 알 수 있는 단초(端初)가 될 듯하다. 400자 원고지 30매씩 매일 23일간 써내려간 2000년 시드니올림픽 기록기가 이 책의 내용이다. 하루키는 매년 책을 출간하는 다작 작가다. 매년 세 권 정도의 책을 낸다. 꾸준히 그리고 열심히 쓰는 지속장구형 작가다. 문학으로서만이 아닌 노동으로서의 글쓰기에 해당된다. 정신적 측면만이 아닌 육체적인 부분도 가미한 노동으로서의 문학이다. 700엔 덴푸라집에서 느꼈던 꽉 찬 공기가 하루키의 삶과 작품 속에 배어 있다.

시오노 나나미가 나에게 물었다

/ 은퇴라는 말을 공식화하지는 않았지만 /

도쿄 사무실의 공실률이 7년 만에 최저로 나타나고 기린(キリン) 맥주 소비량은 21년 만에 늘어난다. 법인세를 줄이더니 인도와의 신칸센 수주 계약이 막바지에 들어서고 있다. 연비 최고를 자랑하는 혼다 경비행기 100여 대가 출시 전 계약에 들어간 데 이어, 도쿄 내 2억 엔 대 고급 맨션의 판매량이 늘고 가격도 계속 올라가고 있다. 2015년 12월 중순의 일본은 '순항(巡航)' 그 자체다. 한국에서 보면 '망해가는 극우의 나라'로 보이지만 도쿄는 현재 전 세계에서 가장 안정되고 평화로운 세상이다.

'12월 18일, 시오노 나나미(塩野ナナミ) 신간 발간'이란 광고는 2016년을 맞는 일본의 현황을 증명해주는 호례로 와 닿는다. 온라인 주문 접수를 받고 있다는 그의 신간 소식이다. 1억 일본인이 활기로 넘치는 가운데, 78세 노작가도 재생 일본에 뛰어든 것처럼 느껴진다. 1937년생 나나미는 2011년《로마인 이야기》문고판 완결과 함께 자취를 감춘 인물이다. 1992년부터 2006년까지 매년 한 권씩, 전부 15권《로마인 이야기》를 저술했다.

  반세기 이상을 글쓰기로 보낸 인물이다. 그동안 어떻게 지내는지 궁금했다. 저술 활동을 계속할 수 있을까? 2011년 74세의 나이로 시리즈를 완결하면서 과연 차기 작품을 만들어낼 수 있을지 모두가 의문이었다. 은퇴라는 말을 공식화하지는 않았지만 대부분 시리즈 완결을 통해 나나미의 문학 세계도 역사 속으로 사라졌다고 판단했을 듯하다.

  애니메이션 감독 미야자키 하야오가 공식 은퇴를 발표한 것이 2014년이다. 1941년생 하야오는 은퇴의 이유를 고령에 뒀다. 기억력이 감퇴하고 체력적으로 작품을 만들 수 없는 나이가 됐기에 73세를 마지막으로 현장에서 떠난다고 말했다. 나이는 체력만이 아니라 정신력도 소모시킨다. 귀와 눈도 어두워지고 금방 피로해지며 한 가지에 집중하기도 힘들어진다. 남의 얘기에 둔감해지고 새로운 변화를 부정적으로 대한다. 그 같은 일반적인 인생사를 초월해 70세 고희(古稀)와 77세 희수(喜壽)를 넘기고 80세 산수(傘壽)를 눈앞에 둔 여성이 일

생일대 마지막이 될지도 모를 작품을 선보인 것이다.

　신간의 타이틀은 《그리스인 이야기 1: 민주정의 시작(ギリシア人の物語I :民主政のはじまり)》이다. 신쵸샤(新潮社)에서 펴낸 하드커버 책이다. 가격은 3,024엔으로 보통 책의 두 배 정도다. 표지는 특유의 방어 마스크를 머리에 올린 그리스 전사의 모습이다. 수염과 머리를 기른 측면 얼굴로 이후 로마인들이 흉내를 낸 외모이기도 하다. 로마사를 연구한다고 할 때 그리스 역사를 공부하는 것은 너무도 당연할 것이다. 문화 역사적으로 로마와 그리스는 동전의 양면과 같다. 잘 알려져 있듯이 로마는 스스로 창조해낸 문화나 문명 대국이 아니다. 원조는 기원전 7세기부터 500여 년간 흥한 그리스에 있다. 물론 북부 아프리카나 멀리 페르시아까지 발을 넓혀 권역 내 문화와 문명을 흡수한 나라가 로마다. 그리스 없이 로마를 얘기할 수 없다는 점에서 《로마인 이야기》를 잇는 후작으로 너무도 당연하다.

　제목만을 볼 때 필자의 머리에 떠오른 단상은 크게 두 가지다. 첫째 그리스란 말이 '기리시아(ギリシア)'로 표현된 점이다. 보통 일본어 표준어로 그리스는 '기리샤(ギリシャ)'로 표기된다. 나나미는 로마사의 중심인물 이름을 영어식 발음 시저(Caesar)가 아닌 카에사르(カエサル)로 불렀다. 이탈리어 원어 발음에 기초한 표기다. 그는 토스카나어가 이탈리아 표준어로 정착되기 이전의 고대 이탈리아어에 능숙한 것으로 알려져 있다. 물론 라틴어도 능숙하다. 시저가 아니라 카에사르라는 이름을 고집한 이유는 나나미 특유의 언어학적 지식에 따

른 결과라 볼 수 있다. '기리샤'가 아닌 '기리시아'로 표기된 것도 그가 고집하는 언어학적 배경에 있지 않을까 판단된다. 나나미를 통해 시저가 카에사르로 명명된 것처럼 앞으로는 기리샤도 기리시아로 불릴 것으로 전망된다.

두 번째는 《그리스인 이야기 1》에 적힌 숫자 1이다. 그의 로마인 시리즈 15권을 출간한 신쵸샤는 그리스 얘기를 3부작으로 이어갈 것이라고 말한다. 3부작 첫 번째 작품이란 의미에서 1이란 숫자가 삽입된 것이다. 나나미는 1년에 하나의 작품을 쓰는 작가로 유명하다. 1년 365일을 1권의 작품에 맞춰 생활하면서 15권을 완결시킨 인물로 유명하다.

아침에 일어나 차를 마시고 글을 쓰고 산보를 한 뒤 역사서에 열중하는, 초등학교 1일 시간표 같은 생활을 기계적으로 행하는 작가다. 한순간 창작욕이 발동해 몇 날 밤을 지새우며 쓰는 폭풍형 작가가 아니다. 하루하루 똑같은 일정표 속에서 쌓아간 '365일×15년'의 완성품이 《로마인 이야기》 15권이다. 그리스인 이야기가 3부작으로 이어진다는 것은 나나미의 필력이 2017년까지 계속될 것이란 점을 전제로 한 것이다. 인생 80세까지 글을 쓰겠다는 투혼이 1이란 숫자에 묻어 있다.

1년 전 NHK 인터뷰에서 그는 말한다. "역사를 테마로 한 글을 쓰는 것이 아니라 내가 직접 역사와 그 시대 사람들에게 다가가 얘기를 나누면서 스토리를 만들어 왔다. 학자와 역사가들은 자신이 알았던 부분을 글로 쓰는 사람들이다. 나는 알고 싶어 하는 부분을 글로 풀어나가는 일을 하고 있다. 따라서 글을 마치면 내가 알고 싶었던 부분을 이해하게 되는 통쾌함이 있다. 학자와 역사가는 그 같은 일을 하는 나를 '론(論)'하는 데 시간을 보낸다. 나는 '론'이 아니라 뭔가를 직접 만들어내는 작업에 생을 걸어왔다."

/ 나나미가 던진 두 가지 질문 /

나나미와 맺어진 작은 연(緣)은 필자의 인생에서 자랑하고 싶은 부분 중 하나다. 2000년 12월 겨울로 기억한다. 장소는 이탈리아 로마다. 평소 알고 지내던 문예춘추사의 60대 편집자와 로마 스페인광장에서 약속을 했다. 만나자마자 큰일이 났다면서 혼비백산 상태였다. 악명 높은 로마 소매치기를 만나 지갑을 털린 것이다. 경찰서에 찾아가 도와주고 신용카드 회사에도 연락해 피해를 최소할 수 있었다. 편집자는 사태가 진정될 쯤 필자에게 다가와 대뜸 나나미를 아는지 물어왔다. 물론 팬이라고 말했다. 온 김에 인사하러 가는데 집에 함께 가지 않겠냐는 제의였다. 쾌재를 부른 것은 물론이다.

17년 전은 물론 지금도 똑같지만 그의 집은 스페인광장에서 바티칸으로 넘어가는 길 중간 부분에 있다. 이탈리아 거리 풍경이 그러하듯 번화가지만 골목 하나를 사이에 두고 갑자기 조용한 주택가로 바뀌는 곳이다. 직접 손으로 문을 여는 오픈 엘리베이터를 타고 집 안으로 들어갔다. 나나미에 대한 편집자의 태도는 초등학생이 스승을 대하는 모습처럼 느껴졌다. 카랑카랑한 목소리 하나만으로도 강한 여성으로 와 닿았다. 아직도 사진처럼 생생히 기억하지만 방안은 선 하나, 줄 하나 어긋나지 않은 단순하면서도 깨끗한 공간이었다.

책상 위에는 책은 물론 컴퓨터도 없다. 하얀 백지와 만년필 하나만이 놓여 있었다. 서재는 다른 방에 있다고 한다. 모두가 이상적으로 생각하는 작가의 방이란 생각이 들었다. 흥미로운 것은 책상 뒤 벽에 길이 10미터는 됨직한, 빙 둘러쳐진 포스트잇(post-it) 종이열(列)이다. 자세히 보니 이탈리아어로 된 연도와 황제의 이름 등이 메모 형식으로 쓰여 있다. 나나미는 인터넷은 물론 컴퓨터를 사용하지 않는다. 모든 글을 스스로의 기억에 의지해 써나가는 아날로그 방식을 고집하는 아날로그 작가다.

나나미는 갑자기 만난 일본어가 가능한 젊은 한국인(당시 30대)에 대해 묘한 흥미를 가지는 듯했다. 평균 한국인의 생각이 어떤지 내게 여러 가지를 물었다. 당시 여러 얘기를 나눴지만 그가 던진 두 가지 질문에 관한 부끄러운 기억이 아직도 남아 있다.

"한국에는 왜 신간형 문고판이 발달되지 않았는가?"

신간형 문고판은 보통 책의 절반 크기로 포켓에 쏙 들어가는 작은 책이다. 가격을 최소한으로 줄인, 거품을 뺀 책으로 내용에 충실한 책이다. 필자의 기억으로는 을유문화사를 비롯한 극소수의 출판사가 신간형 문고판을 냈던 것으로 알고 있다. 그렇지만 크고 두껍고 빈 공간으로 채워진 외화내빈(外華內貧) 한국 책을 변호할 자신이 없었다.

"대통령 출마에 나선 한국 정치인이 불쑥 나를 찾아왔었다네. 당시 나와 이야기를 나눈 모습을 비디오로 담더니 나중에 선거 출정식에 사용했다고 들었어. 왜 나에게 그런 얘기를 미리 하지 않았을까?"

《로마인 이야기》를 읽어본 사람이라면 이해하겠지만 그는 젊다는 것 자체를 미와 선으로 보는 작가다. 실패를 해도 곧 고칠 수가 있는 것이 젊은이이기 때문이다. 나나미가 언급한 정치인은 한국에서 보면 젊은 것도 아니다. 장로 중심의 일본 정치에 비해 젊은 인물이기에 만났더니 결국은 '선거판 비디오로 만드는 수준의 인물'에 불과했다는 데 대해 실망감이 대화 속에서 느껴졌다. 곧 다가올 대통령 선거에도 출마할 것으로 전망되는 더 이상 젊지 않은 정치인은 나나미의 질문에 대한 답을 찾아야 할 듯하다.

'분시(文士)'는 글을 써서 먹고 살아가는 사람을 일컫는 일본어다. 보통 가난하다는 이미지와 함께 죽는 날까지 글을 쓰는 사무라이형 작가라는 의미도 들어 있다. 분시라는 타이틀을 달고 나오는 작가군을 보면 보통 기모노 차림의 청빈한 이미지를 연출한다. 실제 여부를 떠나 분시는 일본 작가들이 따르고 싶은 이상형일지 모르겠다. 필자는 나나미를 여성 분시라 부르고 싶다. 78세 투혼으로 시작해 80세까지 이어질 《그리스인 이야기 3》에 모든 것을 거는, 삶과 죽음을 경계선으로 하면서 글을 쓰는 인물이기 때문이다. 건강이 허락된다면 80세 이후는 물론 100세까지도 이어갈 작가다.

언제부터인지 모르겠지만 한국에 나나미는 극우 작가 대열에 올라서 있다. '론'으로 그녀를 공격하는 사람은 일본만은 아닌 듯하다. 비판하는 사람이 아무리 많아도 반세기를 넘긴 정열과 투혼을 무시할 수는 없다. 작품성, 이념성 유무를 떠나 단 하나의 세계에 모든 것을 건 분시에 대한 인간적 예의다. 일찌감치 《그리스인 이야기》 신간 구입을 서두르는 이유이기도 하다.

두 영웅의 삶이 남긴 의미

/ 왜 미리 준비하지 못했던가 /

1853년 6월 3일 에도 앞바다에 미국 페리 제독의 흑선(黑船)이 등장한다. 당시 일본배는 아무리 커도 10미터를 넘기지 못했다. 흑선은 쇠로 만들어진 것은 물론 30미터 길이에 증기 동력을 갖춘 전천후 기선이다. 1842년 난징(南京)조약 이후 중국이 외세에 넘어갔다는 얘기를 일본인 모두가 알고 있었다. 중국에 이어 일본이 서양의 식민지가 될 것이란 소문이 퍼져나가면서 열도 전체가 패닉에 빠진다.

대혼란을 통해 얻은 결론은 역시 천황이다. 에도막부 정권이 가진 실권을 교토에 머물던 천황에게 몰아넣어 외세에 대항하자는 발상이다. 이른바 존왕양이(尊王攘夷) 운동으로 이후 메이지유신으로 진화된다. 1868년 막부 정권이 넘어가고 메이지 천황이 최고실권자로 등장한다. 천황을 중심으로 정치, 경제, 사회, 문화 각 분야에서 경천동지 할 변혁이 한순간에 이뤄진다. 1876년 조선에서 이뤄진 강화도조약은 메이지유신으로 단련된 일본 근대화의 첫 번째 외교 작품에 해당된다.

한국과 일본 두 나라의 근대사는 제로섬 게임에 해당된다. 일본이 세계로 나서는 동안 한국의 추락과 비극은 끝없이 이어진다. 일본의 군사력, 경제력이 태평양으로 확대되는 동안 한국의 고통과 수난은 전 세계로부터 철저히 잊혀 간다. 일본이란 나라의 햇빛이 세상을 비추는 동안 한국의 현실은 앞을 볼 수 없는 암흑시대로 점철됐다. 그 같은 역사는 1945년 8월 15일까지 이어진다. 한국인에게 8월 15일이 광복절, 즉 빛을 찾은 날이라 불리는 것은 너무도 당연하다.

한일 근대사를 연구하는 사람치고 메이지유신에 주목하지 않는 사람은 없다. 왜일까? 일본은 독자적, 주체적 입장에서 근대화에 성공할 수 있었는데 왜 한국은 자력이 아닌 식민지 체제로 20세기를 맞이해야 했던가? 메이지유신은 그 같은 질문에 대한 궁극적인 해답 중 하나다. 민족주의 관점에 선 사람이라면 제국주의 일본의 무력 때문에 한국의 주체성이 상실됐다고 말할 듯하다. 틀린 말은 아니지만 전부라 보기도 어렵다.

자생적, 내재적 근대화 논리도 좋지만 메이지유신 같은 엄청난 대

변혁이 한국 사회에서 찾아보기 어려웠다는 것도 사실이기 때문이다. 일본 때문에 당했다는 사실도 맞지만 일본이 마수를 뻗치기 전에 왜 미리 준비하지 못했던가, 라는 문제도 좌시할 수 없다. 메이지유신을 연구하고 칭찬한다고 해서 친일이 되는 것도 아니고 근대화에 무심했던 19세기 한국을 비판한다고 해서 반민족이 되는 것도 아니다. 비교하고 공부하는 자세는 개혁을 위한 전제에 해당된다.

메이지유신을 이야기할 때 가장 먼저 떠오르는 인물은 누구일까? 한국의 경우 각자 관심사에 따라 다르겠지만 일본인의 경우 대체로 한 인물로 집약된다. 사카모토 료마(坂本竜馬)다. 시대의 풍운아로 알려진 료마는 제자백가시대라 불러도 좋을 메이지유신 당시 군웅할거의 대표 주자에 해당된다. 임진왜란이라고 할 때 이순신 장군이 가장 먼저 떠오르는 것과 마찬가지다.

료마에 관한 얘기는 일본의 문학, 영화, 방송, 만화, 애니메이션 등 문화 전반에 걸쳐 등장한다. 그에 관한 유물이나 사적 기록들은 주기적으로 나타나는 신문, 방송의 발굴 기사다. 최근에는 료마가 마지막까지 갖고 있던 진검(眞劍)이 세상에 알려져 화제가 되기도 했다. 시대나 역사 스토리로서만이 아니라 비즈니스, 검도, 여행 심지어 연애사와 관련해 등장하는 주인공이 료마다. 그는 일본 역사상 처음으로 결혼 기념 신혼여행을 떠난 신식 남성이기도 하다. 역사책에 등장하는 위인으로서만이 아닌, 시대를 앞서간 핫트렌드 캐릭터로 받아들여진다. 따라서 료마 스토리는 특별한 시기나 계절에 국한되지 않는다. 47명이 전원 할복자살하는 추신쿠라의 경우 연말, 연초에 등장하는 국민 사극이지만 료마 스토리는 1년 365일 언제 어디서든 쉽게 접할 수 있는 대중 엔터테인먼트 중 하나다.

필자의 판단이지만 일본인이 받아들이는, 역사상 인기 스타 1위는 오다 노부나가가 아닐까 싶다. 전국 통일의 기반을 마련한 주인공이면서도 자신의 심복에게 배신을 당해 혼노지에서 불에 타 숨진 비극적 영웅이다. 조선을 침략한 도요토미 히데요시와 에도 막부시대를 연 도쿠가와 이에야스는 노부나가가 발굴해 키운 '잔가지'에 불과하다. 일본인에게 료마는 노부나가에 버금가는 캐릭터로 역사상 인기 1, 2위를 다툰다. 노부나가가 그러하듯 료마에 대한 국민적 관심은 인간적 매력에서 비롯된다.

'후보자 가운데 함께 맥주를 나누고 싶은 사람은?' 이런 질문은 미국 대통령 선거 캠페인 기간 동안 나타나는 인기도 측정지수 중 하나다. 얼마나 훌륭하고 위대한지가 아니라 보통사람들이 쉽게 이해하고 따를 수 있는 인간적 매력에 관한 질문이다. 15세기 노부나가와 더불어 19세기 료마는 그 같은 질문에 대한 답으로 가장 먼저 등장하는 인물이다. 국사에 관한 부분만이 아니라 친구, 남성, 청년으로서 함께 얘기하고 싶은 캐릭터가 료마다. 21세기 문제를 논의할 때도 '과연 료마라면?'이란 가정 하에 얘기를 풀어나간다.

/ 신이 사랑하는 사람은 일찍 세상을 떠난다 /

그에 관한 얘기를 꺼낸 이유는 2016년 일본 문학계 최대 이벤트 중 하나와 관련이 있기 때문이다. 일본 곳곳에서 열리고 있는 시바 료타로(司馬遼太郎) 사후 20주년 기념회가 주인공이다. 료타로는 《토지》를 집필한 박경리 같은 대하 역사물 작가에 비견될 수 있을 듯하다. NHK를 비롯한 일본 방송과 신문은 시바 료타로 사상이나 문학 세계에 관한 특별 이벤트를 연중 기획으로 내보내고 있다. 잘 알려져 있듯이 시바 료타로는 메이지유신을 전후한 일본 근대사와 전후 일본의 모습과 방향에 관한 글을 남겼다. 양적으로 엄청나다.

1996년 이후 20년이 흘렀지만 아직도 미발표 원고가 발굴되고 있다. 료마와 료타로의 접점은 소설 《료마가 간다(竜馬がゆく)》에 있다. 1962년 6월부터 1966년 5월까지 신문에 연재된 글로 이후 여덟 권으로 완간된 역사소설이다. 역사적 사실에 기초를 하되 상상력을 동원해 료마의 캐릭터를 극적으로 재구성한 글이다. 필자의 일본인 친구 가운데 시바 료타로의 소설을 읽지 않은 사람은 극히 드물다. 한국에도 번역됐기 때문에 50대 이상이라면 한번쯤 들어봤거나 접했던 소설일 것이다.

흥미로운 것은 료마라는 인물에 관한 이미지와 캐릭터의 출발점에 관한 부분이다. 결론적으로 얘기하자면 료마는 시바 료타로 소설에 의해 탄생된 새로운 캐릭터라는 사실이다. 《료마가 간다》가 탄생되기 전까지만 해도 료마는 19세기에 등장했던 수많은 지사(志士)들 중 한 명에 불과했다. 료타로는 제자백가 중 한 명에 그치던 그를 발굴해 데뷔시킨 작가다. 따라서 료마가 메이지 근대사의 영웅으로 등장한 것은 1970년대다. 일본이 고도 성장기에 들어서고 자신감을 회복하던 시기에 등장한 신일본인 캐릭터인 셈이다. 19세기에 나타난 청년 지사에 대한 시바 료타로의 작가적 집념과 상상력의 결과가 료마 탄생의 배경이다. 시바 료타로 사후 20주년 기획 시리즈와 관련해 그의 이름이 빈번하게 등장하는 이유는 바로 거기에 있다.

암살은 료마를 생각할 때 가장 먼저 떠오르는 이미지다. 1836년 1월생인 료마는 1867년 12월 10일 교토의 허름한 간장 판매소 2층 건물에서 암살된다. 당시 만 31세였다. 오우미야(近江屋) 사건으로 알려진 일본 역사상 가장 유명한 암살 스토리 중 하나다. 주목할 부분은 암살자가 누구인지 150년이 흐른 지금까지도 베일 속에 가려져 있다는 점이다. 여러 추측은 있지만 모두로부터 암살 위협을 당하면서 살아간 시대의 선구자가 바로 료마라는 것이다. 기원전 4세기 고대 그리스 문학가 메난드로스(Menandros)는 자신의 희곡에서 '신이 사랑하는 사람은 일찍 세상을 떠난다(Those whom the gods love die young)'라고 말했다. 료마만이 아니라 인류 역사를 끌고 간 수많은 인물들의 공통점 중 하나로 '조사(早死)'가 떠오른다. 파란만장한 삶과 더불어 세상과 일찍 연을 끊은 비극적 풍운아의 궤적이야말로 료마를 19세기 최고 인기 스타로 만든 가장 큰 이유가 아닐까?

료마 암살의 배경은 여러 가지 설로 풀이되고 있다. 결론은 모두가 버거워하는, 시대를 너무 앞서간 인물이란 점으로 귀착된다. 거목이 대지 한가운데 뿌리박고 있을 경우 다른 잡목들이 들어설 틈이 없다. 사실 료마는 메이지유신을 목격하지 못한 채 세상을 뜬다. 메이지유신의 기점이 되는 메이지 천황의 원년(元年)은 1868년 10월 23일이다.

료마가 암살된 지 10개월 뒤 메이지시대가 시작된 것이다. 그러나 그는 메이지유신의 1등 공신으로 받아들여진다. 왜일까? 막부 체제를 무너뜨리고 메이지 천황 구도로 전환될 당시 결정적인 역할을 한 두 사건의 주인공이 료마이기 때문이다. 1866년 3월 삿초동맹(薩長同盟)과 1867년 11월 대정봉환(大政奉還) 두 사건이 전환점이다.

삿초동맹은 막부의 권위와 무력을 추락시킨 사건으로 사츠마(薩摩)와 쵸슈(長州) 사이의 군사 동맹을 의미한다. 지도로 보면 사츠마는 규슈(九州) 지방 최남단으로 가고시마(鹿児島)현이다. 쵸슈는 현재 야마구치(山口)현으로 독도 영유권 문제와 관련해 한국과 마찰을 빚고 있는 지역이다. 삿초동맹은 당시 적대관계에 있던 두 현을 반(反) 막부 동맹으로 전환시킨 대사건이다. 사츠마는 원래 막부를 지지하던 온건파 개혁의 중심에 해당된다. 쵸슈는 반막부 세력의 중심으로 무력을 통한 천황제 옹립을 주창한다.

막부는 사츠마를 통해 규슈 정벌을 명한다. 료마는 사츠마의 규슈 공격을 중단시키고 나아가 반 막부 천황제 옹립을 근간으로 하는 삿초동맹을 창조해낸 중재자다. 물과 기름 관계이던 사츠마와 쵸슈를 화해시킨 것은 물론, 반 막부 동맹으로 전환시킨 일등공신이 바로 료마다.

대정봉환은 료마가 암살되기 한 달 전인 1867년 11월 이뤄진 일본 근대사의 쾌거 중 하나다. 삿초동맹으로 인해 막부의 힘과 권위가 땅에 떨어지면서 막부 스스로가 천황에게 전권을 넘긴 사건이다. 에도막부 15대 쇼군(將軍)인 도쿠가와 요시노부(德川慶喜)가 자신의 모든 실권을 메이지 천황에게 자진 헌납한 것이 대정봉환의 핵심이다. 천황파와 막부파로 갈려 일본 전국이 내전 직전까지 간 것이 대정봉환이 이뤄질 당시의 상황이다.

세계 역사를 보면 체제 전환 당시 나타나는 공통점으로 '엄청난 피'를 무시할 수 없다. 프랑스혁명이나 러시아혁명처럼 왕을 처형한 극단적인 변신이 아니라 하더라도 구체제와 신체제 사이의 갈등은 평범한 사람조차 피의 역사로 몰아세운다. 일본 근현대사는 그러한 피의 역사에서 비교적 자유로운 나라다. 260년 막부정권이 비교적 평화롭게 천황제로 전환됐기 때문이다. 대정봉환 이후 친막부파에 의한 반란도 일어나지만 대세는 이미 천황에게 기운다. 톰 크루즈(Tom Cruise)가 주연한 영화 〈라스트 사무라이(The Last Samurai)〉는 당시의 극적인 상황을 그린 작품이다. 천하를 호령하던 막부는 하루아침에 관군에서 반군으로 바뀐다. 12·12 사건 이후 한국에서도 유행했지만 '이기면 관군, 지면 역적(勝てば官軍,負ければ賊軍)'이란 말도 대정봉환을 전후해 유행한다.

대정봉환을 둘러싼 료마의 역할은 절대적이다. 대정봉환 기획안을 만든 주인공이 그이기 때문이다. 료마는 막부 측에 천황제로 갈 경우에도 생존과 권력 유지가 가능하다고 말한다. 일단 전권을 넘긴 뒤, 이후 천황의 이름으로 간접 통치할 수 있다는 의미다. 그러나 무력을 앞세운 쵸슈의 반대로 결국 막부의 권력 장악 시도는 무위로 끝나게 된다. 결과적으로 대정봉환은 무혈에 의해 정권이 이양된다. 삿초동맹과 대정봉환을 통한 천황제 확립은 료마가 아니면 누구도 할 수 없던 메이지유신의 핵에 속한다. 그러나 료마는 엄청난 두 사건을 마무리하는 순간 암살된다. 역사를 창조해낸 일등공신으로 새로운 시대를 위한 꿈을 실현시키려는 바로 그 순간 세상을 떠난다.

/ 흙수저에서 금수저로 /

료마의 배경, 즉 출신 성분은 그를 근대화 당시 최고의 스타로 통하게 만드는 이유 중 하나다. 한국식으로 말하자면 료마는 금수저나 갑이 아닌 흙수저에다 을의 위치에 서 있다. 하급 사무라이 출신이기 때문이다. 그의 고향은 투견으로 유명한 토사견의 도시인, 에도 시대 당시 남부 지역인 토사(土佐)다. 토사견이 그러하듯 강하고 끈질

긴 것이 토사 출신 남성의 특징이다.

현재 규슈 바로 위에 붙은 시코쿠(四國)의 코우치(高知)현에 해당된다. 토사는 상급 사무라이와 하급 사무라이의 벽이 심하다. 나무로 만든 신발인 게다(下駄)는 일본인 이미지 중 하나다. 원래 게다는 상급 사무라이만 신을 수 있는 신분의 상징이다. 그는 게다가 아니라 짚신을 신어야 하는 중하급 정도 신분에 불과하다. 그 같은 신분의 벽을 피해 26세이던 1862년 3월 이동허가증 없이 에도로 떠난다. 당시 무단이탈은 사형에 처해질 만한 중죄다.

에도와 료마의 인연은 17세로 거슬러 올라간다. 검도 수련을 위해 간 것이다. 숙명적 조우라 볼 수 있겠지만 난생 처음 타향 생활을 하는 동안 에도 앞바다에 뜬 흑선을 목격한다. 변화에 가장 민감한 나이에 서방의 힘과 일본의 한계를 목격하게 된다. 이후 고향으로 돌아오지만 토사는 더 이상 료마의 꿈과 이상을 보듬어주지 못한다. 평생 2류 인간으로 살기보다 새 시대를 위한 삶을 위해 에도로 떠난다. 이후 료마가 암살되기까지 4년 9개월 동안 일본 전역을 오가며 역사의 무대 한복판에 선다. 고향을 등진 흙수저 을의 입장이지만 '천황을 중심으로 한 강한 일본'이라는 자신의 신념을 위해 모든 것을 바친다.

토사를 떠난 료마가 정착한 곳은 현재의 고베다. 1864년 5월 막부 이름으로 세운 해군조련소(海軍操練所)가 주 무대다. 료마는 해군력이야말로 국력의 원천이라고 믿었다. 해군 제일주의 논리는 10대에 본

흑선의 위력과 더불어 태평양을 눈앞에 둔 고향에서의 기억에 기초한 당연한 상식이다. 배를 만들고 군사력을 키울 수 있는 구체적인 지식과 지혜를 얻기 위해 막 출범한 해군조련소에 들어간다.

고베 해군조련소는 원래 막부의 자금에 의해 세워진 곳이다. 그러나 내면으로 들어가면 반 막부 존왕파의 중심지로 자리잡는다. 우여곡절 끝에 세운지 1년 만인 1865년 문을 닫지만 료마는 현장에서 얻은 지식과 경험을 곧바로 재활용한다. 해군조련소를 떠나는 순간, 일본 최초 주식회사라 불리는 가이인다이(海援隊)라는 사설 영리 조직을 결성한다. 자금은 사츠마의 실력자들이 제공한다. 료마의 지식과 경험을 높이 샀기 때문이다. 이는 종합상사 형태의 조직으로 발전한다. 료마는 총 사장에 해당하는 가이인다이 대장이다. 무역, 투자, 수입, 출판, 간척사업, 교육, 증기기관차 기술개발, 우편 등 거의 모든 사업에 손을 댄다. 무기 수입은 그중 하나다.

지사로서 료마는 일본 최초의 국제 비즈니스맨으로 통한다. 세계지도를 보면서 장사하는 실무형 비즈니스 감각을 통해 일본 개혁에 나선 것이다. 료마의 업적인 삿초동맹과 대정봉환은 그러한 비즈니스 거래를 통해 얻게 된 전국 네트워크의 결과물이기도 하다. 원래부터 존왕파로 막부 타도에 앞장서지만 비즈니스를 통해 돈과 인맥을 쌓아가면서 세력을 확장해나간다.

영국에서 최신 무기를 수입해 사츠마와 쵸슈에 공급하는 과정에서 지역 내 최고 실권자와 만나 허심탄회하게 얘기를 나눌 수 있게 된다. 사츠마와 쵸슈에서의 영향력을 발판으로 막부 중심부까지 영향력을 넓힌다. 암살 당하기 직전 료마의 인적 네트워크는 메이지유신의 핵심 인물들로 채워져 있다. 간단히 말해 료마를 통할 경우 일본 최고 실력자와 지사 모두에게 통할 수 있게 된다. 가이인다이 대장은 암살될 당시 료마가 갖고 있던 공적 타이틀이기도 하다. 지사로서가 아니라 비즈니스에 특화한 장사꾼의 얼굴이 료마의 진짜 모습인지도 모른다.

비즈니스에 기초한 관계나 인적 네트워크는 일본 역사를 공부할 때 반드시 짚고 넘어가야 할 중요한 '상수'다. 유교 국가인 한국의 경우 거대 담론이나 대의명분을 논할 때 비즈니스와 분리하는 경향이 강하다. 비즈니스가 들어가면 공사 혼돈이 생길 수 있다는 이유에서다. 일본의 경우 조금 다르다. 비즈니스를 통해 서로 간의 물적 기반을 튼튼히 한 상태에서 '큰 일'에 나서는 경우가 많다.

예를 들어 제2차 세계대전을 보자. 일본에서 제2차 세계대전은 두 개의 이름으로 나뉘어 있다. 태평양전쟁과 대동아전쟁이다. 미국을 상대로 한 것이 태평양전쟁, 아시아권을 대상으로 한 것이 대동아전쟁이다. 여담이지만 일본 우익들은 태평양전쟁은 졌지만 대동아전쟁은 결코 지지 않았다고 강변한다. 제2차 세계대전은 만주와 중국을 발판으로 한 대동아전쟁에서 시작됐다. 태평양전쟁은 대동아전쟁에 대해 반대하는 미국을 잠재우기 위해 벌어진 것이다.

1941년 12월 진주만 기습 공격은 태평양전쟁의 출발점이다. 주목할 부분은 대동아전쟁의 의미다. 여러 가지 해석이 가능하겠지만 필자가 보면 비즈니스가 대동아전쟁의 키워드에 해당된다. 시골 출신 군부와 독점적 자본 축적에 나선 재벌이 벌인 군경(軍經) 유착 관계가 바로 대동아전쟁의 배경에 있다.

군부가 아시아 지역 점령에 나서는 순간 곧바로 재벌들이 따라나섰다. 예를 들어 만주국을 보자. 군부와 재벌이 주인공이다. 군부를 대표하는 육군 관동군의 무력을 바탕으로 재벌을 대표하는 만주철도와 만주공업지대가 만주국의 양대 산맥이다. 촌놈 군부의 허세를 뒷받침해주는 '돈'이야말로 일본이 전쟁에 돌입하게 된 이유 중 하나다. 대동아 공영론 같은 거창한 슬로건이 아니라 비즈니스를 통한 이익 극대화 역사야말로 일본사 이해의 첩경이라 볼 수 있다.

아무도 상대해주지 않는 하급무사 료마가 막부 및 지방 실권자와 직접 담판에 나설 수 있게 된 것은 바로 돈의 관계에서 비롯된 것이다. 메이지유신을 만들어낸 지사 료마가 일본 최초의 주식회사 창설자라는 것은 우연이 아니라 필연에 해당된다.

/ 안중근과 료마의 세계관 /

안중근은 한국 근대사를 통틀어 료마와 가장 비슷한 이미지의 인물이다. 그는 조선통감 이토 히로부미(伊藤博文)를 저격한 영웅이다.

일본을 적대시하는 것이 아니라 함께 공존 공영할 대상으로 받아들이는 동양평화론과 같은 사상을 창조해낸 세계사적 차원에서 한국의 변화를 모색한 시대의 선각자로도 통한다.

필자가 주목하는 부분은 지사, 의사, 열사로서 안중근에 한하지 않는다. 민족의 이름으로 적의 우두머리를 처단한 의사 안중근이란 점이 주된 관심사는 아니다. 하얼빈(哈爾濱)에서 히로부미를 쓰러뜨린 '의사 안중근'이 아니라 시대를 고민하던 평범한 인간의 고독한 삶의 흔적이 관심 영역이다. 암살되기 전까지 료마의 행적과 겹치는 부분이 너무도 많기 때문이다.

먼저 주목할 부분은 안중근의 고향인 황해도 해주다. 해주는 한국 근현대사의 중심처럼 느껴진다. 한국 초대 대통령인 이승만과 상하이 임시정부 수반인 김구도 황해도 해주 출신이다. 이승만이 1875년, 김구는 1876년, 안중근은 1879년 해주에서 태어난다. 세 사람 모두 파란만장한 삶을 살았지만 삶의 마지막도 극적이다. 이승만은 하와이 망명, 김구는 암살, 안중근은 사형이다. 각자 삶의 궤적은 달라도 세 사람의 공통점은 근대화에 뒤처진 조선을 똑바로 세워 번듯한 나라로 만들자는 부분에 있을 듯하다. 그 같은 일념으로 모든 것을 던진 세 사람이지만 안중근은 그들 가운데 가장 먼저 세상을 뜬다.

안중근의 고향을 료마에 연결시킨 이유는 황해도 해주와 료마의 고향 토사가 갖는 공통점 때문이다. 해주는 중국과, 토사는 태평양 건너 미국과 대면하는 해양도시다. 외세가 밀려오던 당시 상황을 감안하면 해주와 토사는 외부 변화에 가장 민감하게 대응한 지역이라 볼 수 있다.

안중근은 1879년생, 료마는 1836년생이다. 두 사람의 시대 배경은 43년 차(差)에 이른다. 한 세대를 뛰어넘은 긴 시간이지만 당시 세계를 대하는 한일 간 세계관이나 환경을 고려할 때 두 사람의 활동 시기는 거의 동시대처럼 와 닿는다. 안중근과 료마의 청년기는 위기의식과 시대적 사명감으로 점철됐을 듯하다. 바다를 마주하는 고향은 세계를 대하는 두 사람의 상황 인식을 한층 더 치열하게 만든 주된 요소다.

27세 안중근이 사재를 털어 삼흥(三興)학교와 돈의(敦義)학교를 세운 점도 료마의 행적과 너무도 비슷하다. 고향을 등진 뒤 고베로 달려가 활동한 28세 료마가 힘을 쏟은 해군조련소가 비교 대상이다. 비록 1년 만에 문을 닫지만 료마는 조련소 교장에 해당하는 숙두(塾頭)로 있으면서 후학 양성에 주력한다. 안중근도 자금난으로 학교 운영을 계속하지 못한다. 교육을 통해 한국과 일본이 가진 약점을 극복하자는 것이 두 사람의 공통점이다.

일찍부터 무(武)에 주목한 두 사람의 세계관도 너무 비슷하다. 안중근은 어린 시절부터 총을 다뤘다. 한문 공부보다 총을 들고 사냥하는 것을 한층 더 좋아했다고 한다. 료마의 경우 일찍부터 검도 공부에 주목하지만 고향을 등지면서 가슴에 품고 다닌 것은 스미스왓슨 32구경 6연발 권총이었다고 한다. 암살 당시에도 권총을 갖고 있었지만 2.5초 만에 이뤄진 두 자객의 기습 공격으로 인해 대항조차 하지 못했다. 칼이나 활로 상징되는 전근대적 무기가 아닌, 최신 기술을 통한 방어와 공격만이 자존의 지름길이란 사실을 안중근과 료마는 일찍부터 알고 있었다.

이들의 공통점으로 필자가 가장 눈여겨본 것은 비즈니스 부분이다. 료마는 국제 무역에 밝은 장사꾼 얼굴을 한 메이지의 지사다. 안중근은 두 개의 학교를 세운 직후인 28세 당시 석탄 사업에 나선다. 장소는 대도시 평양이다. 자금난으로 실패를 하게 되지만 명분만이 아니라 비즈니스를 통해 대의를 실행하려는 남다른 노력이 돋보인다. 20세기 초 중국과 미국에서 활동하던 한국인 독립운동가 가운데 비즈니스에 주목한 사람은 극히 일부분이다. 돈이 아니라 대의를 생명으로 내세우는 것이 한국 지식인의 특징 중 하나다. 보급 없이 전선을 확대해 가는 식이다. 안중근은 그 같은 종래의 한국적 세계관과 다른 각도에서 근대화 실천에 매진한 실사구시형 인물이다.

안중근은 1910년 3월 26일 사형에 처해진다. 뤼순(旅順) 형무소에서다. 히로부미의 사망 일자인 26일에 맞춰 사형이 집행된 것이다. 정치범이 아닌 사적 원한에 따른 살인범으로 처리해 처형된다. 정치범으로 분류할 경우 사형 언도가 어려울 수 있기 때문에 단순 살인범으로 몰아간 것이다. 그는 마지막까지 자신은 일본과 전쟁을 벌이다 체포된 군사포로라고 강조했다. 그러나 목숨을 구걸하지는 않았다. 법원이 사형을 선고한 뒤 5일 내로 공소할 수도 있었지만 포기

한다. 살기 위해 일본인에게 손을 벌리기보다 진리와 정의를 실천한 순교자의 길을 선택한다.

료마는 숨지기 이틀 전 친구로부터 암살범이 투입됐다는 얘기를 듣는다. "이미 죽음을 각오한 이상 무서울 것이 없다." 료마가 던진 답이다. 안중근의 수감 행적 대부분은 일본인을 통해 전해지고 있다. 그때 변론을 맡았던 관선 변호사와 사형 당시 동행한 간수와 같은 사람들이다. 안중근을 접한 일본인들은 안중근을 료마와 같은 메이지유신 당시의 지사로 받아들였다고 한다. 비록 이토 히로부미를 살해한 적이지만 자국의 독립과 자존을 위한 투쟁은 메이지유신 당시 청년 지사들의 대의와 일치하기 때문이다.

2017년은 료마 사후 150주년이 되는 해다. 올해 시바 료타로 추모제에 이어 내년에는 료마에 관한 각종 이벤트가 일본 전역에서 진행될 것이다. 앞서 살펴봤듯이 료마는 료타로에 의해 발굴되고 재창조된 신일본 캐릭터에 해당된다.

히로부미를 처형한 지사, 동양평화론을 역설한 대사상가가 안중근의 전부는 아닐 것이다. 관련 글을 읽을수록 인간적 매력이 느껴지는, 다시 그 시대로 돌아가 청년 안중근의 고뇌와 의지를 함께 나누고 싶어지는 인물이 바로 안중근이다. 열심히 세상을 살다간 고독한 지식인의 얘기를 들어보고 싶다. 인간 안중근에 관한 다양한 각도의 재발견과 재발굴이 앞으로도 계속되길 기대한다.

04

한중일
소프트파워 격돌

동아시아 소프트파워의 현주소

/ 달라이 라마의 가치와 위상 /

'서방 지식인이 가장 먼저 떠올리는, 현존하는 동양 최고의 지성인은?' 필자의 판단으로는 티베트 불교의 상징, 달라이 라마(Dalai Lama)다. '유어 홀리니스(Your Holiness)'로 통하는 달라이 라마에 대한 서양인의 자세는 동양인이 상상하는 것 이상이다. 평화와 인권운동에 매진하는 정치적 차원에 국한되지 않는다. 정신, 문화, 역사 나아가 성(聖)의 차원에서 논의될 수 있는 귀한 존재다. 간단히 말해 '바티칸의 교황+쿠바의 체 게바라+영국의 비틀스'를 전부 합친 삼위일체 캐릭터다. 21세기 식으로 얘기하자면 전방위, '리버럴 아츠 형 인간'이다.

하늘 위에 떠 있는 엄청난 존재는 아니지만 그렇다고 해서 어깨동무를 할 수 있는 친구도 아니다. 동양 지성으로 간디 정도가 필적될 수 있지 않을까?

달라이 라마가 가는 곳마다 다양한 인종과 연령대의 사람들로 터져나간다. 2015년 7월 6일 뉴욕 웨스트 34번가의 달라이 라마 탄생 80회 기념 강연회도 인산인해다. 1인당 50달러에서 175달러에 달하는 입장료지만 오픈 즉시 만석이다. 공산국가인 중국이 아무리 애를 써도 '유어 홀리니스'에 대한 서방의 열기를 막을 수 없다. 고령에 접어든 달라이 라마의 나이를 고려할 때 가까운 시일 내에 '메이드 인 차이나 짝퉁 달라이 라마'가 등장할 것이다. 티베트가 정통 후계자를 내세운다 하더라도 그에 필적할 만한 '글로벌 절대지존(絶對至尊)'의 권위를 세우기까지는 시간이 걸릴 것이다.

그러나 달라이 라마가 사라진다고 해서 동양 지성이 사라지는 것은 아니다. 그 정도의 거물급은 아니지만 비슷한 캐릭터의 '리틀 거물'은 존재한다. 뉴욕에 거주하는 일본 출신 오노 요코(Ono Yoko)다. 뉴욕에서 활동 중인 전위예술가로 현재 84세다. 한국인들은 그저 평범한 여성 엔터테이너 정도로 받아들이지만 서방에서의 이미지와 위상은 아주 특별하다.

태권도는 미국에서 '마셜 아츠(Martial Arts)'의 한 분야로 취급된다. 사람을 때리고 눕히는 폭력이 아니라 예술의 하나로 받아들여지고 있다. 오노 요코를 보는 서방의 시각은 전위예술가에 그치지 않는다. 예술을 앞세운 평화운동가, 살아 있는 미국 현대사의 일부다. 반전 메시지를 통해 전화(戰火)가 끊이지 않는 세계를 위로해줄 수 있는, 여성 달라이 라마 정도로 비쳐진다. 뉴욕현대미술관(MoMA: 이하 모마)에서 벌어지는 오노 요코 특별전은 이러한 상황을 증명해주는 실례(實例)다. 2015년 5월 17일부터 9월 7일까지 계속된 〈어느 여성의 쇼(Yoko Ono: One Woman Show, 1960-1971)〉란 제목의 이벤트다.

뉴욕 모마는 21세기 현대예술의 총사령부에 해당한다. 유럽의 미술관과 전혀 다른 각도의 신선한 예술에 주목한다. 땅, 시간, 영혼에 근거한 고전적 예술 세계와는 선을 긋는다. 그러나 내일의 세계에 주목하는 사람들에게는 신천지 파라다이스다. 대중의 호기심을 자극하면서 쉽게 기억하고 따라할 수 있는 '팝 문화(Pop Culture)'가 21세기 예술의 주류다. 그는 동양인으로서 그런 흐름에 가장 먼저 진입해 지금까지 이어오고 있는 인물이다. 모마가 그러한 동양 여성을 위해 특별전을 허락한 것이다.

동양 여성, 아니 동양인 전체를 통틀어 요코만큼 글로벌 지명도를 가진 인물이 있을까? 지역, 인종, 세대를 넘어 전 세계에서 가장 유명한 동양인이다. 1980년 12월 8일 암살된 존 레논(John Lennon)의 아내로서만이 아닌, 오노 요코라는 자체 브랜드로 세계 정상에 올라선 인물이다.

1969년 봄은 요코가 글로벌 뉴스 메이커에 데뷔한 출발점이다. 유명한 'Bed-In' 이벤트다. 1969년 3월 20일 그는 비틀스 멤버 레논과 결혼한다. 전 세계 미디어가 총출동해 결혼식을 중계한다. 오노 요코가 아니라 존 레논에 맞춰진 결혼식이다. 그러나 서방은 긴 머리에다 신비한 눈빛을 가진 동양 여성에 주목한다. 1960년대 비틀스는 21세기 엔터테인먼트 수준에서 비교할 만한 대상이 아니다. 현재 전 세계를 주름잡는 글로벌 음악스타 전부를 끌어 모아도 비틀스에 못 미친다. 음악적으로 보면 18세기 말 유럽에 나타난 모차르트에 비견된다.

비틀스가 던지는 메시지는 당시 그 어떤 정치지도자보다 강렬했다. 21세기에서 보자면 '오바마+프란치스코 교황+넬슨 만델라' 정도가 비틀스의 위상이다. 오바마 대통령의 어머니가 케냐 출신 남자와 결혼하던, 기존 질서를 한순간에 무너뜨리던 질풍노도 시대가 비틀스의 활동 시기다. 레논은 비틀스의 핵심이다. 훗날 증명되지만 비틀스 없는 레논은 가능하지만 존 레논 없는 비틀스는 빠른 속도로 잊혀 간다.

'Bed-In' 이벤트는 결혼한 직후인 3월 25일부터 1주일간 네덜란드 암스테르담의 힐튼호텔 스위트룸에서 이뤄진다. 아침 아홉 시부터 밤 아홉 시까지 두 사람이 침대 위에 머물면서 베트남전쟁 반대에 나선 '특이한' 이벤트다. 'Bed-In'이란 말은 'Sit-In', 즉 연좌시위에서 따온 발상이다. 21세기에 당연시되는 시위 형태 중 하나지만 1960년대 'Sit-In' 시위는 평화의 상징으로 받아들여졌다.

바쁘게 뛰어다니면서 힘을 통해 호소하던 시위가 아니다. 뛰어다니는 것도 아니고 앉아서 행하는 'Sit-In'도 아닌, 잠자리에 들어 호소하는 가장 평화스러운 시위가 'Bed-In' 이벤트다. 존 레논은 이 이벤트의 의미를 '결코 복잡하지도 엄숙하지도 않은 유머'라고 설명한다. 그러나 세상은 두 사람의 특이한 이벤트를 너무도 진지하게 받아들인다.

/ 전 세계가 바라보는 오노 요코의 위상 /

이 이벤트는 스위트룸을 찾은 신문 및 방송 기자들에 의해 현장 중계됐다. 두 사람은 서로를 향한 애정도 확인하면서 잠도 자고 노래도 부르며 하루를 보냈다. 물론 반전 메시지를 전 세계에 전달하고 각국 대통령에게 전쟁을 중단하라고 역설한다. 요코는 반전 상징물로 도토리를 모아 각국 지도자에게 보낸다. 다큐멘터리 형식으로 기록된 상황을 보면 둘은 침대 위에 누워 반전운동에 관한 생각을 잠꼬대처럼 읊조린다. 대부분 존 레논의 독백으로, 오노 요코는 간접적으로 남편을 지지한다.

페미니스트들이 보면 화를 낼 장면이겠지만 서양 남성이라면 요코가 보여준 무언(無言)의 매력에 빠져 들어간다. 당시 침대 위 큰 창문에는 'Hair Peace, Bed Peace'라는 매직 포스터가 붙어 있다. 청년들의 긴 머리를 도덕적 타락으로 보는 기성세대를 향한 불만과 섹스를 하는 동안은 전쟁이 일어나지 않는다는 의미를 가진 포스터다.
'Bed Peace' 포스터 덕분이겠지만 당시 두 사람의 라이브 섹스 여부
는 'Bed-In' 이벤트의 최고 하이라이트였다. '평화를 위한 라이브 섹
스'라는 개념이 웃기는 얘기로 들릴 듯하다. 그러나 섹스하는 동안
에는 전쟁도 없고 섹스와 같은 절대 프라이버시를 전 세계에 공개할
만큼 반전 평화운동이 중요하다는 의미로 이해하면 고개가 끄덕여
진다.

베트남전쟁을 둘러싼 이념, 문화, 세대 간 갈등은 당시 젊은이들
의 이성을 마비시킬 정도로 엄청나고 광범위했다. 가수가 아니라 정
의를 위해 모든 것을 바치는 성전(聖戰)의 투사가 바로 존 레논을 대
하는 당시 청년들의 일반적 평가였다. 전위예술가 요코는 레논을 주
연으로 한, 세기적 이벤트를 연출한 감독이자 주인공에 해당된다.
남성이 아닌 동양 여성 입장에서 성과 세계의 기득권에 도전한다.
존 레논이 1971년 발표해 평화 메시지의 상징으로 자리잡은 노래
'이매진(Imagine)'과 반전 슬로건의 대명사 'War is over if you want
it'도 모두 오노 요코의 정신적 도움 하에 창조된 것이다.

모마의 오노 요코 특별 전시장은 'Bed-In' 이벤트를 비롯한 1960
년대의 흔적을 발견할 수 있는 타임 슬립(time-slip)형 공간이다. 요코
의 특별전은 46년 전인 1971년 전위 이벤트를 기념한 것이다. 1971
년 말 그는 친구들에게 'One Woman Show'를 개최한다고 말한다.
당시 요코는 이미 세계적인 지명도를 가진 예술가였다. 이벤트 장소

는 모마다. 그러나 현장에서 따로 이벤트가 열리지는 않았다. 모마가 주선한 공식 행사가 아니었기 때문이다.

요코는 찾아온 친구들을 모마 입구에서 맞이한다. 방문객에게 자신이 준비한 특별한 물건을 선물한다. 파리다. 파리를 풀어 하늘로 날려 보내면서 친구들에게 잡아보라고 말한다. 전위예술이 원래 황당하기는 하지만 모마는 당시 비공식적인 인연을 기념하면서 2015년 특별전을 개최한다. 1960년부터 파리 날리기 이벤트가 이뤄진 1971년까지 활동을 담은 전시회다. 오노 요코를 글로벌 스타로 만든 'Bed-In'에 관한 기록과 자료는 특별전의 하이라이트에 해당된다.

특별전을 살펴보면서 필자는 일본인으로서의 오노 요코를 생각해보았다. 일본인 모두가 자임하지만 그는 일본 여성, 아니 일본사 전체를 통틀어 전 세계에 통하는 가장 유명한 인물이다. 천황을 비롯한 그 어떤 일본인도 그의 지명도에 못 미친다. 그런 특별한 존재지만 오노 요코는 일본인이 자랑하는 인물은 아니다. 그렇다고 해서 일본인이 싫어하는 것도 아니다. 거주지와 활동 무대가 뉴욕이기는 하지만 가끔씩 일본에서 공연하기도 한다. 5년이나 10년에 한 번씩 텔레비전 광고에도 출연하지만 평화 관련 메시지 전달이 전부다. 출연 분량이 워낙 적기 때문에 출연 후에는 '역대 최고 출연료 갱신'이란 기사가 따라다닌다.

오노 요코는 일본 가큐슈인(學習院) 대학에서 철학을 전공했다. 황족, 귀족이 다니는 특수 대학이다. 가족, 친척이 일본의 정치, 경제계 중심부에 있는 명문이다. 미국에 건너온 것은 대학 2년째이던 1953년이다. 은행가인 아버지를 따라 뉴욕에 거주한다. 전위예술가로 변신한 것은 1959년이다. 패전 8년 만에 미국에 건너가 공부하고 최첨단 문화 활동에 단독으로 나섰다는 것은 보통 일본인의 상식을 넘어서는 일이다. 재능도 있었겠지만 엄청난 재력 없이는 불가능하다.

존 레논과의 만남은 예술 활동과 관련해 런던과 뉴욕을 오가던 중 이뤄진다. 요코는 당시 두 번이나 결혼한, 과거 있는 여성이다. 레논이 세 번째 남편인 셈이다. 나이도 요코가 일곱 살 더 많다. 평소 존 레논은 자신이 학생이고 오노 요코가 선생이란 말을 자주 했다. 더불어 자신이 아시아 여성을 통해 구원받을 것이란 꿈을 꾼 적이 있다고 말했다. 영적인 관계를 통해 맺어졌다는 의미다. 존 레논이 위에 선 수직적 관계가 아닌, 반대로 오노 요코가 앞서서 이끌어 가는 관계라 볼 수 있다.

요코는 일본을 대표하는 소프트파워의 주인공이다. 나라와 민족을 내세우는 국가적 차원의 소프트파워와는 무관하다. 오노 요코라는 개인의 캐릭터에 근거한 일본 문화의 첨병이다. 요코가 전위예술을 벌일 때 일본이란 나라가 나서서 도와준 적은 단 한 번도 없다. 다국적화된 일본 현지 기업이 협찬할 수는 있겠지만 국가라는 틀 속에서의 도움은 전무하다. 일본에 주목해서 활동한 적도 없다. 최근 일본과 관련된 활동은 2011년 3월 27일 이벤트가 전부다. 뉴욕에서 열린 3·11 동일본대지진 위문공연이다. 일본 정부가 아니라 미국인 음악가가 주선한 자리에 초대 손님으로 나섰다. 일본이라는 나라와 적당히 거리를 두면서 활동하는 셈이다. 그러나 국가와 민족의 범주 밖에서 활동한다 하더라도 미국과 유럽은 오노 요코가 일본인이라는 사실을 잘 알고 있다. 전위예술의 내용을 보면 일본적인 요소가 곳곳에 투영돼 있기 때문이다. 자신이 원하든 그렇지 않든 서방에서 보면 일본 문화와 일본인을 대표하는 인물인 것이다.

서방에서 오노 요코가 일본인으로 받아들여진다는 것이 무슨 특별한 의미가 있느냐고 반문할 듯하다. 생각하기 나름이겠지만 전 세계가 자국에 호의적인 이미지를 구축하려고 총력전을 기울이는 판국에 '아무 의미 없다'라는 말이 설득력을 갖기는 어렵다. 더더욱 오노 요코의 이미지인 평화는 일본이 주력하는 소프트파워의 핵심 이데올로기 중 하나다. 멀리는 원자폭탄이 없는 평화에서부터 가까이는 남중국해로 밀려드는 중국의 무력 대응에 맞설 논리로서의 평화다.

글로벌 시민 오노 요코의 탄생은 국가와 민족이란 틀에서 벗어난 자유로운 발상에서 비롯된 것이 아닐까 싶다. 사실 패전 후 미국에 사는 일본인은 자국의 나라 이름을 입에 올리기가 어려웠다. 일본인을 비하하는 용어인 '잽(JAP)'은 1980년대 초까지 아무 제재 없이 사용됐다. 그 같은 상황에서 요코가 '자연스럽게' 일본이란 틀에서 벗어날 수밖에 없었다고 말할 수 있을 듯하다. 그러나 이 논리에 따르자면 일본이 부활하고 일본인에 대한 서방의 편견이 약화된 시점에서는 일본 예찬으로 돌아서야 한다. 요코는 반대도 찬미도 아닌 중간자적 입장을 견지해오고 있다. 일본이란 정체성에 무관한 회색빛 캐릭터다.

새삼스럽게 일본 여성의 정체성을 꺼내는 이유는 한국과 중국에서 상식화된 국가주의, 민족주의 사고의 한계를 강조하고 싶어서다. 나라의 품격을 세계에 알리는 소프트파워라는 관점에서 볼 때 오노 요코와 같은 인물은 미래형 캐릭터로 느껴진다. 2015년 한국과 중국에서 찾아보기 어려운 탈 국가 소프트파워다. 결과적으로는 일본 소프트파워의 확산에 기여한다.

/ 양으로 승부하는 중국의 소프트파워 /

잘 알려져 있듯이 한국, 중국, 일본 3국은 총성 없는 전쟁, 즉 소프트파워를 통한 국가적 위상 강화에 매달리고 있다. 서로를 의식하면서 자국의 소프트파워를 세계에 알리는 데 총력을 기울이고 있다. 특히 최근에는 중국이 체제의 우월성을 세계에 알리려는 의도 하에 이를 국가 핵심 프로젝트로 상정한 상태다. 외국인에게 중국을 자랑하기 위한 것만이 아니라 거꾸로 자랑스러운 중국의 위상을 중국인에게 보여주면서 체제에 대한 불만을 불식시키려는 의도도 포함돼 있다. 전적으로 국가 주도 하에 펼쳐지는 것이 중국의 소프트파워다. 오노 요코 스타일과 얼마나 다른지, 어떤 형식으로 진행되는지 구체적으로 살펴보자.

먼저 중국의 소프트파워는 이렇다 할 전략과 전술이 없다. 인해 전술에 의한 무차별 공습, 즉 양으로 상대를 압도하는 소프트파워가 핵심이다. 중국 자신이 갖고 있는 모든 문화적 요소를 하나로 묶어 초대형 무대로 만들어 한꺼번에 터뜨리는 식이다. 질은 상관없다. 2015년 7월 결성된 초대형 그룹, '56송이 꽃' 아이돌 그룹을 보자. 일본의 아이돌 AKB48을 염두에 둔 그룹으로 알려져 있지만 문화혁명 당시의 이념적 냄새로 가득 찬 프로파간다 기쁨조에 지나지 않는다. AKB48은 무려 5년간의 실험 기간을 거쳐 탄생된 일본 집단주의 문화의 결과물이다. 엄청난 숫자라 할 수 있는 48명이지만 개개인이 독자적으로도 활동한다. 팬들의 투표에 의해 48명의 순위가 주기적으로 바뀌면서 아래로 내려갈 경우 멤버에서 탈락한다. 48이란 숫자는 에도시대 당시 주군의 명예 회복을 위해 원수를 갚고 할복하는 추신쿠라의 47인 사무라이를 염두에 둔 것이다.

중국의 경우 그 같은 과정이나 역사는 전부 무시된다. 일본이 48명이라면 우리는 더 많은 56명이다, 라는 식이 그들의 속내다. 중국 측은 56송이 꽃이 56개 소수 민족을 대변하는 아이돌이라 말한다. 그러나 중국 내 소수 민족이 AKB48보다 적은 45개라 할 때 과연 45송이 꽃이란 아이돌이 탄생할 수 있을지 의문이다. 질적으로 어떻든 관계없이 양적으로 볼 때 절대 일본에 밀려서는 안 된다는 전제가 깔려 있다.

양적 기획에 따른 당연한 결과겠지만 크고 넓고 화려하기는 한데 눈에 띄는 중국인이 극히 드물다. 인구가 13억이라고 하지만 영화와 음악 같은 엔터테인먼트 분야에서의 소수를 제외하면 별로 없다. 전 세계 모두가 골고루 받아들일 수 있는 리버럴 아츠형 인간은 전무하다. 글로벌 차원의 메시지를 전달할 만한, 세계로부터 인정받는 인물은 단 한 명도 없다.

/ 대의명분에 충실한 패션 이벤트 /

공교롭게도 뉴욕 메트로폴리탄 뮤지엄(The Metropolitan Museum of Art)에서는 중국 관련 초대형 특별전이 벌어지고 있었다. 오노 요코를 감안한 대항전은 아니겠지만 모마의 특별전과 시기가 맞물린다. 두 전시회를 비교하면서 관람할 경우 중국과 일본의 소프트파워가 얼마나 상이한 각도에서 출발하는지 충분히 이해할 수 있을 것이다. 특별전은 〈중국이란 거울을 통해 들어가 보면(China: Through the Looking Glass)〉이란 타이틀로, 2015년 5월 7일부터 열리고 있다. 필자가 알고 있는 한, 메트로폴리탄 뮤지엄 역사상 가장 큰 규모의 초대형 이벤트가 아닐까 판단된다. 무려 세 개 층에 걸쳐 전시되고 있다. 관람객이 엄청나다. 미국 뮤지엄 역사를 통틀어 기록적인 관람객을 유지했다. 문을 연지 10주일 만인 7월 21일까지 50만이 다녀갔다.

　오픈 즉시 곧바로 달려갔지만 보는 이를 압도하는 호화찬란한 특별전이다. 통상 중국이라고 하면 당삼채(唐三彩) 같은 것들이 떠오른다. 하지만 메트로폴리탄 특별전은 기존의 내용과 전혀 다른, 패션이 주제다. 중국인이 입는 옷이 아니다. 외국의 패션 디자이너들이 꾸민, 중국에 관련된 패션이다. 프라다, 구찌, 지방시 등 전부 50여 개의 글로벌 브랜드와 소속 디자이너들이 참가했다. 중국인 디자이너는 단 한 명으로, 1967년생 구이 페이(郭培)라는 여성이다. 베이징 출신으로 중국인 모두가 알고 있는 자랑스러운 인물이다.

　중국을 떠올리는 문양, 디자인, 색깔의 옷들이 100여 군데에 걸쳐 전시되고 있다. 희로애락과 무관한 무표정의 마네킹에 걸쳐진 옷들이다. 중국 관련 영화나 기록물도 전시장 벽을 통해 상영되고 있다. 중국 풍 음악도 곳곳에서 들린다. 문화혁명 당시의 비디오와 함께 홍위병이 입었던 인민복도 전시 중이었다. 마오쩌둥(毛澤東)을 모티브로 한 현란한 옷들도 홍위병과 함께 서 있다.

　어두운 조명 아래 비디오와 오디오 연출 때문이겠지만 이국적인 분위기의 나이트클럽에 온 듯하다. 전체적으로 보면 중국에 진출하려는 글로벌 패션 브랜드의 전시장이란 것을 알 수 있다. 그러나 관람객의 열기는 뜨겁다. 중국이란 이름을 빌린 비즈니스 현장이란 점은 알아도 그만, 몰라도 그만이다. 특별전을 관람한 보통 사람이라면 중국에 대한 환상이 한층 더 강해질 듯하다. 그토록 대규모 이벤트지만 뭐라도 하나 집어낼 만한 캐릭터가 없다. 세상을 떠난 마오 쩌둥의 티셔츠 정도가 인상 깊다. 가슴을 울리는, 세심하게 와 닿는 예술적 감동은 필요 없다. 엄청난 규모로 쏟아 부으면서 비즈니스로 연결될 수 있는 계기로서의 초대형 이벤트면 충분하다.

중국인이 직접 관여하지 않지만 중국 정부의 의향을 충분히 반영해 거꾸로 중국에서의 비즈니스 기회를 넓히겠다는 의미의 특별전이다. 공산 독재국가 중국이 절실히 필요로 하는, 국가와 민족이란 대의명분에 충실한 이벤트가 바로 이 전시가 갖는 의미다. 국가와 민족이란 틀에서 벗어나 가슴에 와 닿는 메시지 전달에 충실한 오노 요코 스타일과는 전혀 다른 성격의 소프트파워다.

중국과 비슷하지만 한국 소프트파워의 경우 정체성 문제를 최우선으로 잡으면서 나아간다. 비빔밥을 먹고 K-Pop을 들으면서 코리아를 되새겨야 하는 것이 한국식 소프트파워의 가치다. 일본이라고 해서 크게 다르진 않지만 한국과 중국에 비하면 국가와 민족에 기초한 정체성 강조가 상대적으로 미약하다. 결과적으로 일본이라고 알리지만 초기부터 국가 이데올로기로 쏟아 붓지는 않는다.

'서로 함께 힘을 합쳐(Get Together, Get Involved)'라는 개념은 21세기 서방 젊은이들의 이데올로기 중 하나다. 국가나 민족을 강조하는 식의 발상은 순간적으로 흥미를 불러일으킬 수는 있지만 오래가지 못한다. 한국, 중국을 강조하는 문화 속에 들어갈 경우 스스로의 목소리를 발견해내기 어렵다. 마요네즈나 치즈로 뒤덮인 비빔밥이 한층 더 통한다는 것이다. '서로 함께 힘을 합쳐'로 나아갈 여지가 있기 때문이다.

유럽에 이어 뉴욕에도 상륙했지만 핑크빛 스시나 케밥 스시가 젊은이들 사이에서 유행하고 있다. 이름만 스시지 미국인이 제멋대로 만든 창작 요리다. 뉴욕의 일본 스시집에서는 무슬림 고객을 위해 케밥 스시를 제공하기로 결정했다고 한다. 할리우드 영화를 통해 일본 캐릭터의 대명사인 고질라를 근육형 야수로 재창조하고 추신쿠라 47명 중 한 명을 백인인 키아누 리브스에게 맡기는 것이 21세기 일본식 소프트파워다. 로봇 태권V를 쿵푸 전문 캐릭터로 바꾸고 〈춘향전〉의 이몽룡을 톰 크루즈에게 맡기는 식의 발상이다. 근본을 유지하면서 가능하면 상대방에게 많이 나눠주자는 것이 일본이 추구하는 소프트파워의 전략전술이다.

사실 그 같은 일본의 생각은 소프트파워 원조인 미국이 오래 전부터 시작한 발상이기도 하다. 메이저리그에 진출한 한국 선수나 할리우드 영화에 얼굴을 내비치기 시작한 한국 배우가 좋은 예라 하겠다. 미국은 국가와 민족이란 차원의 발상에서 벗어난 나라지만 단일 언어, 단일 민족의 일본이 미국의 그 같은 발상을 그대로 받아들이고 있는 상태다.

오노 요코가 달라이 라마 같은 존재에 미친다는 것은 어불성설일 것이다. 그러나 한국, 중국 어디에서도 찾아보기 어려운, 국가와 민족의 틀에서 벗어난 글로벌 시티즌으로 받아들여진다는 점은 분명하다. 탈 국가, 탈 민족에 근거한 일본의 소프트파워는 오노 요코 한 사람에 그치지 않는다. 《인생이 빛나는 정리의 마법(The Life-Changing Magic of Tidying Up)》이란 타이틀로 미국 출간 이후 무려 15주간 비소설 분야 1위를 기록한 곤도 마리에(近藤麻理惠), 86세 현역으로서 루이비통에 물방울 디자인을 제공한 설치미술가 쿠사마 야요이(草間彌生), 1달러짜리 만화 캐릭터를 고가의 예술로 만들어 전 세계에 발신하고 있는 팝아티스트 무라카미 다카시(村上隆). 초기부터 일본이란 색깔을 강조하지 않지만 결과적으로 일본의 소프트파워 전령사란 점은 이들 세 사람이 갖는 공통점이다. 모든 일이 그러하듯 어깨에 힘이 들어가면 오래가지 못한다. 여유를 주면서 함께 나누며 나갈 수 있는, 글로벌 관점 하의 소프트파워가 오래가고 튼튼해질 수 있다.

21세기 한국 정치의 패턴으로
자리잡은 일본판 탤런트

/ 테크놀로지에서 재패니피케이션으로 /

'재패니피케이션(Japanification)'이란 용어가 있다. 노벨경제학상 수상자이자 〈뉴욕타임스〉 경제 전문 칼럼니스트 폴 크루그먼(Paul Krugman)이 사용하는 신조어로, 저금리·저성장·디플레이션·고령사회로 집약되는 일본형 경제 구도를 의미한다. 이른바 잃어버린 20년의 흔적이다. 일본화(日本化)라는 말로 풀이될 듯하다. 잘 알려져 있듯이 유럽이 경험했고 중국도 이미 재패니피케이션 상태로 빠르게 접어들고 있다는 것이 크루그먼의 진단이다.

재패니피케이션은 경제만이 아니라 일본 문화의 확산이란 의미

로도 사용된다. 부정적으로 풀이되는 경제적 관념과 달리 긍정적으로 받아들여진다. 문화라는 측면에서 이 용어는 디지털을 통한 세계화와 맞물려 있다. '포켓몬 고' 광풍은 대표적인 예다. 모바일 시대를 대표하는 청년 문화 중 하나인 일본 팝 컬처다. 망가(マンガ), 패션, 음식, 애니메이션, 음악, 게임과 같은 2류 대중문화인 서브컬처(サブカルチャー)다.

1류라 칭할 수 있는 오페라나 클래식 음악처럼 특별한 지식이나 돈 없이도 즐길 수 있는 저가의 대중문화가 재패니피케이션 영역이다. 주머니에 쏙 들어가는 모바일이 확산될수록 한층 더 위력을 발하는 글로벌 문화의 총아다. 문화의 사각지대인 개발도상국은 물론 선진국에서의 영향도 강하다.

20세기 후반 일본의 별명은 테크놀로지 대국이다. 21세기 일본은 서브컬처를 통한 재패니피케이션 강국으로 해석된다. 한류를 만들어낸 한국도 예외가 아니다. 초중고등학생은 물론 20대와 30대의 문화 패턴을 이해한다면 한국 내 재패니피케이션의 영향이 얼마나 깊은지 쉽게 이해할 수 있을 것이다.

한국 내에서 퍼져가는 재패니피케이션 가운데 필자가 실감하는 부분은 정치다. 경제나 문화만이 아니라 정치 영역도 예외가 아니다. 키워드는 '탤런트 정치'다. 이는 탤런트처럼 얼굴이 알려진 유명인을 내세운 정치를 의미한다. 배우나 가수만이 아닌, 아나운서, 기자, 운동선수 최근에는 학계 인사도 포함하는 셀러브리티 정치다.

범위는 텔레비전, 영화, 비디오 같은 비주얼 지명도에 기초한 인물에 한정된다. 아무리 유명해도 글, 그림에 전념하면서 비주얼 활동에 나서지 않을 경우는 제외된다.

아사히TV 아나운서는 탤런트 정치가가 될 수 있지만 브라운관에 한 번도 나타나지 않은 아사히신문 수석논설위원은 범주 밖이다. 얼굴을 보는 것만으로도 모두가 인지할 수 있고 목소리나 언행도 비주얼을 통해 잘 알려진 인물이 탤런트 정치의 주역이다.

사실 탤런트 정치는 재패니피케이션만이 아닌 세계적 현상이기도 하다. 미국의 경우 로널드 레이건 전 대통령, 아놀드 슈워제네거 전 캘리포니아 주지사가 탤런트 정치인의 대표적 예일 것이다. 현재 미 대통령 도널드 트럼프 역시 마찬가지다. 그는 성공한 비즈니스맨이 아닌 텔레비전을 통한 지명도를 바탕으로 대통령 선거에 나선 인물이다. 잘 알려져 있듯이 리얼리티 방송을 통해 내뱉은 "넌 해고야(You are fired!)"라는 말 한마디는 트럼프의 이미지 그 자체에 해당된다.

부(富)로 치자면 빌 게이츠나 스티브 잡스에 비할 바가 못 되지만 비즈니스맨이 아닌 탤런트 정치가로서 미국 국민에게 다가섰다. 인종차별적 막말 얘기를 논외로 할 때 트럼프가 갖는 대중 설득력은 남다르다. 선거에서 패한 민주당 힐러리 클린턴이 결코 따라갈 수 없는 대중 흡입력이 트럼프의 매력 중 하나다. 연설을 듣고 있으면 재미있고 뭔가 빨려 들어간다. 맥주 한 잔을 마시면서 얘기를 나누고 싶은 인물은 가면을 씌운 듯한 모습의 힐러리가 아닌, 충혈된 눈으로 핏대를 세우는 트럼프다. 대중의 심리를 움켜쥐는 것이 정치가의 특징이라고 하지만 사실 그러한 능력을 가진 사람은 극히 드물다. 한국에서 보듯 극단으로 치닫는 선동형 정치가는 많지만 흡입력은커녕 눈길조차 주기 어려울 정도로 따분하고 시시하다.

/ 탤런트 정치의 득과 실 /

머리가 텅 빈 부화뇌동(附和雷同) 인간이라 비난할지 모르겠지만 대중의 대부분은 이성적이지 못하다. 출처 자체도 불투명한 끔찍한 사진 한 장만으로도 판세 전체가 한순간에 뒤집어진다. 트럼프 현상의 주체는 제3자의 눈으로 본 차가운 이성이 아니다. 거친 숨소리와 땀으로 범벅이 된, 현장의 목소리에 기초한 날이 선 정치다. 따라서 뜨거워서 터질 때까지 불을 지피는 것이 트럼프 정치의 핵심이다. 탤런트 정치가 트럼프는 대중의 심리를 일찍부터 터득한 인물이다. 언젠가 밑천이야 드러나겠지만 한여름 밤의 휘황찬란한 고감도 불빛에서 자유로운 사람은 극히 드물다.

탤런트 정치가 미국과 유럽에서도 볼 수 있는 일반적 현상이라는 점은 비주얼 시대의 상식에 해당될 듯하다. 그러나 일본의 탤런트 정치는 다른 나라와 구별되는 특이한 모습으로 나타난다. 통상 일본인이 생각하는 탤런트 정치가의 이미지는 1995년 선거를 통해 등장

한 두 명의 신인 지사(知事)에서 시작된다. 도쿄도 지사로 당선된 아오시마 유키오(青島幸夫)와 오사카부(大阪府) 지사에 오른 요코야마 놋크(橫山ノック)라는 인물이다. 두 사람은 한순간 나타났다가 불명예 속에서 사라진 일본 정치의 희극이자 비극에 속한다.

유키오는 원래 방송작가로 유명했던 인물로, 텔레비전을 통해 종횡무진 활약한 스타 평론가다. 당시 그의 경쟁자는 자민당 공천을 얻은 정부 관료 출신의 이시하라 노부오(石原信雄)다. 무소속으로 출마한 유키오는 논란이 됐던 도쿄만국박람회 문제를 최대 이슈로 꺼낸다. 도쿄도 예산이 적자로 돌아선 판국에 일회성 이벤트인 만국박람회 개최를 중단하겠다는 것이 공약 1호다. 세우는 것이 아니라 무너뜨리는 것이 그의 최대 공약이다. 선거 운동 기간 중 특유의 입심을 통한 탤런트 셀러브리티로서의 능력을 마음껏 발휘한다.

관료 출신의 자민당 후보 노부오는 대중을 흥분시키거나 재미있게 만드는 캐릭터가 아니다. 때마침 버블경제 종언과 함께 불어 닥친 기득권에 대한 불만과 불신이 무당파 바람으로 이어진다. 자민당의 압도적인 물량 공세에도 불구하고 유키오가 압도적인 표차로 당선된다. 그러나 지사 당선 후 그는 전혀 다른 모습으로 나타난다. 초등학생조차 의심할 정도인 수준 미달의 행정 능력이 노출된 것이다. 만국박람회 중단이란 '거대한 업적'만 남긴 채 아예 사무실에 출근하지도 않고 해외여행 등으로 5년간 업무를 마친다. 재선에 나서지 못한 것은 물론, 도쿄도 시민들이 잊고 싶어 하는 악몽의 정치가 1호로 전락한다.

1995년 오사카 지사로 당선된 놋크는 원래 음악을 통한 만담가이자 코미디언으로 활동한 인물이다. 무당파 바람에 힘입어 압도적 표차로 오사카 수장에 오르고 1999년 제 2기 선거에도 나가 당선된다. 초등학교 졸업 이후 곧바로 미군 부대에서 일한 '패전 당시의 기억'을 되살려준 입지전적 인물로도 추앙받는다.

오사카 사람들은 정통과 직계보다 이단과 방계에 주목하는 정서로 유명하다. 한국인의 정서와 닮은 부분일지 모르겠지만 도쿄대보다 무학(無學)의 학벌, 성공한 비즈니스맨보다 가난한 생활 보호 대상자가 든든한 커리어로 작용하는 곳이다. 1기 재임 중에는 지사직과 더불어 오사카 사투리로 무장한 탤런트로 활동하면서 한층 더 인기를 모은다. 이른바 서민형 정치가의 대명사다. 덕분에 1992년 제 2기 선거에 나서서 당당히 당선된다.

그러나 운은 오래가지 못했다. 산전수전 다 겪은 탤런트 정치가의 인생은 한계를 드러낸다. 선거 기간 중 벌어진 성추행 사건이 터지면서 민형사 소송에 직면한다. 특유의 입담으로 거짓말로 일관하지만 결국 결정적인 증거가 드러나면서 성추행 사실을 시인한다. 형이 선고되면서 성추행 탤런트 정치가라는 부끄러운 최후를 맞게 된다.

전 도쿄도 지사, 이시하라 신타로(石原慎太郎)는 긍정적인 의미로 탤런트 정치가의 대명사에 해당한다. 한국에서는 우익의 대명사로 불리지만 일본인들은 정치가인 동시에 소설가로 기억한다. 유키오 같은 인물과 질적으로는 다른, 정통파 국민 작가가 신타로다. 유키오는

방송작가인 데 비해 신타로는 문학에 주력한 문단의 중심에 선 인물이다. 1956년 발표한 《태양의 계절(太陽の季節)》은 유명 소설이다. 패전에 찌든 일본 국민의 어두운 가슴을 태양이 숨 쉬는 바다로 몰아세운 작품이다. 과거의 그늘에서 벗어나 젊음과 바다를 즐기는 '태양족(太陽族)'이 신타로가 창조해낸 전후 반세기 전의 신일본 캐릭터다.

고도 성장기에 들어서기 직전에 보여준 24세 신타로의 도전과 용기는 이후 모두의 기억에 남는다. 눈에 띄는 수려한 외모는 당시 막 일본 전역에 보급된 텔레비전을 통해 열도 전체에 알려진다. 흑백 시대이기는 하지만 일본 최초의 비주얼 작가로 등장한 것이다. 신타로의 동생이자 국민배우로 활동하다 53세 나이로 세상을 떠난 이시하라 유지로(石原裕次郎)도 신타로의 전국 지명도에 공헌한다. 신타로는 36세가 되던 1968년 참의원으로 정치 무대에 입성한 이래 중의원에도 아홉 번 연속 당선된다. 유키오의 추락 이후 도쿄도 지사에 나서면서 이후 네 번 연속 당선된다. 현역 정치인 가운데 최고 정치 경력을 자랑한다.

작가라는 직업은 신타로의 행적을 추적하면서 주목할 흥미로운 부분에 들어간다. 그는 정치가가 된 이후에도 수많은 베스트셀러를 남겼다. 자신 및 동생에 대한 회고록부터 일본이 나아갈 방향을 조언한 글들이 이어지고 있다. 보통 책이 출간되면 최하 수십만 권 단위로 팔린다.

필자의 개인적 경험이지만 2001년 9월 12일 아침, 신타로를 만난

적이 있다. 9·11 테러가 벌어진 바로 다음 날로 장소는 워싱턴 포시즌스 호텔이다. 그는 9·11이 터지기 3일 전 워싱턴을 공식 방문했다. 당시 도쿄도 지사였던 그는 20세기 말 일본과 미국에서 화제를 불러일으켰던 《노라고 말할 수 있는 일본(NOと言える日本)》 관련 강연을 진행했다. 미국 정치가, 언론인 및 싱크탱크 관계자들이 그의 생각을 듣기 위해 어마어마하게 몰려들었다.

강연을 끝낸 뒤인 9월 12일 도쿄로 돌아갈 예정이었지만 테러로 인해 워싱턴 내 국제선 비행 일정이 중단되면서 발이 묶인 것이다. 포시즌스에 들른 것은 그의 참모이자 필자의 친구를 만나기 위해서였다. 참모의 방에서 얘기를 나누는데 신타로의 모습이 눈에 들어왔다. 비상사태이기에 모든 일정을 중단한 채 호텔방에 머무르고 있다는 것이다.

"오히려 좋은 시간일걸요. 밀린 글을 쓸 수 있으니까요. 잠시라도 시간이 나면 메모하고 글을 쓴답니다. 아마 하루에 400자 원고지 10장은 족히 쓸 거예요. 그는 정치가로서가 아니라 자신의 문학 세계를 풍부하게 만들기 위해 정치계에 들어온 사람이랍니다."

참모의 얘기를 통해 당시 필자는 탤런트 정치가 이시하라 신타로가 어떤 의미로 국민에게 어필하는지를 어렴풋하게 알 수 있었다. 정치를 위한 문학이 아니라 문학을 위한 정치가, 이른바 탤런트 정치가 신타로의 얼굴이다. 정치의 부분 집합으로서의 문학이 아니라 문학을 위한 소재나 주제로서의 정치라는 의미다. 정치에 들어가는 즉시 문학 세계와 단절한 채 국민을 위해 일한다는 정치가로서가 아니라 자신의 문학 세계를 한층 더 깊고 넓게 만들려는 의도 하에 정치를 이용한다는 의미다.

말장난처럼 들리는 비교겠지만 일본의 정치 드라마를 자세히 살펴보면 '올인(All-in) 정치' 사고가 일반화된 한국적 상식과 얼마나 다른지 알 수 있다. 드라마에 등장하는 정치인의 밀담 장소가 필자가 주목하는 본보기다. 한국 정치 드라마의 경우 정치인이 만나는 장소는 고정된 몇 군데에 한정된다. 사무실, 골프장, 룸살롱, 자동차 등이다. 일본은 어떨까? 사무실, 골프장, 룸살롱, 자동차도 있지만 다른 장소도 많다. 학(鶴)을 기르는 휴양지, 막 개업한 신인 셰프의 레스토랑, 대학 시절부터 자주 방문한 찻집, 가부키나 노(能) 같은 이벤트장 근처 과자점 등이다.

이 장소들은 밀담을 나누는 정치인의 취미 생활과 관련되어 있다. 자신의 취미나 생활의 일부를 구현하는 과정에서 다른 정치인과 만나 밀담을 나눈다. 일이나 업무로서의 정치도 중요하지만 개개인의 관심사에 근거한 다양한 각도의 개성이 일본 정치 드라마의 배경 중 하나다. 대화에 들어가는 과정을 봐도 개인의 취미에 근거한 공통분모를 기점으로 하면서 시작된다.

주인공이야 권력에 매진하는 정치겠지만 권력 주변의 인간 스토리를 한층 다채롭고도 흥미롭게 만들어 간다. 눈부신 주인공 한 명과 나머지 전부로 이분되는 것이 아니라 700개가 넘는 캐릭터로 구성된 '포켓몬 스타일의 분산형 세계관'이다. 잘 알려져 있듯 포켓몬 캐릭터에는 모두를 총괄하는 제 1주인공이 없다. 아무리 약해도 자신만의 특화된 부분을 이용해 상대를 무너뜨릴 수 있다. 유일신이 아닌, 다신교에 기초한 공간이 포켓몬 세계다.

포켓몬 스타일 정치는 국가와 민족을 앞세운 우국지사적 정치와 전혀 다르다. 올인 정치가 아니라 필요할 때 빼먹으면서 활용하고 즐기는 생활형 정치다. 책임과 의무로 가득 찬 무거운 정치가 아니라 즐기고 선택하는 일상의 얘기들이 중심에 서는 식이다. 한국식 표현을 빌리자면 '저녁이 있는 삶', 즉 재미나 보람을 느낄 수 있는 정치다. 국가와 민족도 중요하지만 즐기고 싶은 대상으로서의 정치다.

21세기 일본의 기준에서 보면 '국가와 민족 같은 대의 명분론자=퇴출이나 명퇴 대상'에 불과하다. 혈서와 구호도 좋지만 보통 사람들의 흥미를 끌 만한 생활형 관심사에서 멀어져 있기 때문이다. 재임 중 갈라파고스나 유럽 여행을 떠나는 신타로 류의 정치는 포켓몬 스타일 정치의 연장선에서 이해될 수 있다. 정치 일변도가 아닌 분산형 세계관에 따른 여유로움이 탤런트 정치가 신타로의 행적에서 나타난다. 물론 일본 내에서 그를 공사혼돈(公私混沌)형 무책임 정치가라 비난하는 사람도 적지 않다. 그러나 대부분은 그의 '일탈'이나 언어를 너그럽게 받아들인다. 일상적 정치가의 이미지에 벗어난 캐릭터인 동시에 애초부터 그를 선택한 이유가 정통 정치가는 아니기 때문이다.

/ 저녁이 있는 삶으로서의 정치 /

일본을 탤런트 정치의 대국이라 부를 수 있는 가장 큰 이유는 탤런트 정치가를 둘러싼 역사와 규모에서 찾아볼 수 있다. 먼저 역사적 배경을 살펴보자. 일본에서 그러한 정치인이 처음 등장한 것은 1892년이다. 메이지헌법이라 불리는 제국헌법이 나타난 지 불과 3년만으로, 당시 작가 도카이 산시(東海散士)가 8회 연속 입법의원으로 당선된다. 그의 전문 분야는 정치 소설로 아시아 전체를 범주로 한 정치 상황을 흥미롭게 묘사해 각광받았다. 조선 말기 갑신정변의 주인공 김옥균과 자신이 연결된 픽션에 근거한 정치 상황을 소설에 등장시켜 주목받는다. 대중 취향에 맞춘 작가, 그것도 정치 소설 전문가가 제 1호 탤런트 정치가로 탄생했다는 것은 일본 정치 문화의 특징을 이해하는 단서에 해당된다. 전후(戰後) 1호 탤런트 정치가는 엔카(演歌) 가수 이시다 마츠이치(石田一松)다. 전후 일본인의 참담한 심리를 애절한 멜로디에 실어 중의원에 당선된다.

탤런트 정치가라는 말은 1962년 언론에서 공식화된다. NHK 인기 대담 프로그램 출연자로 활동한 후지와라 아키(藤原あき)가 장본인이다. 문호(文豪) 후쿠자와 유키치(福沢諭吉)의 친척으로 정치와는 전혀 무관한 탤런트가 참의원 선거에 나서 당선된 것이다. 아키 이전까지는 탤런트 정치가라 해도 어떤 식으로든 정치와 관련된 일을 하고 있었다. 그는 정치와 무관한 인물로 정치 무대에 오른 '순수한' 탤런

트 정치가 제 1호다. 정치와 무관한 인물이 당선되면서 이후 그러한 정치가 일상화된다.

비례대표제와 더불어 전국적 지명도를 가진 탤런트가 속속 국회로 진출한다. 여야 간 정책 정강이 모호해진 상황에서 관료 중심으로 운영되는 일본 특유의 정치 체제는 탤런트 정치를 부추기는 배경으로 작용한다. 정치와 행정에 무지해도 관료들이 받쳐주기 때문에 큰 문제가 생기지 않는다. 강력한 리더십을 통해 큰 변화를 창출하지는 못해도 관료를 기반으로 한 안정된 구도가 이뤄진다.

규모라는 측면에서 볼 때 누구도 따라올 수 없는 탤런트 정치가 양산 강국이 바로 일본이다. 시기별로 다르지만 중의원, 참의원 선거를 통해 보통 10여 명 이상이 당선된다. 2016년 7월에 치러진 참의원 선거의 경우 11명의 탤런트 정치가가 탄생했다. 현역은 중의원, 참의원을 합쳐 40여 명 정도다. 중앙 무대만이 아니라 지방의 수장(首長)이나 의회에도 포진하고 있다. 중앙에서 활동하는 탤런트만이 아닌, 지방 방송국에 알려진 인물도 군소도시 정치무대에 진출한다.

각자의 배경을 보면 다채롭다. 연기자, 가수, 코미디언은 기본이고 운동선수, 만화가, TV해설위원, 패션전문가 등도 진출한다. 7월 참의원 선거에서 당선된 탤런트 정치가의 경우 여배우, 야구선수, 배구선수, 음악가, 기자, 아나운서, TV앵커 등으로 이뤄져 있다. 모두 출마 이전부터 텔레비전을 통해 국민 모두에게 잘 알려진 유명인이다. 흥미로운 것은 여자 아나운서라는 직업이다. 탤런트 정치가의 대명사로 여자 아나운서에 준하는 블루칩은 없다. 배우나 운동선수도 중요하지만 여자 아나운서의 경우 즉시 당선이다.

여자 아나운서와 스튜어디스는 보통 일본인이 받아들이는, 똑똑하고도 미인이며 친절한 여성의 대명사에 해당한다. 여자 아나운서와 비행기 스튜어디스는 경쟁률이 가장 높은 여성 직업 중 하나다. 그렇다 보니 여야 할 것 없이 인기 정치 신인이 바로 여성 아나운서다. 최근 도쿄도 지사에 당선된 고이케 유리코(小池百合子)는 여성 아나운서 군단의 대표 주자다. 유리코는 야당인 민주당이 집권할 경우 총리가 유력시되는 인물로 텔레비전 경제 프로그램에서 활동한 경력을 통해 1992년 정치에 입문했다.

탤런트 정치가의 대규모 탄생은 가까운 시일 내에 직면하게 될 한국 정치의 현실이다. 이미 곳곳에서 탤런트 정치가가 나타나고 있지만 현재는 활동이 미미하다고 할 수 있다. 가까운 시일 내에는 상황이 달라질 것이다. 한국 정치의 중심 세력이 낡고 시대착오적이기 때문이다. 4050 운동권 세대들의 세계관은 우물 안 개구리 그 자체다. 이들은 결코 국민의 다양한 욕구를 충족시킬 수 없다. 30년 전 흑백논리로 세상을 바라보는 한 포켓몬 세대의 관심 바깥에 머물 수밖에 없다. 한국 정치에 드리워진 청년들의 무관심, 냉소, 자학은 그러한 상황을 역설적으로 보여주는 증거들이다.

트럼프가 그러하듯 탤런트 정치가는 대중이 무엇을 원하는지 누구보다 잘 안다. 표현이나 행동은 어색하겠지만 우물 안 개구리보다 자신의 마음을 알아주는 탤런트 정치가 한층 더 우위에 설 수 있다.

탤런트 정치는 독과 약의 중간에 서 있는 존재다. 인기를 통해 한순간 정치 무대에 오를 수 있지만 나라 전체를 엉뚱한 곳으로 몰아갈 수도 있다. 그러나 필자는 독보다 약일 수 있다고 믿는다. 고리타분한 정치가 아니라 자신만의 장점을 얼마나 특화할지 여부가 약으로 나아갈 수 있는 전환점이다. 구호와 혈서에 젖은 올인 정치가 아니라 탤런트 자신의 일이나 관심 영역을 정치에 실어 국민과 공유하는 식이다. 정치 무대에 오르는 순간 모두 똑같아지는 붕어빵 캐릭터가 아닌 자신의 전공을 특화해서 정치를 통해 확산시키는 세계관이다.

정치가 모든 것을 주도하고 해결하던 시대는 끝났다. 정치가 모자라는 부분을 다른 영역을 통해 얼마나 보충할지 여부가 정치가의 주된 역할 중 하나일지 모르겠다. 탤런트 정치에 대한 호불호를 떠나 시대의 주역은 비주얼이다. 모바일 천국 한국은 비주얼 정치를 위한 최적의 환경을 갖추고 있다. 재패니피케이션은 한국 경제만이 아닌 정치에도 밀려들고 있다.

탤런트 정치는 이미 불고 있고 한층 더 강해질 한국 정치의 현실이다. 무능과 성추행으로 끝날지 희망과 비전이 채워진 '저녁이 있는 삶'으로서의 정치를 보여줄지는 전적으로 유권자들에게 달려 있다.

05

요리도
국가 경쟁력이다

파리에서 알게 된 일본요리
세계평정의 비밀

/ 음식의 선진화와 세계화 /

'미식가들의 성서'로 알려져 있는 《기드 미슐랭》이 한국에서는 《미쉐린 가이드 서울》이라는 타이틀로 상륙했다. 프랑스 타이어 회사 미슐랭이 1900년부터 시작한 호텔, 레스토랑에 관한 평가서가 《기드 미슐랭》이다. 외국 여행에 익숙한 사람이라면 선진국 그 어딘가에서 미슐랭에 관한 얘기를 들었을 것이다. 유럽, 뉴욕, 도쿄에 가는 사람이라면 원, 투, 쓰리 스타로 이어지는 미슐랭 레스토랑에 관한 즐거운 기억을 한번쯤 갖고 있을 듯하다.

미슐랭이라고 하면 비싸다는 이미지가 있지만 반드시 그런 것은 아니다. 최고 수준 쓰리 스타 미슐랭 저녁 식사의 1인당 가격이 150 달러에서 시작되기는 하지만(팁과 알코올 제외) 점심시간을 잘 이용하면 크게 부담이 가지 않는다. 원 스타에 들어가기 전 단계인, 대중적 차 원의 싸고 맛있는 집인 '빕 그루망(Bib Gourmand)'에서의 점심은 1인당 30달러 선에서도 가능하다. 도쿄의 경우 점심 12달러짜리 미슐랭 원 스타 라멘집도 있다.

추측하건데 미슐랭은 한국 음식 문화의 새로운 장을 열 것으로 기 대된다. 미슐랭을 통한 '음식의 선진화, 세계화'라는 성과가 나타날 것이다. 미슐랭 스타를 받기 위해 서로 경쟁하는 가운데 음식 그 자 체만이 아니라 음식 문화 전체가 업그레이드될 수 있을 것이다. 당 연하지만 음식은 음식 문화 나아가 문화 전체의 일부다. 언제부턴가 한국의 음식 문화는 맛과 양에 집중하면서 민족주의 이념형처럼 느 껴진다. 고추장을 먹고 인스턴트 라면을 즐기는 외국인에게 한류를 연발하며 박수를 보낸다. 한국인에게 둘러싸인 외국인은 싫든 좋든 관계없이 코리아 넘버원을 외칠 듯하다.

2017년 한국은 멋과 질이 필요하다. 보릿고개는 50년 전 이미 끝 났다. 고향의 맛, 할머니, 어머니, 이모로 이어지는 가족 총출동의 손 맛 음식이 전부일 수는 없다. 입맛은 변덕스럽다. 선진국이 된다는 것은 그만큼 선택의 폭이 넓고 깊어진다는 의미다. 필자의 일방적 논리지만 전혀 모르는 나라의 새로운 요리에 대한 도전이 일상화된 곳일수록 창조적 선진국에 해당한다. 아프리카 어디를 가도 자신의 음식에 관한 자신감과 자부심은 대단하다. 글로벌 시대에는 얼마나 다른 나라에서도 통할 수 있는지가 중요하다.

주의할 부분은 미슐랭은 한식만을 위한 평가서가 아니라는 점이다. 미슐랭은 기본적으로 프랑스 음식 문화를 세계에 알리는 프랑스 문화 전위병이다. 한식 레스토랑 몇 군데를 스타 반열에 올리기야 하겠지만 프랑스 음식이나 프랑스 스타일 레스토랑에 주목한다. 한식이라도 프랑스 스타일을 가미한, 두 나라의 중간 지점 어딘가를 이해해야 스타 대열에 들어갈 수 있을 것이다. 심하게 말하자면 한식을 얼마나 프랑스화 하느냐라는, 통념에 대한 파괴야말로 스타 획득의 전제 조건이다. 물론 맛만이 아닌 멋과 매너에 특화하는 미슐랭의 의미도 한국 음식 문화에 '크게' 공헌할 듯하다.

플라스틱 식기와 조미료에 찌든 짜고 매운 음식은 논외로 치자. 빨래나 맥주병으로 가득 찬 화장실부터 테이블 의자에 앉아 밥을 먹는 종업원, 문을 열고 들어가도 안내하는 사람 하나 없는 음식 문화는 선진국에서는 '결코' 통용되지 않는다.

미국, 일본, 유럽을 대상으로 하는 한국인 요리사에 의한 미슐랭 스타 획득 소식은 21세기 한국 언론의 중요한 소프트 뉴스원(源) 중 하나다. 가을의 노벨상 수상과 새끼를 낳은 판다 관련 뉴스와 더불어 미슐랭 관련 소식은 주기적으로 등장한다. 필자는 이러한 뉴스를 보면서 20여 년 전 일본을 떠올렸다. 한국에 부는 미슐랭 소프트 뉴스는 이미 20년 전부터 일본에 나타났다. 당시 미슐랭의 주 무대는 프랑스와 벨기에였다. 이탈리아, 스페인을 끼워주기는 하지만 주인공은 프랑스와 벨기에다. 미국과 일본은 평가 대상에서 아예 제외됐다. 그 같은 배경 하에 파리에서 활동하는 일본인 요리사의 스타 획득 소식은 마치 올림픽 금메달 획득 같은 분위기로 일본에 전달됐다. 1996년은 프랑스가 일본인에게 워킹홀리데이 비자를 발급하기 시작한 해다. 단기간이지만 뭔가를 배우려는 일본 젊은이들이 프랑스 요리 세계로 진출한다.

/ 미슐랭이 전하는 요리의 의미 /

한국에도 보도됐지만 2016년 초 한국인 최초 프랑스 내 원 스타 레스토랑이 탄생했다. 일본인이 미슐랭 원 스타를 최초로 얻은 것은 1979년으로 거슬러 올라간다. 일본 요리계의 거두로 통하는 나카무라 가츠히로(中村勝宏)가 주인공이다. 흥미로운 것은 한일 양국이 프랑스에서 얻은 첫 번째 원 스타 레스토랑의 내역이다. 한국 레스토랑은 수제비와 같은 한식을 중심으로 한 음식을 통해 원 스타에 진입했다. 레스토랑 직원 전체도 한국인으로 구성돼 있다고 한다.

1979년 일본 요리사는 어땠을까? 당시 35세 가츠히로는 일본 음식과 전혀 무관한 프랑스 요리에 특화해 원 스타에 진입했다. 한국에서 일식(日食)이라 불리는 와쇼쿠(和食)가 아니라 프랑스 스태프와 함께 일하면서 프랑스 요리만을 다루는 과정에서 원 스타 수상자가 된다.

2016년 미슐랭에 따르면 일본계 스타 레스토랑은 전부 24개에 달한다. 원, 투, 쓰리를 전부를 합친 2016년 프랑스 스타 레스토랑의 수는 600개다. 일본계의 비율이 4퍼센트에 그치지만 타국에 비하면 단연 톱이다. 이탈리아, 벨기에, 영국을 포함해 다른 어떤 나라보다 일본이 강세다.

이들 24개 스타 레스토랑 가운데 순수한 와쇼쿠는 일곱 개에 그친다. 나머지는 순수 프랑스이거나 일본풍의 프랑스 요리 전문점이다. 일본인이 한국에 와서 한식집을 오픈해 한국 최고 레스토랑에 오르는 식이다. 결코 간단하지 않은 음식 솜씨와 경영 능력을 배경으로 한다.

미슐랭 스타 레스토랑을 생각할 때 주인공은 프랑스 요리와 요리사다. 그러나 21세기 들어 프랑스에 버금가거나 오히려 능가하는 요리사와 요리도 등장하고 있다. 바로 일본이다. 미식 대국 프랑스에서 출발한 탄탄한 실력은 미슐랭이 가는 세계 전역으로 확산된다. 미국과 일본처럼 21세기에 들어 시작된 미슐랭 영역에서의 비약은 남다르다.

뉴욕의 경우 2016년 스타 레스토랑 76군데 가운데 일본 관련 레스토랑이 무려 14개나 된다. 미국 음식을 제외할 경우 프랑스는 물론 이탈리아, 스페인 음식까지 압도적으로 누른 곳이 일본계다. 뉴욕

쓰리 스타 레스토랑은 전부 여섯 개다. 일본의 마사(Masa)는 그 중 하나다. 능력이 된다면 언젠가 한번 맛보고 싶은 곳이지만 1인당 최소 1,000달러는 각오해야 하는 세계에서 가장 비싼 레스토랑이 바로 뉴욕의 마사다.

음식 내용은 120퍼센트 와쇼쿠다. 그러나 프랑스풍을 가미한 멋이 특징이다. 돈 많은 일본인을 위한 와쇼쿠라 말할지 모르지만 천만의 말씀이다. 뉴욕은 자본을 창조해내는 월스트리트를 갖고 있다. 최고의 음식을 제공한다면 지옥 끝까지라도 달려갈 사람들이 줄을 서 있다. 일본인 손님과 사실상 무관한 레스토랑이 마사다.

일본 내 미슐랭의 경우 홈그라운드의 이점도 있지만 전국적으로 무려 36개의 쓰리 스타 레스토랑이 존재한다. 2016년 프랑스의 쓰리 스타 레스토랑은 26개에 불과하다. 미슐랭이 책도 팔고 선전하기 위해 일부러 해외에 별을 많이 줬다고 말할지 모르겠다. 똑같은 생각을 3년 전 도쿄 주재 대사관의 공사급 외교관에게 물어본 적이 있다. 반응이 의외였다. "프랑스에서 먹는 음식보다 더 프랑스스럽더라고요. 건강에도 좋고 값도 싸고 위에도 가벼우니 찾을 수밖에요. 도쿄에서 먹은 프랑스 요리를 잊지 못한다는 것은 파리로 귀국한 동료들의 공통적인 반응 중 하나입니다. 갑작스런 이민과 관광객 증가로 원래 프랑스 맛과 멋이 현지에서는 사라지고 있어요. 신기하게도 일본은 잃어버린 프랑스의 맛과 멋을 지켜나가고 있습니다. 프랑스인이 인정하는 요리가 도쿄의 프랑스 요리랍니다."

필자가 일본과 인연을 맺은 것은 1994년 이래 23년째다. 사실 필자의 일본관은 음식에서부터 시작됐다. 20여 년 전이나 지금이나 똑같지만 일본 텔레비전을 켜면 가장 먼저 기억하게 되는 두 단어가 있다. 신토죠(新登場)와 오이시이(美味しい)다. '신등장', '맛있다'로 해석할 수 있다. 신토죠는 새로운 상품이 등장했다고 알리는 선전 문구에서, 오이시이는 아침부터 심야까지 이뤄지는 각종 프로그램을 통해 전방위로 흘러나온다. 텔레비전을 켜두면 대략 1분 단위로 들을 수 있다. 오이시이라는 형용사는 음식만이 아닌 뉴스, 교양, 예술 프로그램에서도 만날 수 있다. 아직 기억하지만 밤 10시 아사히 텔레비전의 종합 뉴스 시간에 앵커가 지방 특산 음식을 먹으며 이 단어를 연발하는 것도 봤다.

일본인에게 음식을 향한 집착과 집념은 종교에 가깝다. 음식은 일상의 대화 주제 중 하나다. 프랑스인이 점심 레스토랑을 고르는 데 오전 전부를, 저녁 레스토랑을 고르는 데 오후 전부를 보낸다고 하지만 일본인의 음식에 대한 열정도 프랑스인 못지않다. 서점에 가면 음식 관련 잡지가 넘치고 넘친다. 장르, 가격, 지역, 분위기 같은 각종 카테고리로 나눠진 오타쿠 계통의 잡지가 매달 수없이 쏟아진다. 주목할 부분은 음식에 관한 얘기가 단순히 '맛있다'와 같은 미각에 관한 부분에 국한되지 않는다는 점이다. 음식, 레스토랑, 요리사를 넘나드는 일본 특유의 스토리텔링이 깔려 있다. 맛은 기본이다.

1994년은 잘나가던 일본 경제가 추락하기 시작한, 버블경제 붕괴의 출발점에 해당한다. 그러나 경제 규모가 크면 붕괴되는 속도도 천천히 이뤄진다. 아베 신조 총리 연령대를 전후한 버블 세대는 프랑스 미슐랭 레스토랑을 대중적 차원에서 체험한 원조이다. 돈의 힘을 빌린 것이지만 사실 1990년대 초 미슐랭 레스토랑은 그렇게 비싸지 않았다. 루이비통 가방과 이탈리아 브랜드가 대중적으로 일본에 퍼져나간 것이 1980년대 중반이다.

같은 시기 버블 세대는 비유럽인으로 미슐랭에 처음으로 진입한다. 프랑스어, 영어와 더불어 일본어 메뉴가 등장한다. 중국어 메뉴가 등장하기 시작한 2010년대보다 정확히 한 세대 전 일이다. 1980년대 미국인은 미슐랭의 가치와 의미를 전혀 몰랐다. 일본 전역의 음식에 대한 집착과 열의, 나아가 미슐랭을 둘러싼 일본의 흐름을 지켜보면서 필자 역시 자극을 받았다. 싸게 먹고 위를 때우는 것이 아닌, 미식과 멋으로서 음식이 있다는 것을 알게 된다. 일본에서 행하던 연구를 위해 세계를 돌아다니는 동안 음식을 둘러싼 새로운 탐험에 나서게 된 것이다. 더불어 건강에 대해서도 일찍부터 눈을 떴다.

장르에 관계없이 닥치는 대로 먹고 즐기는 편이지만 2016년 초, 파리에 들렀을 때 새로운 시도를 하나 해봤다. 탈 미슐랭 체험이다. 대부분이 그러하듯 필자가 이용하던 유럽 레스토랑의 기준은 미슐랭에서 비롯된다. 한때 쓰리 스타 레스토랑에까지 목을 매면서 돈을 퍼부었지만 최근에는 원 스타 바로 아래인 빕 그루망을 우선시한다. 보통 20~30대가 뮤지컬, 40~50대가 오페라라고 하지만 그 반대를 추구하는 사람도 많다. 젊었을 때는 오페라, 나이가 들면 뮤지컬이다. 빕 그루망은 그 같은 발상에 따른 결론이다. 왕의 기분을 느끼게 만드는 쓰리 스타와 중세로 돌아간 듯한 격조 높은 오페라는 취기어린 젊은 시절에 즐겨야 할 교양의 교본에 해당한다.

여유가 된다면 젊을수록 많이 경험하는 것이 좋다. 이에 반해 간단, 신속, 저렴으로 이어지는 빕 그루망과 정열과 땀으로 이뤄진 소란스러운 뮤지컬은 원숙해진 장년에게 어울리는 신선한 수혈(輸血)에 비견될 수 있다. 주변에 권하지만 늙을수록 대학가나 백화점 옆에 사는 것이 좋다. 사실 빕 그루망은 젊은이의 공간이다. 스타 레스토랑에 들릴 연령대의 필자지만 시대 변화도 느끼고 청년 음식 문화에 끼어 잠시 수혈을 받자는 의미에서 빕 그루망 팬이 된 것이다. 그렇지만 작년 초 파리 방문에서는 다른 각도의 미식 체험을 계획했다.

/ 젊은이를 위한 음식 평가서의 등장 /

새로운 시도의 기준은《고에미요(Gault et Millau)》에서 시작한다.《기드 미슐랭》에 대적하는 1969년 탄생한 새로운 음식 평가 전문서다. 1년에 한 번씩 출간되는 정기 간행물로,《기드 미슐랭》처럼 환경, 분위기, 요리 수준, 와인, 서비스, 가격을 종합한 레스토랑 평가서다. 각 분야별로 1점부터 20점까지 나눠 평균 10점 이상이 된 레스토랑만을 리스트에 올린다. 한 개부터 다섯 개로 나눠진 요리사 모자를 통해 레스토랑 수준을 가늠한다.

프랑스인에게 《고에미요》는 젊은이를 위한 평가서란 이미지가 강하다. 《기드 미슐랭》이 양복이라고 할 때 《고에미요》는 청바지다. 실제 《기드 미슐랭》 쓰리 스타 레스토랑은 정장 차림이 기본이다. 무시해도 되겠지만 그래도 정장 차림으로 나서는 사람에게 맞는 곳이 쓰리 스타 레스토랑이다. 청바지와 티셔츠 차림으로 오페라를 즐길 수도 있겠지만 그 같은 자세는 뮤지컬에 가서 마음껏 뽐내는 것이 좋다. 《기드 미슐랭》과 오페라는 파격이 아닌 클래식 세계다.

그러나 《고에미요》는 클래식의 논리를 부정한다. 역사나 비싼 실내 장식, 나아가 고전적 분위기에 대한 고려가 높지 않다. 프랑스 전통 음식보다 뭔가 외국 영향을 가미한 새로운 것에 후한 점수를 준다. 프랑스어와 프랑스 문화만을 고집하는 프랑스인이라는 방식은 20세기 전설에 불과하다. 2016년 파리 거주 20대 프랑스인 중 영어를 못하는 사람은 없다. 글로벌 시대를 당연시하는 프랑스 청년들이 《기드 미슐랭》이 아닌 《고에미요》에 눈길을 주는 것은 너무도 당연하다.

《고에미요》 2016년판을 보면서 필자가 잡은 기준점은 네 가지다. 파리 내 레스토랑, 모자 세 개, 저렴한 가격, 클래식 요리다. 클래식 요리의 경우 《기드 미슐랭》이 적격이겠지만 《고에미요》가 말하는 클래식의 개념이 어떤 것인지 궁금했다. 《고에미요》 홈페이지에서 기준별로 검색이 가능하다. 124개 레스토랑이 등장했다. 하나씩 찾아보며 나름 분석하는 과정에서 결론이 나왔다. 모자 세 개이자 20점 만점에 16점을 차지한 곳으로, 39유로 점심 코스에서 시작하는 'L'Auberge du 15'다. 《고에미요》 모자 세 개는 《기드 미슐랭》 원 스타에 준한다. 한산한 교외에 위치한 레스토랑이라는 점에서 가격이 상대적으로 싸다는 판단이 섰다. 모자 세 개와 16점을 받은 다른 레스토랑의 경우 점심이라도 대략 70유로에서 시작한다.

곧바로 달려갔다. 지하철을 타고 길을 물어 찾아간 끝에 겨우 발견했다. 레스토랑은 큰 길에서 떨어진 골목길 주택가 한가운데에 들어서 있다. 식당 이름과 작은 메뉴판이 없으면 그냥 스칠 수도 있는 소박한 레스토랑이다.

문을 열고 들어가는 순간 깜짝 놀랐다. 일본인 스태프다. 심플한 실내 분위기를 통해 한눈에 일본인이 경영하는 레스토랑이란 사실을 알아냈다. 《고에미요》가 말하는 프랑스 클래식 요리를 위해 달려온 곳이 일본계 레스토랑이다. 좋고 나쁘고의 문제가 아니라 일단 새로운 자극으로 와 닿았다.

내부는 많아야 25명 정도의 공간이다. 이상적인 수준의 레스토랑이다. 수준이 있는 레스토랑의 특징이지만 아무리 많아도 정원 50명을 넘기지 않는다. 셀러브리티 요리사를 통한 초대형 기업형 레스토랑도 있지만 필자가 선호하는 곳은 최고 30명 정원의 장소다. 30명을 넘어서면 메인 요리사가 음식 하나하나에 대응하기 어려워진다.

100명 정원의 경우 최하 네 명 정도의 보조 요리사가 붙는다. 메인이 아니라 레시피에 따른 보조 요리사의 음식이 공급될 뿐이다. 당연하지만 보조 요리사가 늘어날수록 맛이 분산되고 질이 떨어진다. 규모가 커질수록, 셀러브리티의 텔레비전 출연이 늘어날수록 음식 질은 떨어진다. 《고에미요》 모자 세 개, 또는 《기드 미슐랭》 원 스타를 얻은 무명의 요리사가 운영하는 정원 30명 내 공간이 이상적 수준의 레스토랑이다.

주문은 큰 맘 먹고 68유로 점심 코스로 했다. 생선, 육류를 포함해 네 개 코스지만 와인이 곁들여졌기 때문에 전체적으로 비싸지 않았다. 음식은 식전에 즐기는 수프 요리인 어뮤즈망(Amusement)부터 시작했다. 입에 넣는 순간 한순간에 터지는 검은 캐비어와 일본식 깻잎인 시소(紫蘇)를 섞은 것이다. 바깥 부분이 적당히 익은 아름다운 빵이 함께했다. 레스토랑 수준을 재는 기본으로 빵에 대한 부분을 빼놓을 수 없다. 저렴한 하우스 와인도 기준 중 하나지만 빵 하나만 보면 그 레스토랑의 실력을 알 수 있다.

직접 만들 필요는 없다. 잘 만드는 빵집을 찾아 맛있고 신선한 빵을 매일 공급하는 것이 중요하다. 채소, 육류, 생선 같은 음식 재료만이 아니라 막 구운 듯한 신선한 빵은 일류 레스토랑의 기본이다. 'L'Auberge du 15'의 빵은 필자가 경험한 일류 미슐랭 레스토랑 그 어디에도 뒤지지 않는다.

거위 간을 기본으로 한 푸아그라 수프가 나왔다. 포말이 위를 덮고 있다. 프랑스 요리에 포말이 들어온 것은 1990년대 후반부터다. 스페인에서 시작한 요리법이다. 필자는 사실 포말로 치장한 요리를 별로 좋아하지 않는다. 카푸치노를 즐기는 사람이라면 잘 알겠지만 중요한 것은 마구잡이로 휘저은 비누형 포말이 아니다. 크림 상태로 만들어진 세밀한 우유 엑기스로서의 포말이 카푸치노의 제 맛이다. 포말 요리도 마찬가지다. 'L'Auberge du 15'이 제공한 푸아그라 수프의 포말은 맛과 더불어 90점 정도로 판단된다.

외국에서 만난 일본 음식점의 공통점이지만 엄청나게 거품을 뺀 다운사이징 경영이 특징 중 하나다. 주의 깊게 살펴봤지만 'L'Auberge du 15'의 종업원 수는 메인과 보조 요리사, 주문과 서비스를 동시에 행하는 스태프를 포함해 전부 세 명이다. 프랑스인 레스토랑이라면 다섯 명이 필요한 규모지만 세 명이 전부다. 주문, 서비스, 계산까지 하는 일본인 스태프는 와인 소믈리에 자격증까지 갖고 있다.

/ 실리에 기초한 끈기있는 경영 /

이곳에서 접한 축소 지향 경영은 2015년 가을 뉴욕 소호(Soho)에서도 발견할 수 있었다. 2015년 소호에서 유일하게 미슐랭 원 스타를 얻은 레스토랑 '히로히사(ひろ久)'다. 뉴욕에서 즐길 수 있는 유일한 교

토 스타일 가정 요리라는 것이 미슐랭 스타를 얻게 된 이유 중 하나다. 히로히사의 존재를 알게 된 순간 곧장 달려갔다.

교토는 일본 문화의 정수에 해당한다. 와쇼쿠에 관한 한 도쿄의 날고 기는 레스토랑이라 해도 교토에 한 수 뒤진다. 교토는 개국 전인 에도시대까지만 해도 천황의 거주지다. 도쿄로 천황이 옮겨간 것은 메이지유신 직후다. 전통과 역사에 관한 한 교토가 도쿄를 눈 아래로 보는 것이 당연하다. 교토 요리는 줄여서 교(京)요리라 불린다. 궁중풍, 도시풍 고품격을 의미하는 '미야비(雅)'의 상징이 교요리다. 일본 문화의 최고봉이자 자존심이다.

그 같은 음식이 소호에 진출했고 미슐랭 원 스타를 받은 것이다. 음식 수준과 내용은 기본이겠지만 당시 필자가 히로히사에서 관심 깊게 본 것은 두 가지다. 먼저 식기다. 메인 요리사의 고향인 교토 주변, 후쿠이(福井)에서 불에 구워 직접 만들어 공수해온 것이라고 한다. 식기 자체가 예술이다. 세척기가 아닌 손으로 씻어야만 하는 까탈스러운 식기다. 당연하지만 좋은 음식은 좋은 식기를 필요로 한다. 둘째는 경영 방식이다. 주문과 서비스를 받는 사람이 일본인 여성 한 명과 메인 요리사 및 보조를 합쳐 전부 세 명이다. 세 명만으로 25명 정원의 테이블을 다룬다는 것이 무척 힘겨울 듯 보였다.

곧이어 메인인 생선 요리가 등장했다. 연어 계통의 생선을 씹는 순간 치아에서 튕겨 나가는 듯한 탄력성이 있다. 불에 그을린 정도가 적당하다. 가볍게 삶은 신선한 채소도 크게 썰어 생선과 조화를 이룬다. 생선 요리지만 비린내가 없다. 지나치게 푹 삶은 채소는 유럽식 요리법의 특징이다. 'L'Auberge du 15'의 채소는 유럽의 다른 레스토랑에서 먹는 것과 달리 탄력성이 강하다. 프랑스인이 여기 채소 조리법을 싫어하지 않은지 물어봤다. 파리에 사는 프랑스인이라면 강한 탄력성의 채소 요리에 익숙해 있다는 답이 돌아왔다. 앞서 강조했듯이 프랑스만을 고집하는 프랑스인은 20세기 과거사에 불과하다.

두 번째 메인 코스는 육류다. 한국식으로 치자면 등심 부분의 숙성 요리다. 가로세로 6센티미터 두께의 숙성된 등심이다. 저온에서 숙성됐기에 두꺼워도 피가 흐르지 않는다. 바깥 부분을 약하게 그을려서 씹을 때 바삭거리는 느낌이 난다. 식기와 더불어 포크와 나이프도 좋은 식당을 규정하는 요소다. 고기를 자르는 나이프는 150년 정통의 프랑스 나이프라고 한다. 육류에 이어 마지막 코스로 치즈 모음이 나왔다. 단맛의 디저트 와인과 즐기는 프랑스 치즈는 행복의 극점에 해당된다.

모자 세 개를 받은 이상, 곧 미슐랭 스타 레스토랑으로 가지 않겠냐고 스태프에게 물어봤다. 묘한 반응이 돌아왔다. "당장 손님이야 늘겠지만 장기적으로 보면 어떨지 의문입니다. 스타 하나를 받으면 둘을 원하고, 둘을 받으면 스타 셋을 바라보게 되니까요. 올라갈 때는 좋지만 만약 스타에서 떨어지면 어떻게 되겠습니까? 미슐랭 스타 요리사 자살에 관한 뉴스가 남의 얘기가 아닙니다. 요리를 즐길 줄

아는 분들이 단골로 찾아주는 한 문제가 없습니다. 한때 반짝 하는 것보다 오래 기억에 남는 레스토랑이 되고 싶습니다."

와쇼쿠를 포함한 일본계 레스토랑이 왜 세계에서 인정받는지에 대한 이유는 간단히 발견할 수 있다. 예민하고 구체적인 요리 실력은 기본이다. 일을 크게 안 벌리고 소수 정예를 통해 끈기 있게 유지해 나가는 것이 바로 일본 요리와 요리인의 저력이자 특징이다. 너무도 상식적이지만 크게 욕심 안 내면서 행하는 삶과 생활로서 요리가 일본계 레스토랑의 핵심일 듯하다. 곧 한국에서 볼 수 있겠지만 미슐랭 스타에 의해 탄생될 한국 음식의 가치와 기준이 어떤 식으로 나타날지 궁금해진다.

덴푸라 시니세, 후나바시야

/ 한순간 성장하면 한순간 사라진다 /

일본 음식의 정확한 명칭은 '와쇼쿠'다. 한국에서 일식으로 통하지만 일본인은 모르는 한국식 조어다. 필자는 와쇼쿠를 '특별한 집착'에 기초한 일본 문화의 정수라 평가한다. 역사와 생존은 특별한 집착의 핵심에 들어간다. 크고 화려하고 압도하는 양으로서의 요리가 아니다. 작지만 끈질기게 오래 살아남는 질의 음식이 와쇼쿠의 가치관이다. '얼마나 큰 식당이고 연 수입이 얼마나 되는가'라는 것이 아니다. '얼마나 오래된 음식점이고 얼마나 오래된 맛과 메뉴를 그대로 유지하는가'라는 것이 관건이다.

백화점 식 영업이 아닌 소수정예의 개성적인 맛과 메뉴로 시종일관 올곧게 나간다. 1~2년이 아니라 100년, 200년, 300년 단위의 세계다. 반짝하는 퓨전이나 이것저것 끌어 모은 뷔페는 음식 문외한에게 어울리는 최하 수준의 음식으로 처리된다. 역사와 생존에 대한 자세는 종교에 비견될 만한 마음가짐이다. 바로 신앙적 차원의, 일본 음식 문화의 가치관에 해당한다. 상식적이지만 음식 문화는 국가나 사회를 이루는 문화 전반의 파생물이다. 일확천금이 아니라 하루하루 유지하면서 조금씩 키워갈 정도에서의 생존력과 역사성에 주목하는 것이 일본 문화다. 대박은 처음부터 없고 믿지도 않는다. 한순간 크면 한순간 사라질 수도 있다는 상식을 모두가 잘 알고 있다.

'시니세(老舗)'는 듣는 순간 머리를 숙이게 되는 존경의 대상이다. 한국어로 장수 기업, 영어로는 'long-established store'로 표현할 수 있다. 역사와 전통으로 이어진 시니세는 와쇼쿠를 비롯한 일본 기업 문화의 특징이자 자랑이다. 전 세계에 200년 이상 된 시니세는 전부 5,300여 개소에 달한다. 이 가운데 일본은 3,146군데를 갖고 있다.

2위는 유럽을 대표하는 장인(匠人) 국가 독일로 837개다. 사마천의 《사기(史記)》를 만들어낸 역사의 나라 중국은 10개도 안 된다. 일본 시니세 수가 압도적이다. 기네스북에도 올라간 서기 578년 창립된 목수 집단 '콘고구미(金剛組)'는 일본은 물론 전 세계 최고(最高)의 시니세에 해당한다. 사찰이나 전통 건물 수리에 특화한 곳으로, 최고 실력을 가진 목수 100여 명을 통한 일이 업무의 전부다. 다른 비즈니스에는 관심도 없이 1438년 전에 시작한 일과 똑같은 영역에 매달릴 뿐이다.

'후나바시야(船橋屋)'는 도쿄 거주자라면 모두가 알고 있는 1886년 창업의 시니세다. 주 종목은 덴푸라 요리다. 스시와 생선회도 있지만 주 종목은 튀김 요리다. 130년 역사는 다른 업종의 시니세에 비하면 비교적 짧게 느껴진다. 그러나 일본에 덴푸라가 본격적으로 확산된 것은 19세기 말에 불과하다. 한국인에게 잘못 알려져 있지만 일본 최고 요리는 스시가 아니라 덴푸라다. 와쇼쿠의 최고봉은 덴푸라다.

덴푸라는 16세기 포르투갈을 통해 처음으로 알려진 요리다. 기름으로 음식을 튀겨 먹는다는 것은 당시로서는 상상 밖의 사치스러운 발상이었다. 당시 일본에서 식용 기름은 전무했다. 밤을 밝히는 전등용 기름의 가격도 엄청 비쌌다. 전등용 기름을 아끼기 위해 거의 모든 마을이 어둠에 싸여 있었다. 사실 덴푸라는 포르투갈과 무관하다. 중국인이 식용 기름을 사용해 음식을 만드는 것을 보고 다른 재료를 넣어 포르투갈 스타일로 변형한 음식이 덴푸라다. 포르투갈인이 즐긴 덴푸라 요리를 본 당시 일본인의 마음이 어떠했을지 짐작이 된다. 따라서 에도시대 당시 덴푸라는 귀족이나 부자만이 먹는 특별 음식이었다.

에도시대를 연 도쿠가와 이에야스는 초고가 덴푸라 요리에 탐닉한 인물이다. 덴푸라 음식을 먹은 다음날 갑자기 숨졌기 때문에 고칼로리 요리로 인한 급사(急死)라는 얘기도 있다. 시니세 후나바시야는 그 같은 배경 하에 탄생된 서민용 음식점이다. 한국의 영등포시장쯤 에 해당하는 신주쿠 한복판이 창업 이래 지속된 주된 무대다.

인터넷 요리 평가 사이트 '타베로그(食ベ□グ: www.tabelog.com)'에 따 르면 2016년 4월초를 기준으로 도쿄에서 영업 중인 덴푸라 전문집 은 1,284개소이다. 열도 전국에는 6,770개소가 존재한다. 도쿄만을 기준으로 할 때 후나바시야는 1,284개소 가운데 117위의 인기 음식 점에 올라서 있다. 덴푸라 최고 인기 요리점은 도쿄 교바시(京橋)에 있는 후카마치(深町)다.

미슐랭 원 스타 레스토랑으로 15명 합석 좌석이 전부다. 저녁 코 스 요리는 1만 5,000엔에서 시작하는 고급 요리점이지만 예약은 한 달 뒤나 가능하다. 덴푸라는 좋아하지만 맛과 멋의 궁극적인 측면을 이해할 수준은 아니다. 알코올을 포함할 경우 2만 5,000엔은 가볍게 넘어설 요리를 필자의 주머니만으로 대응할 능력도 안 된다. 대중이 선택한 117위라는 디지털 서열보다 130년 역사가 보장하는 시니세 의 맛과 멋을 선택한 것은 너무도 당연하다.

후나바시야는 간단히 찾아갈 수 있다. 지하철을 타고 신주쿠 역에 내린 뒤 전자제품 몰(mall)인 빅 카메라(Bic Camera) 건물을 지나면 바로 눈앞에 3층 건물이 나타난다. 2~3년 전부터 나타난 일상 풍경이지만 2016년 봄 신주쿠 주변은 중국인 관광객으로 터져나간다. 바쿠가이, 즉 대형 트렁크를 끌고 다니면서 행하는 싹쓸이 쇼핑은 대형 백화점 이나 몰이 집중된 곳이라면 쉽게 발견할 수 있다. 빅 카메라 건물 안을 들여다보니 손님 중 절반이 중국인이다. 트렁크 위에는 중국인 모두가 구입한다는 세척용 좌변기가 있다. 비슷한 성능에다 절반 가격의 중국제도 있지만 반드시 일제만 구입하는 것이 바쿠가이의 특징이다.

/ 당신도 몰랐던 덴푸라 요리의 모든 것 /

후나바시야에 들린 것은 오후 세 시쯤이다. 점심시간에는 손님으로 터져나간다는 사실을 알았기에 일부러 점심시간을 피해 찾아갔다. 고맙게도 단 한 명의 손님도 없었다. 필자에게 덴푸라 집은 이발소와 같은 의미로 와 닿는다. 일렬로 길게 이어진 합석용 주방 주변 테이블에 앉을 경우 눈앞에서 튀김 음식을 만드는 요리사와 대화를 나눌 수 있다. 사람이 많으면 대화가 어렵다. 점심치고는 비교적 비싼 4,500엔짜리 덴푸라 코스 요리를 주문했다. 새우, 버섯, 굴, 채소, 백합(百合) 등의 일곱 개 튀김 요리와 밥과 된장국, 간단한 채소 조림과 식후 과일이 제공되는 음식이다. 같은 종류의 코스를 저녁에 먹을 경우 1만 엔이 넘어가는 메뉴다.

덴푸라는 와쇼쿠의 최고봉답게 결코 싸지 않다. 2014년 4월 23일 버락 오바마 대통령의 도쿄 방문 당시 아베 총리가 초대한 음식점은 덴푸라 전문점이다. 주목할 부분은 덴푸라 전문점의 특징이다. 덴푸라를 전문으로 할 경우 스시나 생선회도 함께 제공하는 집이 대부분이다. 그러나 스시나 생선회에 특화한 요리집은 덴푸라 요리에 손을 대기 어렵다. 스시나 생선회집은 기름을 통한 요리인 덴푸라 음식과 무관하다. 덴푸라는 재료를 그냥 기름에 넣어 튀기는 것이 아니다. 생선이나 채소에 따라 튀김 기름이 달라진다. 각종 기름을 어떻게 얼마 정도의 비율로 섞어서 어떤 깊이에서 얼마동안 튀기는지에 따라 맛이 달라진다. 물론 한 번 쓴 기름은 곧바로 처분한다. 좋은 스시집에서 생선 비린내가 나지 않는 것처럼 좋은 덴푸라 요리집에서는 기름 냄새의 흔적이 없다. 덴푸라 음식점의 가장 큰 일은 요리 자체보다 닦고 씻는 청소에 있다. 덴푸라 전문집이 스시 요리점보다 상위에 오르는 이유다.

첫 요리는 작은 새우튀김이다. 머리가 달린 새우 덴푸라다. 생선 부위 중 머리가 가장 먼저 썩는다. 머리를 먹을 수 있다는 것은 그만큼 신선하다는 의미다. 덴푸라 요리의 정수는 새우튀김에 있다. 새우 요리 하나만 보면 그 요리점의 실력을 알 수 있다. 신선한 새우는 필수지만 곧바로 기름에 넣지 않는다. 니혼슈(日本酒)에 담아두거나 적당한 당분과 저온 상태에서 하루 이틀 숙성시킨 뒤 튀김용으로 올린다. 다른 재료도 마찬가지다. 사시사철 신선한 재료를 어디에서 얼마나 빨리 공급해 숙성시키는지에 대한 노하우는 요리점만의 특급 비밀이다.

튀김 요리 맛의 관건은 원재료와 재료 바깥 밀가루 표면 사이에 놓인 좁은 공간에 있다. 재료 본연의 맛을 기름에서 잃어버리는 것이 아니라 밀가루 표면을 통해 100퍼센트 보호해 입안으로 곧장 가져가는 것이 덴푸라 요리 시식법이다. 따라서 요리사가 만들어주는 순간 곧장 먹어야 한다. 손님이 아니라 요리사의 스피드에 맞춰 먹는 음식이 덴푸라다. 입에 넣는 순간 꽈리를 씹는 듯 뭔가 탁 터지는 느낌이 중요하다.

치아로 느끼는 맛, 즉 일본어로 '하고타에(齒答え)'라 불리는 미각이다. 덴푸라는 혀만이 아니라 치아로 즐기는 요리이기도 하다. 입안에서 한순간 터질지의 여부가 덴푸라의 수준을 결정하는 핵심이다. 덴푸라 요리의 경우 간장이나 다른 재료를 찍어 함께 먹는 것은 금물이다. 여분으로 다른 맛을 만들어내는 것은 덴푸라 전문집에 대한 실례다. 굳이 예외가 있다면 소금이다. 소금은 덴푸라에 조금 찍어 함께 먹을 수 있다. 얼마나 맛있는 소금을 준비하느냐는 덴푸라 전문집의 수준을 가늠하는 열쇠 중 하나다. 안타깝게도 원래 일본 최고의 소금 산지 중 하나는 3·11 동일본 대지진이 터진 동북 지방이다.

요리와 함께 일본 청주, 즉 니혼슈의 대명사인 '겟케칸(月桂冠)'도 한 잔 시켰다. 필자는 니혼슈 맛을 모른다. 그러나 저가지만 겟케칸만 한 니혼슈도 없다고 믿고 있다. 일본 청주가 외국에서 '사케(sake)'라 불린 것은 1970년대 이후부터다. 원래 미국이나 유럽에서 불린 이름은 겟케칸이다. 1637년 창업한 일본 청주 업계의 시니세 맏형이 바로 겟케칸이다. 겟케칸의 이름 자체가 니혼슈의 원조에 해당한다. 니혼슈 맛은 모르지만 역사와 전통이란 멋으로서의 술이다.

필자를 담당한 요리사는 덴푸라 음식 3년째라는 20대 말 청년이다. "하루 종일 어떻게 시간이 가는지 모르게 바쁘지만 시니세의 전통과 역사에 걸맞게 매일 새롭게 하나씩 익히고 배우면서 보내고 있습니다." 실례된 질문이지만 시니세의 3년차 요리사 월급이 어느 정도인지 물어봤다. "특별히 높지도, 낮지도 않습니다. 여기 일하는 사람은 평생직장이라 생각합니다. 도쿄를 대표하는 시니세에서 일한다는 것만으로도 충분하니까요. 돈을 벌려면 다른 일을 하는 것이 좋습니다." 얘기가 나온 김에 중국인 손님에 대해 물어봤다. "불과 1년 전부터지만 현재 평균 손님의 7할 정도가 중국 관광객들입니다. 오늘 낮에도 200여 명이 한꺼번에 들이 닥쳐 주변 단골손님에게 너무 미안했습니다." 중국어로 된 일본 여행 가이드북에 등록되면서 하루가 다르게 손님들로 터져나간다는 것이다. 문제는 큰 트렁크다. 한꺼번에 밀려들 경우 모두가 하나씩 들고 오기 때문에 보관할 곳이 마땅치 않다고 한다. 술은 거의 안 하지만 최고 비싼 코스를 선호하는 것이 중국 손님의 특징이다.

덴푸라 마지막 요리로 나온 것은 '유리네(百合根)', 즉 백합 뿌리 덴푸라다. 보통 덴푸라 코스의 하이라이트로 통하는 푸짐한 요리다. 한방(韓方)에서 유리네는 건강에 좋은 보약으로 통한다. 맛은 연근 뿌리와 비슷하다. 씹으면 바삭거린다. 한국에서는 감자를 가늘게 썰어 유리네 유형의 덴푸라로 변형한다.

　후나바시야에 들어간 지 불과 50분 만에 식사를 끝냈다. 산미(酸味)가 강한 과일 디저트를 통해 입안에 남은 기름을 깨끗이 제거했다. 머릿속에 남은 것은 탁 터지는 하코타에와 130년 시니세에서만 느낄 수 있는 긴장감 속의 안정과 평화다. 미슐랭 스타 레스토랑과 전혀 다른 세계에 살고 있는 맛과 멋의 역사 그리고 생존을 최고 가치로 여기는 와쇼쿠 최고봉으로서의 덴푸라 전문집이다.

라멘 박람회로 나를 이끈 파리지엥

/ 라멘에 대해 어디까지 알고 있나 /

"지금 도쿄에서 세계 최대 라멘 박람회가 열리고 있어. 도착 즉시 거기에 갈 생각이야." 일본행 비행기를 타기 위해 파리 샤를 드골 공항 대합실에서 기다리던 중 들은 얘기다. 두 달에 걸쳐 일본을 여행할 예정이라는 20대 초 프랑스 청년이 준 정보다. 박람회에 참가하는 라멘 리스트를 보여주면서 라멘 이벤트에 맞춰 여행 스케줄을 잡았다고 한다.

뉴욕만이 아니라 파리, 런던도 라멘 열기가 뜨겁다는 사실은 진작부터 알고 있었다. 그렇지만 바다 건너 박람회 일정을 꿰차고 있을 만큼의 열정이 있다는 것은 알지 못했다. "파리에서는 매년 라멘 위크(Ramen Week)라는 이름의 이벤트가 벌어집니다. 10여 개의 라멘 전문집들이 참가해 벌이는 집단 시식회죠. 젊은 파리지엥이라면 누구나 관심 있는 행사고요. 도쿄 라멘 박람회는 파리 라멘 위크보다 수백 배는 더 크다고 들었습니다. 일본 전역에서 몰려온 갖가지 로컬 라멘들을 전부 맛볼 생각입니다." 청년은 프랑스 발음으로 '돈코츠(豚骨: 돼지고기로 버무린 라멘)'를 연발하면서 자신이 가장 좋아하는 메뉴라 강조했다. 인터넷에서 프린트한 850엔짜리 무료 시식권도 자랑스럽게 보여줬다.

일본에 도착한 바로 다음날, 필자도 도쿄 라멘 박람회로 향했다. 라멘 맛 때문이기도 하지만 프랑스 청년을 일본에 끌어들이는 라멘이 과연 어떤 식으로 진화하고 있는지에 대한 궁금증이 더 큰 이유다. 박람회란 관련 주제나 소재를 중심으로 한 문화 전체를 느낄 수 있는 전방위 무대에 해당한다. 일본에서 라멘은 최저가 천연 패스트푸드다. 싸구려 음식이 어떻게 해서 글로벌 인기 상품으로 둔갑해 가고 있는지 일본 전역에서 모여든 라멘들을 통해 살펴볼 생각으로 달려갔다. 장소는 세다가야구(世田谷区) 고마자와(駒沢) 올림픽공원.

지하철을 두 번이나 갈아타고 고마자와 역에 내렸다. 마침 문화의 날로 일본 전체가 공휴일이다. 고마자와 주변은 서울의 올림픽공원처럼 각종 운동 경기장이 밀집한 곳이다. 휴일을 맞아 공원 전체가 운동을 즐기는 사람들로 터져나간다. 일본은 평화다. 불황과 난민 테러로 전 세계가 난리라지만 일본만은 안정되고 번영을 누리는 나라로 자리잡고 있다. 라멘 박람회는 그 같은 평화와 번영의 한가운데서 벌어지는 전국 이벤트다. 2009년 이래 지금까지 매년 계속되고 있다. 참가자는 1회에 대략 30만 명에 달한다고 한다. 2015년에는 참가 라멘 부스가 40여 개로, 10월 23일부터 12일간 계속됐다. 찾아간 날은 박람회가 끝나는 마지막 날이다.

박람회라고 하면 초대형 건물 안에서 이뤄지는 것이 일반적이다. 지극히 일본적인 풍경이기도 하지만 라멘 박람회는 뻥 뚫린 야외에서 이뤄진다. 가을의 햇살 속에서 즐기는 야외 이벤트다. 들어가는 입구에 줄이 길게 늘어서 있다. 필자에게 라멘은 '뱀 꼬리 행렬'로 와 닿는다. 괜찮다 싶은 라멘집은 예외 없이 사람들로 붐빈다. 일본 라멘집의 특징이지만 앉는 즉시 주문을 받고 3분 내에 음식이 나온다. 옆 사람과 부딪치기 때문에 팔도 제대로 펴지 못한 상태에서 후다닥 해치우고 튕겨져 나오는 좁은 공간이 바로 라멘집이다. 주문 3분, 먹는 데 10분, 기다리는 데 30분이 유명 라멘집의 식사 시간이다.

박람회는 입장권이나 참가비가 따로 없다. 길게 이어진 행렬은 100엔 단위의 라멘 토핑이나 한 그릇에 850엔 하는 라멘 티켓을 구입하기 위해서다. 대부분은 850엔짜리 라멘을 서너 장 구입한다. 먹으러 온 사람도 있지만 비교하면서 즐기기 위해 참가한 사람이 대부분이다. 필자는 프랑스 청년이 알려준, 인터넷에서 프린트한 무료 시식권과 함께 850엔짜리 티켓을 하나 더 구입했다.

안으로 들어가자 곧바로 AKB48 같은 여성 아이돌의 모습이 눈에 들어온다. '도쿄 라멘쇼 2015'의 공식 아이돌인 '츄비네스(Chubbiness)'다. 무명의 그룹이지만 라멘쇼를 통해 전국무대에 데뷔하게 됐다고 한다. 10여 명의 앳된 모습의 아이돌 주변을 '음흉한 모습'의 아저씨들이 둘러싸고 있다. 한국에도 알려져 있는지 모르겠지만 이른바 악수회(握手會)라는, 아이돌과의 만남이 즉석에서 이뤄지고 있다. 1,000엔 단위의 티켓을 미리 구입한 뒤 아이돌과 만나 악수하면서 사진을 찍는 행사다.

참가자 대부분은 30~40대, 나아가 50~60대에 이르는 독신 남성들이다. 악수회는 일본 아이돌의 가장 큰 수입 중 하나다. 악수만 하는 것이 아니라 음반, DVD, 캐릭터도 함께 판매한다. 10대 소녀의 웃음을 파는 '옐로우 비즈니스'로 비쳐지지만 아이돌은 10대 소녀들이 가장 열망하는 직업 중 하나다.

/ 서민의 라멘이 글로벌화 된 이유 /

흥미로운 것은 아이돌 악수회가 벌어지는 바로 옆 부스다. '일본 라멘 역사 퀴즈'라는 타이틀을 갖춘 작은 공간으로, 라멘에 관한 갖가지 역사나 에피소드를 모은 곳이다. 안으로 들어가자 100여 권의 라멘 관련 책자들이 진열돼 있다. 《전국 라멘집 100》부터 각 지역 라멘의 역사, 배경, 특징에 관련된 책이 주류다. 일본인에게 라멘은 입만이 아닌, 머리로 즐기는 게임에 해당한다. 800여 개에 이르는 포켓몬 캐릭터가 그러하듯 라멘 하나하나에 고유의 스토리가 담겨 있다. 입이 아니라 머리로 먹는 것이 라멘이다. 역사 관련 부스는 라멘 시식회가 이뤄지는 메인 행사장 입구 쪽에 들어서 있다. 뭔가 알고 나서 먹으라는 메시지처럼 느껴진다.

안으로 들어가자 초대형 천막 두 개가 눈에 들어온다. 1,600여 명을 수용할 수 있는 간이식당으로 테이블 대부분이 시식자로 채워져 있다. 두세 그릇을 동시에 맛보는 사람도 눈에 들어온다. 백문이 불여일견, 금강산도 식후경이다. 40여 라멘 부스가 있는 메인 행사장으로 달려갔다. 수백여 개에 이르는 깃발이 눈에 들어왔다. 자신의 라멘이 어떤 것인지를 알리는 광고용 깃발이 부스 앞에 길게 이어져 있다. 가나자와(金沢)에서 온 진한 맛의 된장 라멘, 오사카에서 유행하는 황금소금 라멘, 삿포로에서 달려온 톡 쏘는 맛의 된장 라멘, 소뼈로 삶은 국물의 야마구찌 발 중국풍 소바, 일본 라멘협회가 선정한 최고의 라멘….

때마침 바람이 강하게 불면서 깃발들이 크게 요동치기 시작한다. 라멘 부스로 들어가는 길은 사람들의 행렬로 길게 이어져 있다. 바람에 휘날리는 깃발 소리 때문이겠지만 라멘 한 그릇 먹기 위한 기다림이 마치 콜로세움으로 향하는 검투사처럼 느껴진다. 사람들의 표정이 비장하다. 라멘 장인들을 관찰하면서 사진도 열심히 찍는다. 2012년 기준, 일본에는 3만 3,834개의 라멘집이 있다. 1억 2,000만 일본 인구와 비교해보면 3,546명당 한 개의 라멘집이 들어서 있는 셈이다. 라멘은 국민 음식에 해당한다. 라멘 박람회에 참가한 40여 라멘집들은 3만여 개가 넘는 라멘집 가운데 선발된 전국적 지명도를 가진 곳들이다. 긴 줄은 기본이고 한 그릇 먹는 것만으로도 즐거워해야 할 라멘집들이다.

부스 전체를 오가면서 어디가 가장 인기가 높은지 살펴봤다. 답을 찾기까지는 그리 오래 걸리지 않았다. 200여 명이 기다리는 부스를 한눈에 발견했다. 주인공은 '잇푸도(一風堂)'다. 최근 뉴욕과 파리에서 화제를 모으고 있는 잇푸도가 '도쿄 라멘쇼 2015'의 스타 자리에 올라서 있다. 잇푸도가 라멘쇼 하이라이트라는 것이 마음에 들지 않았다. 이유는 가격이다. 뉴욕에서 먹는 잇푸도의 규슈 스타일 돈코츠 라멘은 팁을 포함할 경우 '무려' 20달러 선에 달한다. 라멘은 아무리 비싸도 1,000엔이 상한선이다. 한국 돈으로 2만 4,000원에 달하는 라멘이 필자에게는 '죄악'에 해당한다. 한일 물가와 환율을 감안할 경우 3만 원짜리 자장면이라는 의미다. 아무리 고급 재료를 사용한 맛있는 음식이라 해도 3만 원을 주면서까지 자장면을 먹을 사람이 과연 얼마나 될까? 가격 이전에 상식에 어긋나는 일탈 행위로 느껴진다. 그런 음식이 2015년 도쿄 라멘쇼의 주인공이라는 것이다.

잇푸도 부스 앞에서 기다리던 중 라멘 오타쿠 한 명을 만났다. 하루 동안 일곱 개 라멘집에서 시식을 경험했고 오전에 이어 잇푸도를 두 번째 찾았다는 나고야 출신의 40대 후반 남성이다. "잇푸도가 단연 톱이지요. 돼지고기 수프를 주로 하는 돈코츠라멘은 규슈 지방의 얼굴에 해당합니다. 돼지고기 요리의 맹점 중 하나지만 익숙하지 않은 사람의 경우 돈코츠라멘 특유의 냄새를 역하게 받아들이기 쉬워요. 잇푸도는 그 같은 문제점을 극복한 라멘집입니다. 돈코츠인데도 역한 냄새가 없으니까요. 더불어 일본 라멘 역사상 해외로 눈을 돌린 파이오니아 같은 존재잖아요. 서울에도 있지만 뉴욕, 파리 등 전 세계에 진출한 상태인 거죠. 고유의 일본 맛을 글로벌 차원으로 확산시켜 승부를 보는 곳입니다. 잇푸도 창업자의 일에 대한 정열과 겸손한 자세도 인기를 끄는 이유 중 하나입니다."

20달러에 육박하는 황금 가격의 라멘을 일본인은 어떻게 받아들이는지 물어보자, "일본 내에서라면 안 통하겠지만 외국에서는 괜찮지 않을까요?"라는 답이 돌아왔다. 이탈리아 현지의 5달러 와인이 도쿄에서는 50달러 고급품으로 변신하는 식이다.

잇푸도 라멘 가운데 무엇이 가장 인기가 있는지를 살펴봤다. '뉴욕 발 조갯살 누들'이 주인공이다. 대부분이 주문하는 잇푸도 2015년 베스트 라멘이다. 굴을 중심으로, 조갯살과 올리브오일, 베이컨으로 맛을 낸 라멘이다. 돼지고기를 대신해 바싹 튀긴 베이컨이 면 가운데를 차지하고 있다. 필자가 보기에 너무도 황당한 '양복 차림에 신은 짚신' 같은 느낌이다. 긴 베이컨과 더불어 라멘에 올리브오일을 뿌린다는 발상이 터무니없다. 돼지고기 된장국이 아니라 베이

컵 된장국이다. 그렇지만 인기절정이다. 이유는 무엇일까?

뉴욕 발 라멘이란 것이 가장 큰 원인이 아닐까 싶다. 필자는 뉴욕에 거주한다. 뉴욕에서 제대로 된 음식을 찾기는 하늘에 별 따기다. 정통이나 건강식을 고집하기 때문이지만 무국적 퓨전에다 설탕, 소금, 기름으로 범벅이 된 음식이 뉴욕 발 미식의 정체다. 조갯살 베이컨 라멘은 그 같은 필자의 '편견'에 어울리는 최적의 본보기다.

그러나 라멘의 종주국 일본에서는 새로운 맛으로 대환영이다. 오페라의 종주국 이탈리아에서 접한 '초미니 스커트를 입은 아이다(AIDA)' 같은 느낌이지만 사실 이탈리아인은 이집트풍이 아닌 섹시한 아이다에 열광한다. 고전 오페라 '아이다 1.0'이 식상해지면서 '아이다 2.0'에 눈길을 돌리게 된다는 의미다. 예술적 측면에서 2.0이 1.0을 반드시 능가한다는 것은 아니다. 그러나 대세는 2.0이다.

입맛에 의존할 경우 일본 내 정통 라멘집을 따라갈 음식점은 극히 드물 것이다. 뉴욕 발이라는 글로벌리즘에 입각한 상상력이 베이컨과 올리브오일로 화장한 라멘 2.0의 성공 비결일지 모르겠다. 라멘 오타쿠에게 들은 얘기지만 도쿄 발 라멘 부스의 경우 치즈나 살라미를 넣은 음식도 선보여 인기를 끌었다고 한다. 푸아그라, 캐비어에 버무려지거나 스파게티 스타일의 토마토 수프에 절인 라멘이 등장할 날도 멀지 않았다는 얘기도 들었다. 잇푸도 부스 안에서 열심히 일하는 백인 라멘 장인의 모습은 '라멘 2.0'의 현주소를 확인시켜주는 비주얼 증거로 와 닿는다.

시간이 지나도 잇푸도 행렬은 줄어들지 않았다. 박람회 퇴장 시간이 가까워지면서 마무리가 여기저기서 시작됐다. 할 수 없이 부스 가운데, 사람들이 붐비지 않는 곳을 찾았다. 정통 라멘 1.0에 해당하는 된장 라멘이다. 계란 반숙, 파, 얇은 소고기, 콩나물로 맛을 낸 홋카이도 스타일의 소박한 라멘이다. 낡은 세계관이겠지만 아직까지는 베이컨이나 치즈와 무관한 라멘, 이집트 풍 옷을 입은 아이다에 한층 더 눈이 간다.

06

워싱턴에서 본
동아시아 삼국지

미국 정치 1번지를 무대로 한
한일외교 비교 분석

/ 3박자에 도취된 한국 외교의 추락 /

2016년 2월 중순 여론 조사기관 갤럽이 흥미로운 결과를 하나 발표했다. '미군이 세계 최강이라 믿는 미국인이 얼마나 되는가'라는 질문에 대한 반응이다. 49퍼센트가 최강이라고 답했다. 매년 이뤄진 조사 결과 가운데 가장 낮다고 한다. 가장 높을 때가 64퍼센트, 가장 낮을 때도 50퍼센트는 넘었다. 조사 결과 중 주목할 부분은 '최강이지 못한 미군을 어떤 식으로 개선해 나가야 하는가'에 대한 답변이다. 국방비 증액 부분이다. 응답자의 37퍼센트만이 국방비가 너무 적기 때문에 늘려야 한다고 답했다. 나머지는 국방비 증액에 대해 무관심하거나 반대한다. 미군이 점점 약해지기는 하지만 국방비 증액은 찬성할 수 없다는 것이 미국인의 마음이다.

모순되는 부분은 최강 미군에 대한 미국인의 필요성에 관한 조사 결과다. 최강 미군을 통해 미국의 위상이 유지되고 있다고 믿는 미국인은 67퍼센트에 달한다. 최강 미군이 중요하지만 절반의 미국인은 더 이상 최강 미군이 아니라고 믿고 있고 국방비 증액을 통한 군사력 증강에는 동의할 수 없다는 것이다. 강력한 힘이 필요하고 약해져 가는 미군의 현실도 알고 있지만 주머니 속 돈은 못 내겠다는 의미다. 도널드 트럼프 대통령이 한국과 일본의 국방비 분담을 요구하는 것은 이 같은 상황을 배경으로 한 것이다.

한국은 트럼프를 정신 나간 인종차별주의자라 부르지만 갤럽 조사 결과를 보면 트럼프의 동맹국에 대한 분담 요구는 너무도 당연하다. 자신의 주머니 속 돈을 못 내는 대신 잘산다는 한국과 일본이 대신 지불하라는 심리다. 따라서 그는 미국인 마음을 정확히 읽고 있다고 볼 수 있다. 갤럽은 '동맹국에 국방비를 분담시킬 것인가'라는 문제는 다루지 않고 있다. 필자의 판단이지만 만약 그 같은 질문을 던진다면 공화당, 민주당 지지 여부에 관계없이 90퍼센트 이상이 '그렇다'라고 동의할 듯하다.

갤럽에서 나타난 미국인의 모순된 정서를 한국인은 어떻게 볼까? 역사상 나타난 수많은 대제국의 흥망성쇠에서 보듯 미국도 똑같은 길을 걷고 있다는 식의 연민과 동정을 보낼 듯하다. 북한 핵 문제 때문에 다소 소원해지고 있지만 G2라 불리는 중국이야말로 미국에 맞설 강력한 뉴 파워라 확신하는 사람도 많을 것이다. 황혼의 미국과 전도양양 중국을 보는 한국적 세계관은 지난 2~3년의 행적을 통해 확인해볼 수 있다. 한중자유무역협정 체결에 이어 중국판 국제통화기금인 아시아인프라투자은행(AIIB)에 적극 가입하면서 14년간 지속된 일본과의 통화 스와프도 중단한다. 더불어 미일 주도 하의 환태평양경제동반자협정(TPP)에는 불참하고 미국이 제의한 사드(THAAD) 배치를 둘러싼 중국 눈치 보기가 절정에 달한다.

'황혼 미국 중국 올인', 나아가 반일정책이라는 3박자가 빚어낸 결과라고 볼 수 있지만 미국을 한 수 아래로 내려다보면서 중국을 받드는 것이 최근 한국 지식인의 전형으로 자리잡아왔다. 박 대통령이 천안문 망루에 서서 중국 공산당 군대에 박수를 보낸 것은 바로 그같은 한국적 세계관의 하이라이트에 해당한다. 자주적 외교, 다변화된 국제 정세, 21세기 입체 외교, 대박 통일 외교 같은 표현은 한국 외교의 급작스런 노선 변화를 수식하는 슬로건으로 활용됐다.

결과는 어떤가? TPP 참가에 목을 맸던 한국 외교, 한중 FTA 협정을 무시하는 중국 정부의 보복형 관세 장벽, 아시아 인프라 구축은 커녕 전 세계가 걱정하는 중국 경제, 거꾸로 미국에게 사드 배치를 요청하고 중국으로부터는 공개적 협박을 당하는 한국 정부, 통화 스와프 재개를 원한다면 한국 스스로가 머리를 숙이고 요청해야 한다는 여유만만의 일본 정부…. 2016년 4월의 현실이다. 엇갈린 '3박자'

에 따른 맹신이 낳은 달갑지 않은 결과다. 한국의 정치, 경제, 군사, 안보가 떠안고 가야 할 무거운 업보의 원인이기도 하다. 북한 핵 때문에 '잠시' 잊고 있지만 그럴듯한 슬로건으로 막기에는 너무도 벅찬 시련이 한국 외교의 앞길에 놓여 있다.

/ 객관적이고도 합리적 시각으로 국제정세 분석이 필요 /

강조하고 싶은 부분은 이 글의 중심은 친미나 반중과 같은 흑백논리와 무관하다는 점이다. 인간관계가 그러하듯 '친'과 '반'이 될 수도 있는 것이 외교다. 세상은 '친반(親反)'이나 '친비(親比)'처럼 둘로 나눌 수 있는 것이 아니다. 장단기적으로 왔다 갔다 하면서 어딘가에서 균형점을 찾는 것이 세상사다. 한 번 눈 밖에 났다고, 마음에 드는 행동을 했다고 '친반', '친비'라는 딱지를 붙인다는 것 자체가 어불성설이다. 인간에 대한 딱지는 평생 가도 뭐라고 규정하기 어렵다. 나폴레옹에 대한 프랑스인의 평가는 아직도 명확히 규정되지 못한 상태다. 유럽의 해방자인가, 혁명 정신을 무너뜨린 독재자인가?

한국 정치가 그러하듯 한국 외교를 보면 상대방에 대한 '친반'이 너무도 명확하다. 끓었다가도 곧바로 차갑게 식는 한국적 냄비 정서를 대변하듯 흑백이 뚜렷한 논리가 국제무대에서 여과 없이 전개된다. 반일로 치닫던 정서가 북한 핵 한 방에 반중으로 치닫는다. 반일

이전에는 반미를 자랑스럽게 말하던 대통령도 있었다. 결과가 나타나기 훨씬 전이지만 '친반'을 통한 분명한 행보 덕분에 모든 것이 상대에게 노출된 상태다.

필자는 워싱턴을 중심으로 18년간 일해오고 있다. 중국 올인을 믿는 사람이라면 베이징이라 말할지 모르겠지만 워싱턴은 대부분의 국가가 인정하는 21세기 로마에 해당한다. 황혼 대국이라고 하지만 여전히 글로벌 파워의 출발지는 워싱턴이다. 과연 21세기 로마에서 벌어지는 한국 외교는 어떤 것인지? 왜 얼굴 표정 하나만으로도 알 수 있는 '친반'을 앞세운 외교가 자행되고 있는지? 어떤 식의 대응 방식과 논리, 다시 말해 외교적 전략 전술을 기초로 한 외교가 워싱턴에서 이뤄지고 있는지? FTA, TPP, AIIB에서 보듯 불과 3년 만에 드러난 참혹한 결과가 왜 사전에 여과 없이 그대로 결정됐는지? 모든 것이 그러하듯 비교 연구는 필수다. 문화적, 지리적, 지정학적으로 볼 때 경쟁자이자 협력 관계에 있는 일본을 통해 한국의 워싱턴 외교를 살펴보는 것이 보다 더 효과적일 듯하다.

앞서 살펴본 갤럽 여론조사 결과로 되돌아 가보자. 갤럽 결과가 나오는 즉시, 일본은 발 빠르게 대응하고 있다. 트럼프 당선은 '미국병'에 근거한다. 미국병이란 소수자 보호, 이민 대국, 글로벌리즘으로 인한 미국 전통 가치의 전도(轉倒)를 의미한다. 소수자, 이민자, 중국 제품이 기승을 부리면서 나타난 백인 기득권자들의 소외감이 트럼프를 통해 발산되고 있다. 따라서 트럼프 현상은 점점 가속화될 것이다.

파워로 군림하되 돈은 못 내겠다는 졸부식 정서는 바로 미국병의
또 다른 표현이다. 흑인과 히스패닉이라는 이유로 갖가지 복지 혜택
을 받는 데 대한 백인의 반발이다. 돈은 백인의 세금으로 충당되기
때문이다. 백인 세금으로 운영되던 글로벌 동맹 비용도 더 이상 못
내겠다는 것이 트럼프 대외 정책의 핵심 중 하나다. 한국과 달리 워
싱턴 발 일본 뉴스는 트럼프를 단순한 인종차별주의자로 해석하지
않는다. 비난하고 빈정대기보다 국민적 지지를 기반으로 한, 엄연한
미국 정치의 현실로 해석한다.

갤럽 조사에서 알 수 있듯이 어떤 식으로든 국방비가 다른 나라에
전가될 것이라는 점을 기정 사실로 보고 있다. '언제, 얼마'가 되느냐
가 문제일 뿐 곧 닥칠 상황이란 사실을 충분히 인지하고 있다. 필자
가 아는 한, 2016년 4월 워싱턴에 위치한 일본 대사관의 가장 큰 업
무 중 하나는 바로 '언제, 얼마'냐는 분야에 집중되고 있다. 각론으로
들어가자면 '어떤 영역에서 어떤 식으로 국방비 부담이 일본에 전가
가 될 것인가'라는 점으로 압축된다. 먼 미래가 아니라 곧 닥칠 현실
로서 대미관(對美觀)이다. 동맹 관계를 기초로 하지만 각론 차원에서
대차대조표와 손익계산서를 두드리면서 앞으로 닥칠 난제를 준비하
고 있다.

한국은 어떨까? 갤럽 조사 결과의 경우 한국에서는 아예 보도조차
되지 않았다. 트럼프에 관한 뉴스는 꾸짖고 비난하고 조롱하는 기사

로 메워져 있다. 트럼프의 외교 정책이 왜 극단으로 치닫고 보통 미국인은 왜 거기에 열광하는지에 대한 분석이나 관찰도 없다. 아래로 내려다보는 책상물림 하향식 기사가 99퍼센트다. 일본 언론 내 단카이세대가 펴는 반 아베 논리와 논조를, 한국의 신문과 방송에 그대로 옮기는 것과 비슷하다. 한국 신문과 방송을 보면 아베는 진즉에 망했어야 한다. 트럼프가 정신 나간 인종차별주의자라는데도, 아베가 군국주의로 치닫는 전쟁광이라는데도 불구하고 왜 국민이 지지하는지에 대한 배경이나 이유 분석을 한국에서는 발견하기 어렵다.

/ 3D 채널의 일본, 1차원 채널의 한국 /

워싱턴을 무대로 한 한일 외교의 특징으로 채널의 다양화를 빼놓을 수 없다. 한국이 1차원 채널이라고 할 때 일본은 3D 입체 채널이다. 주된 무대는 싱크탱크다. 워싱턴의 4월은 일본판으로 변한다. 벚꽃 축제가 주인공이다. 2016년 3월 20일부터 4월 17일까지 계속된다. 1912년 당시 도쿄 시장에 의해 3,000그루의 벚나무가 워싱턴에 뿌리를 내리면서 114년 전통을 가진 축제다. 제2차 세계대전을 전후해 벚나무가 잘려나가는 등 수난기도 있었지만 짧은 미국 역사를 통틀어 가장 오래된 축제 중 하나로 정착된다. 워싱턴 시민만이 아니라 전국 관광객이 몰려들어 벚꽃 축제에 참가한다. 덕분에 매년 4월은 워싱턴 관광 수입이 절정에 오르는 시기이기도 하다.

축제 기간 중 일본 문화가 총동원돼 워싱턴 곳곳을 달군다. 도쿄만이 아니라 지방에서 올라온 일본인이 음식, 춤, 노래, 연주, 차(茶), 유도 같은 일본만의 소프트파워를 워싱턴에 펼쳐놓는다. 필자가 아는 한, 포토맥 강변의 벚꽃을 배경으로 한 워싱턴 축제는 미국 내 최대 연례행사가 아닐까 싶다. 흥미롭게도 벚꽃 축제는 일본인이나 일본 대사관이 아닌 워싱턴 커뮤니티가 주관한다. 대부분의 축제 비용과 이벤트는 일본 기업과 일본인이 제공하지만 주관은 워싱턴 커뮤니티다.

싱크탱크는 벚꽃 축제와 더불어 일본이 주력하는 정책 축제의 무대다. 4월 말은 일본의 골든위크, 즉 장기 연휴에 해당된다. 법정 공휴일인 헌법의 날, 식목일, 어린이날 등이 겹치면서 주말을 이용할 경우 최소한 1주일간 연휴에 들어간다. 일본 정치인들은 틈만 나면 지역구로 내려간다. 예외적으로 골든위크의 경우 외국에 나가 외교도 하고 나름대로 견문을 넓힌다. 워싱턴은 일본 정치인이 가장 많이 찾는 곳이다. 벚꽃 축제와 관련한 행사에 참여할 경우 무려 2주 정도 미국에 머물 수 있다. 골프를 치거나 눈요기 관광을 할 정도로 여유롭지 못하다. 다음 지역구에서 재선하기 위한 갖가지 포석을 미국 전역을 바쁘게 돌아다니며 뿌려놓는다. 지역구와 자매도시를 맺은 도시를 방문해 서로 간의 협력 증진을 논의하는 식이다.

싱크탱크는 그러한 정치와 정책 토론을 겸한 공간이다. 외교에 특화한 전략국제문제연구소(CSIS)와 브루킹스연구소, 헤리티지재단, 뉴아메리카파운데이션 같은 곳이 주된 방문지다. 일본이나 아시아 관련 정책 전문가와 만나 대화를 나누고 생각을 교환한다. 워싱턴 내 정책전문가와 함께 싱크탱크에서의 포럼이나 토론회도 개최한다. 중국의 남중국, 동중국, 해양 팽창과 함께 늘어나는 추세지만 대략 4월 한 달 동안 최소한 10개 정도의 크고 작은 일본 관련 정책 포럼이 개최될 예정이다.

포럼 주체는 CSIS에 의해 이뤄지는 미일연례안보회의(U.S.-Japan Security Seminar)처럼 일본 정부가 직접 주관하는 경우도 있지만 일본 싱크탱크나 대학처럼 민간 차원에서 이뤄지는 합동 포럼이 일반화돼 있다. 싱크탱크와 더불어 의회도 일본 정책 전문가들의 주된 방문지다. 현직 상하원의원도 만나지만 의회 내 정책 전문가도 주된 방문 대상자다.

하나라도 더 듣고 서로의 의견을 교환한다. 골든위크 기간 중 워싱턴 호텔과 레스토랑은 일본 관련 정책 전문가나 의회 인사들을 위한 연회장으로 변한다. 워싱턴 주재 일본 특파원들까지 가세해 골든위크 외교를 돕는다. 평소 안면이 있는 일본 정치인에게 국무성, 국방성 내 고위 관료나 정책 전문가를 소개하고 식사를 하면서 의견을 교환하는 식이다. 필자도 얼떨결에 불려가 함께 자리한 적이 있지만 워싱턴 정보나 분위기를 하나라도 얻으려는 일본 정치인들의 노력과 의지가 남다르게 느껴졌다.

이미 알고 있는 사실이라도 현장 분위기를 통해 다시 한 번 확인해 가는 식이다. 워싱턴을 무대로 한 일본 외교는 골든위크만이 아닌 1년 365일 이뤄진다. 꾸준히 찾아오고 열심히 만난다. 워싱턴에서만이 아니라 직접 도쿄로 초청해 정책 포럼이나 대화를 갖는다. 한 번 일본과 인연을 맺으면 평생 가는 식의 인맥 관리다.

워싱턴에서 보면 한국도 일본과 비슷한 외교 행태를 보여준다. 싱크탱크를 통해 정책 포럼도 열고 나름대로 워싱턴 인맥도 관리한다. 그러나 질적 양적으로 너무도 부족하다. 세계 10위권을 넘나드는 무역 대국이자 선진국이라고 하지만 외교를 보면 동부 유럽 수준에도 못 미친다. 일단 워싱턴 이곳저곳을 찾아다니면서 정책 전문가를 만나는 한국인이 극히 드물다. 직접 만나 식사하면서 대화를 나누는 식의 외교에 익숙한 정치인도 찾기 어렵다. 창피한 얘기지만 레스토랑에 가서 주문을 제대로 하는지도 의문이다.

한반도와 관련도 있고 주기적으로 중국 대사 물망에도 오르는 군 출신 미국인과 만났을 때 들은 얘기다. "왜 한국 국회의원은 전부 스테이크만 시키고 빵을 갖다 주는 종업원에게 곧바로 주문을 하는가요?" 한국 음식에 중독이 된 탓인지 모르겠지만 미국 레스토랑에서의 경험이 일천하다는 것이 질문의 행간에 배인 의미다. 빵이나 물을 갖다 주는 종업원이 아닌, 주문 전문 스태프를 통해 천천히 음식을 시키고 맛에 어울리는 와인과 함께 식사를 즐길 줄 아는 한국 정치인을 찾기 어렵다는 얘기다. 메뉴를 이해하기 어렵기 때문에 한국인에게 익숙한 스테이크 하나로 통일해 전부 똑같이 시켜 먹는 것이 한국 정치인에 대한 일반적 이미지다. 고급 레스토랑에 가서 맥주부터 시키고 빵에다 버터를 그대로 발라 한 입에 먹는 식의 촌스런 식사 매너와 같은 의미다.

워싱턴은 입으로 살아가는 곳이다. 입을 통해 각 나라의 운명을 결정할 정책들이 결정된다. 집행은 워싱턴 밖에서 이뤄진다. 입에서 이뤄지는 워싱턴 정치는 입을 위한 레스토랑을 기반으로 한다. 말로 표현하기 어렵지만 너무도 부끄러운 레스토랑 매너가 한국 외교의 특징 중 하나다. 필자의 지론이지만 거대 담론을 논하기 전에 음식 주문과 와인 마시는 법부터 배우는 것이 워싱턴 외교의 기본에 해당된다. 외교를 포함해 모든 관계의 출발은 사람 관계에서 시작된다. 깨끗한 외모와 산뜻한 매너를 기반으로 한 인간적 매력이야말로 외교적 수준을 끌어올리는 기본이다. 한국 외교는 아직 그 기준에서 한참 뒤처져 있다.

싱크탱크를 통한 정책 포럼의 경우 단발성 초대형 이벤트가 한국 외교의 특징이다. 후속타가 없다. 심하게 말하자면 한바탕 크게 벌인 뒤 그냥 끝이다. 꾸준히 계속해서 의견을 교환하고 합동 리포트나 정책 제안서도 만들면서 장기적으로 이어가는 식의 논의가 없다. 대통령이 워싱턴을 방문하면 엄청 크게 열리지만 '비수기'에는 조용하기 그지없다. 부분적으로 열리기는 하지만 워싱턴에 대한 외침이 아닌 한국 미디어를 통한 한국용 기사거리로 제공될 뿐이다.

아마도 곧 한국 대통령 선거 직전은 싱크탱크 성수기가 될 듯하다. 정책이 아니라 대통령 후보자의 구미에 맞추는 이벤트들이다. 안 하는 것보다는 낫겠지만 별로 울림이 없는 골목대장 이벤트에 불과하다. 싱크탱크 입장에서 볼 때 대통령 선거 직전 정치 이벤트로서의 포럼은 기부금이나 한국과의 관계를 고려한 보험에 지나지 않는다.

/ 부족한 정치 인맥을 통한 외교의 난제 /

한국이 주도하는 싱크탱크 포럼의 특징 중 하나로 '그 나물에 그 밥'을 빼놓을 수 없다. 미국인 참가자의 비중이나 역할도 일본에 비해 낮다. 오바마 전 미국 대통령이 들어서면서 워싱턴 내 정책 전문가의 얼굴도 크게 변하고 있지만 한국 관계자의 경우 대부분 동일한 인물이다. 기존의 인맥 관리도 엉망이지만 새로운 워싱턴 정책 전문가나 파워를 개발하지도 않고 관심도 없는 듯하다.

워싱턴 싱크탱크에서 30대 중반 연구자의 월급은 대략 5만 달러 선이다. 세금을 빼면 3만 5,000달러 선이다. 경제적인 면에서 빠듯하다. 고급 레스토랑에 초대해 식사 한 끼라도 대접하면 곧바로 달려와 대화에 응한다. 워싱턴만큼 글로벌 핵심 정보를 빠르고 간단히 얻을 수 있는 곳도 없다. 일본과 달리 한국은 그 같은 워싱턴 스타일의 '거품을 뺀' 외교에 너무도 무심하다. 싱크탱크 포럼에 참가하는 한국인 전문가의 얼굴도 극히 제한적이다. 유능한 사람이 없다고 하지만 자세히 살펴보면 그렇지도 않다. 영어도 능통하고 워싱턴 정치에도 밝은 한국인 정책 전문가도 많지만 한국식 연줄에서 벗어나면서 대화에 끼어들지 못한다. 따라서 거의 똑같은 얼굴로 이뤄진 친선파티가 싱크탱크를 무대로 한 한미 포럼의 실체다.

미국인 참가자의 경우, 면면을 살펴보면 정책 전문가라기보다 싱크탱크 회장, 부회장 같은 행정적 차원의 고위 타이틀에 집중돼 있다. 현실에 적용될 중요한 정보나 대안은 60대 회장이 아니라 40대 정책 전문가의 머리에 있다. 한국식으로 내용이 아닌 자리를 보면서 벌이는 포럼이 주종이다. 60대 회장, 부회장은 총론이다. 한국이 필요로 하는 부분은 '한미동맹 강화'라는 총론이 아니다. 40대 정책 전문가의 머리에서 나오는, 한미동맹을 강화하기 위한 구체적인 각론이 필요하다. 사실 고위 타이틀을 중심으로 한 친선파티라고 해서 나쁠 것은 없다. 그러나 조금만 신경 쓰면 싱크탱크 본연의 목적에 맞춘 정책 제안형 포럼을 창출해낼 수 있을 것이다. 최근에는 한국 언론사를 중심으로 한 싱크탱크 포럼도 경쟁적으로 벌어지고 있다. 서울과 워싱턴을 오가며 연다. 긍정적인 면이 많지만 아쉬운 부분도 많다.

개개인의 친분에 근거한 사적 외교가 극히 드물다는 점은 일본과 비교되는 워싱턴 한국 외교의 맹점 중 하나다. 입의 도시 워싱턴은 파티의 도시이기도 하다. 저녁이면 곳곳에서 크고 작은 파티가 열린다. 워싱턴에는 약 200개의 각국 대사관이 몰려 있다. 자국의 독립 기념일, 국왕 생일 같은 축제를 맞아 곳곳에서 파티가 벌어진다. 대사관 주최만이 아닌, 문화원 싱크탱크 나아가 워싱턴 내 수많은 글로벌 민간단체들이 파티를 주최한다. 파티를 잘 활용하면 평일에는 '외식'만으로도 살아갈 수 있다.

고칼로리로 범벅이 된 파티 음식을 즐기지는 않지만 가능하면 파티에 참가하자는 것이 필자의 생각이다. 뷔페식으로 이뤄지기 때문에 줄을 서서 음식을 고른 뒤 어딘가에서 음식을 먹게 된다. 바로 옆 사람과 간단히 대화를 나눌 수도 있다. 이민 대국 미국은 국가, 인종, 민족을 가리지 않는다. 이름과 하는 일을 알린 뒤 곧바로 대화에 들어간다. 필자는 주로 질문을 던지는 식이다. 특급 정보까지는 아니더라도 워싱턴에서 통용되는 분위기, 상식 정도는 찾아낼 수 있다. 아시아 전문가가 아닌 사람이라 해도 다른 시각의 얘기를 들을 수 있다. 반드시 한반도 전문가에게서 한국에 관한 얘기가 나오는 것은 아니다.

워싱턴 파티장을 오가면서 느낀 것은 한국인을 만나기가 참 어렵다는 점이다. 반면 일본인은 어딘가에 반드시 있다. 서투른 일본식 영어로 거의 매달리다시피 얘기를 듣고 있다. 한국의 경우 참석자를 찾기도 어렵지만 있다 해도 파티 문화에 익숙하지 못한 탓에 그냥 구석에 서 있다.

복수의 한국인이 모일 경우 한국인끼리 얘기하는 것이 전부다. 수년 전 경험이지만 유럽 대사관 파티에서 10여 분간 혼자 우두커니 서 있는 한국 대사를 만난 적도 있다. 대사라는 자리 때문이기도 하겠지만 적극적으로 상대에게 다가서지 않고 기다리는 문화에 익숙한 결과로 비쳐진다. 서투른 영어 때문에 파티에 나서는 것이 어색하게 느껴진다고 말할지 모르지만 영어 능력과 외교는 전혀 다르다. 영어를 잘할 경우 외교 능력도 높아질 수 있다. 그러나 영어를 잘 못한다고 해서 정보 취득 능력이 떨어진다고 보기는 어렵다. 열심히 탐구하고 공부하는 자세로 달려들면 상황을 이해하게 된다.

사적인 차원의 파티는 워싱턴 주재 일본인의 공통 관심사 중 하나다. 자신의 집에서 주최하는 파티가 곳곳에서 열린다. 서로 정보를 주고받으면서 겹치지 않도록 노력한다. 한국 외교관이나 특파원 가운데 집에서 주기적으로 파티를 여는 사람이 몇 명이나 되는지 궁금하지만 일본인의 경우 파티를 정기적으로 개최한다. 외교관, 기자, 기업가 심지어 자위대 군인까지 집에서 파티를 연다. 보통 가족 초대 파티가 많다.

미국 부모들은 자녀의 외국 문화 경험을 적극 권한다. 주말을 이용한 일본인 가정에서의 파티는 워싱턴의 미국인이 반기는 행사이기도 하다. 일본인들은 스시나 사케를 내놓으면서 일본 문화에 대한 강론도 잊지 않는다. 사적인 파티는 자신이 알고 있는 인맥 관리를 위한 것이다. 복잡한 얘기보다 인간적인 친분을 중시 여긴다. 훗

날 일본에 돌아가서도 이메일이나 전화로 얘기를 나눌 수 있는 관계가 된다. 사실 필자의 워싱턴 인맥의 대부분은 개인 파티장에서 만난 사람들이다. '계급장을 떼고' 만날 경우 서로에 대한 이해의 폭이 넓어진다. 일이 아니라 인간적 측면에서 시작되는 관계가 오래간다.

워싱턴 외교를 얘기할 때 로비 활동을 빼놓을 수 없다. 한국 신문에 자주 오르내리는 얘기로 '엄청난 자금력에 기초한 일본 로비'를 지나칠 수 없다. 더불어 한국 정부도 로비 관련 예산을 대폭 증액해야 한다는 논리로 이어진다. 필자의 생각은 다르다. 기초가 없는 상황에서 아무리 돈을 퍼부어봤자 효과가 없다. 일본이 로비에 돈을 많이 쓰는 것은 사실이다. 그러나 적절한 타이밍에 적정한 장소에 사용하는 것이 중요하다. 일본을 빌미로 한국 정부가 사용하는 워싱턴 로비 자금의 내막을 살펴보면 '한국계 로비 회사를 통한 돌려먹기'라는 인상이 강하다. 무조건 돈으로 해결하려 한다. 돈을 통한 로비로 순간을 넘기기보다 개인의 '외교력, 로비력'을 키우는 것이 한층 더 중요하다. 레스토랑에서의 식사나 집에서 여는 간단한 파티 같은 것들이다. 국민 소득 10만 달러가 한국인의 행복을 보장한다고 믿는 사람이 과연 얼마나 될까? 일본보다 훨씬 더 많은 돈을 투입할 경우 더 큰 효과를 볼 수 있다고 믿는 것 자체가 워싱턴에 무지하다는 증거다.

/ 워싱턴을 무대로 한 적극 외교, 민간 외교의 필요성 /

한반도 평화 협정이 급물살을 타는 듯하다. 워싱턴 분위기를 보면 가까운 시일 내에 미국과 북한이 평화 협정 문제에 나설지도 모르겠다. 북한이 주장하는 평화 협정은 미군 철수와 같은 의미다. 필자는 냉전 논리로 미군 철수 반대를 주장하지는 않는다. 그렇지만 미군이 빠져나갈 경우 그 공백은 어떻게 될지 중국이나 일본과의 관계 등을 생각하면 경천동지할 일들이 벌어질 듯하다. 멀고 먼 얘기라 말할지 모르지만 현실을 보면 그렇지도 않다. 핵폭탄 100개를 수 년 내 만들 수 있는 나라가 북한이다. 사실 미군 철수가 이뤄질 경우 북한이 핵을 포기한다고 믿기도 어렵다.

이 모든 복잡하고 예민한 상황들은 워싱턴을 기반으로 벌어지고 있다. 한국인의 상식과 달리 워싱턴에서 보는 한국은 뭔가 불투명하다. 워싱턴에서 보면 미군 철수를 한국 스스로 원하는지 여부도 모호하다. 한국이 원한다면 결국 그렇게 갈 수밖에 없다. 필자는 모든 선택에 대해 문을 열어두고 싶다. 중요한 것은 한국 스스로가 생각하는 세계관 입장 방향을 워싱턴을 무대로 활발히 적극적으로 알려야 한다는 점이다. 스스로 생각을 정확히 알리면서 워싱턴과의 접점을 찾아내는 것이 한국의 미래에 절대적으로 필요하다. 미군이 더이상 최강이 아니라는 갤럽 조사 결과를 '황혼 미국'이나 '동맹국 국방비 분담'으로 해석하는 것이 한국식 정서다.

미국에 대한 한국의 역할과 몫이 늘어날 것이라는 해석은 어떨까? 드디어 미국이 한국을 필요로 하는 시대가 왔다는 식으로 풀이하는 것은 어떨까? 워싱턴은 한국의 위상을 높일 수 있는 '상승 무대'가 될 수 있다. 중국이나 일본이 아닌 워싱턴이야말로 한국의 미래를 가늠하는 기본이자 기초에 해당된다.

북핵 문제와 관련해 미중이 워싱턴에서 협상을 벌이는 동안 당사자인 한국은 눈먼 봉사로 떠밀려 다니는 신세로 전락했다. 그렇게 자주 들락거리던 한국 정치인의 그림자는 물론, 한국의 입장이 무엇인지를 밝히는 싱크탱크 포럼 하나 발견할 수 없었다. 메아리조차 없는, 한국에서나 통하는 골목대장 수준의 논리와 주장만이 판을 쳤다. 돈이 아니라 사람이다. 군사력이 아니라 외교력이다. 초대형 이벤트가 아니라 작고 오래가는 가정용 파티다. 요동치는 한반도 전체의 미래는 바로 거기에 달려 있다.

한중일 신년사를 통해 본 3국의 결의

/ 한중일 신년사의 의미 /

2016년 얘기다. 언제나 그러하듯 새로운 결심 계획의 출발점이다. 초등학교 어린이부터 100세 장수 시대 노년층에 이르기까지 새해에 지켜야 할 자신과의 약속을 하나 둘 펼치는 시기다. 일찍 자고 일찍 일어나기부터 체중 감량과 금연에 이르기까지 수십 년간 되풀이된 미완의 계획도 신년을 통해 한 번 더 되새기게 된다. 대통령의 신년사는 새 출발의 결의에 해당하는 국가적 좌표다. 5,000만 국민을 향한 심기일전 청사진 같은 것이 신년사다. 2015년 12월 31일 저녁, 박 대통령은 한복 차림으로 나타나 신년사를 전했다. 전부 2분 8초짜리 비디오 메시지다.

영상을 접하면서 당장 머리에 떠오른 것은 신년사를 대했던 청와대 기자들의 난감한 표정들이다. 신년사 가운데 어디에 방점을 둬야 할지 상당히 머뭇거렸을 듯하다. 한마디로 가슴에 와 닿는 말이 없다. 다음날 신문과 방송에 올라간 신년사 제목을 보자. 대략 '4대 개혁 반드시 완수. 미래 30년 성장 기반 마련' 정도로 압축된다. 4대 개혁이란 말이 2016년 출발점의 키워드다. 취업 준비생이나 정치부 기자라면 몰라도 대한민국에서 4대 개혁의 내용을 아는 사람이 과연 얼마나 될까? 혁명보다 어려운 것이 개혁이라는데 하나도 아닌 네 개의 개혁을 완수하려는 '결단과 용기'는 또 어떻게 해석할 수 있을까? 4대 개혁을 통해 대한민국 내외에서 불어 닥칠 갈등과 태풍을 과연 헤쳐 나갈 수 있을까?

필자가 신년사를 대하는 입장은 박 대통령에 대한 호불호 감정과 무관하다. 대한민국 주변 지도자의 신년사와 비교해볼 때 생기는 위화감이 머리에서 떠나지 않을 뿐이다. 중국 시진핑 주석의 신년사를 살펴보자. 국영 CCTV 비디오를 보면 7분 37초에 달한다. 붉은 넥타이 차림에 배경으로 만리장성 그림이 보인다. 책상을 앞에 둔, 의자에 앉은 상태의 신년사다. 전문을 보자. 말 한마디 전부 중요하고 실감나게 느껴진다. 내용은 어제와 내일로 대변될 수 있을 듯하다. '열심히 했다. 중국인 노벨상 수상자도 나왔다. 항일 승리 70주년 기념식도 성공리에 끝냈다. 통일의 첫걸음으로서 타이완 대통령과도 처음으로 만났다'와 같은 어제의 성공담이 신년사의 출발점이다. 이어 실패나 좌절도 시인한다. 중국인의 노력에 의해 열심히 살아온 2015년이지만 여객선 침몰이나 톈진항 폭발과 선전 토사 붕괴와 같은 비극도 있었다고 시진핑은 고백한다. 아직 갈 길이 멀지만 민주주의로 향해 가는 중국의 변화된 모습을 읽을 수 있는 부분이다.

내일에 관한 메시지를 보자. '중등 수준의 사회를 위해 한층 노력해야 한다. 테러에 맞서 싸우겠다. 국제 사회에서 중국의 역할도 한층 더 강화해 나가겠다.' 한국보다 50배 큰 나라의 신년사이기에 포함된 내용도 엄청나겠지만 메시지 전체를 통해 필자가 특히 주목한 키워드가 있다. 시진핑이 스쳐 지나가듯 언급한 '책임과 행동'이란 표현이다. 주된 범위는 국내가 아닌 글로벌 무대다.

'중국은 영원히 세계에 마음을 열 것이며 곤경에 처한 인민들에게 능력껏 지원의 손길을 내밀어 중국의 기상을 확대해 나갈 것이다.' 중국은 불간섭외교를 근간으로 한 나라다. 1955년 반둥회의 이후 동서 어디에도 속하지 않는 이른바 비동맹외교를 원칙으로 해온 나라다. 군사 동맹은 물론 남의 나라 문제에 간섭하지 않겠다는 노선이다. 그런 기존 방침을 바꿔 앞으로는 국제 문제에 적극 대응하겠다는 것이 신년사의 핵심 중 하나다. 책임과 행동은 그 같은 자세를 압축한 말이다. 일대일로(一帶一路) 계획과 기후 문제, 지속가능한 발전은 중국의 힘을 밖으로 펼치기 위한 제1 과제라고 시진핑은 공언한다. 이미 부분적으로 시작됐지만 2016년은 중국이 능동적으로 움직이는 글로벌 활동 원년이 될 전망이다.

일본의 아베 신조 총리는 어떨까? 정치적 의미의 일본 수반은 천황이다. 따라서 신년사는 천황의 몫으로, 총리는 12월 31일 연두소감(年頭所感)이란 형식의 메시지를 국민에게 전한다. 국민 입장에서 보면 상징적 존재인 천황의 신년사보다 총리의 연두소감이 한층 더 피부에 와 닿는다. 총리의 신년사는 텔레비전이 아니라 글로만 전달된다. 총리는 신년 업무가 시작되는 1월 4일 기자회견을 통해 시정에 관한 자신의 포부나 계획을 다시 한 번 더 알린다. 따라서 연두소감은 기자회견 내용의 핵심이라 볼 수 있다. 아베의 메시지는 필자가 읽어본 결과 대략 4분 30초 내외로 나타났다.

아베의 연두소감은 '돌 위에서 3년(石の上にも三年)'이란 말에서 시작된다. 자신의 집권 기간인 3년을 차가운 돌 위에서 지낸 것으로 표현한 것이다. 추락한 일본을 재생하기 위한 기반으로서의 '초석(礎石) 메우기 3년'이란 해석도 가능하다. 총리로 일해 온 3년을 회상하는, 과거에 주목한 메시지다. 3·11 동북대지진 복구 작업, 안보법제 통과, 경제 회생을 통한 고용 증진에 관한 얘기가 망라된다.

연두소감은 이어 '성을 쌓기까지는 3년이지만 무너지는 것은 단 하루(築城三年落城一日)'라는 일본 속담으로 연결된다. 목표와 자세에 관한 부분이다. 1억 총 활약, GDP 600조 엔 달성, 출생률 1.8이란 국내 차원의 목표와 2016년 일본에서 치를 G7 회담과 아프리카 정상회담 그리고 한중일 정상회담을 통한 국제사회에서의 리더십 발휘라는 글로벌 차원의 비전도 제시한다. 이 같은 일을 추진하려면 국민의 협력과 지지가 필요하다고 강조한다. 메시지 전체를 대하면 아베가 강조한 키워드가 무엇인지 손쉽게 발견할 수 있다. 신년 소감에 여섯 번 등장한 '도전(挑戰)'이란 단어다. "올해는 도전, 도전 그리고 도전뿐입니다. 미래를 향해 과감하게 도전하는 1년이 되도록 하는 것, 그런 결의일 뿐입니다." 아베는 신년 메시지 4일 뒤의 기자회견에서도 도전이란 단어를 2016년 국정 운영의 키워드로 사용했다. 요미우리신문에 따르면 아베는 20분간 이뤄진 신년 기자회견에서도 도전이란 말을 24번 사용했다.

/ 한국 신년사가 놓친 4대 키워드 /

태평양 건너 미국의 신년사는 어떨까? 2016년 버락 오바마 대통령의 신년사는 코미디로 대체됐다. 국제나 정치면이 아닌 연예란을 통해 오바마의 신년사가 소개됐다. 백악관에 찾아온 코미디언과 만나 정치를 풍자하고 자신의 정책을 슬쩍 어필한 퍼포먼스형 메시지다. '오바마스럽다'라고 볼 수도 있지만 필자가 보면 '미국스럽다'라는 표현이 한층 더 정확하다. 미국을 황혼 패권국이라 부르는 사람들이 있지만 반대로 미국은 한층 더 강해지고 있다. 미국 금리 인상 하나만으로도 글로벌 경제 전체가 난리다. 중국도 예외일 수 없다. 경제

성장률, 외환, 수출 등 중국 경제 전체가 미국 금리에 연계돼 있다. 안전하고 은행 이자도 높은 미국으로의 자본 이탈도 중국인 사이에서 급격히 벌어지고 있다. 20세기 미국은 '보이는(visible)' 패권국인데 비해 21세기 미국은 '보이지 않는(stealth)' 강국이다. 백악관 주변 경비처럼 없는 듯 있는 듯한 안전망과 비슷하다. 총칼을 든 시위형 경비원이 아니라 빠른 정보와 첨단 장비에 근거한 철벽 경호 체제다. 신년사를 대신한 오바마의 코미디는 미국의 자신감을 상징하는 증거다. 모든 것이 잘 풀리고 있는 상태에서 굳이 언어로 강변할 필요는 없다.

미국의 코미디 신년사를 논외로 할 때 한국의 메시지는 중국, 일본에 비해 몇 가지 특이한 점을 발견할 수 있다. 첫 번째, 길이다. 중국, 일본보다 훨씬 짧다. 중국에 비해 3분의 1 이하, 일본에 비해 절반 정도 시간의 메시지에 불과하다. 주례사와 졸업사처럼 신년사도 빨리 끝낼수록 좋다고 말할 사람은 드물 것이다. 길다고 해서 좋은 것은 아니지만 박 대통령의 2분 8초 신년사는 세계적으로 볼 때도 가장 짧은 메시지가 아닐까 싶다. 아직 테러가 끝나지 않았다고 강조한 프랑수와 올랑드 프랑스 대통령의 신년사는 무려 9분을 넘긴다. 난민 테러문제에 대한 국민적 지지를 호소한 앙겔라 메르켈 독일 총리의 신년사도 6분 30초에 달한다. 전부 비교하지는 않았지만 경제협력개발기구 국가 가운데 가장 짧은 신년사를 남긴 나라가 한국일 것이다.

둘째는 키워드다. 뭔가 여러 가지 얘기를 하기는 하는데 정작 와 닿는 핵심이 없다. 시진핑이 강조한 책임과 행동, 아베가 부연한 도전과 같은 말이 대한민국 지도자의 신년사에는 없다. 가장 많이 언급된 단어를 찾으라면 메시지 중 세 번 언급된 '창조'다. "창조와 지혜를 상징하는 붉은 원숭이 해를 맞이하여 우리 모두 창조적 열정과 지혜를 함께 모아서…." 이어 "혁신 3개년 계획을 잘 마무리하여 창조 경제와 문화 융성을 확실하게 뿌리 내려서…"에 한 번 등장한다. 붉은 원숭이가 창조의 화신이라는 말은 조금 지나칠 듯하다. 원숭이의 이미지는 창조가 아니라 모방이다. 기껏해야 꾀가 많다거나 재주를 부린다는 수준이라면 이해가 가지만 형이상학적 개념으로까지 와 닿는 '창조적 원숭이'란 말을 어떻게 받아들여야 할까? 덕담을 하자는 의도겠지만 전체 문맥을 보면 창조라는 말을 신년사 속에서 억지로 끼어넣은 듯한 느낌이 든다. 박 대통령이 자주 언급하는 창조경제라는 말을 메시지에 넣는 과정에서 생긴 부조화다. 자연스러우면서 국민의 가슴에 와 닿고 특히 지도자가 혼신을 다해 추진하려는 의미로서의 신년사 키워드라 보기 어렵다.

세 번째 특징은 국제 정세나 국제 문제에 관한 얘기나 대응에 관한 메시지가 전무하다는 점이다. 미국은 물론 중국, 일본에 대한 얘기는 아예 없고 시진핑조차 언급한 테러 문제에 대한 입장 표명도 전혀 없다. 굳이 국제 문제 '비슷한' 것을 찾아내라면 말미에 언급된 북한 관련 메시지다. "튼튼한 안보는 국가 발전의 가장 기본적인 토

대입니다. 빈틈없는 안보 태세로 북한의 도발에는 단호하게 대응하면서 대화의 문은 항상 열어놓고 평화통일의 한반도 시대를 향해 나아가겠습니다."

창조 경제라는 말과 더불어 지난 한 해 동안 박 대통령이 강조한 최다 키워드 중 하나가 '글로벌'이다. 창조 경제와 글로벌은 바늘과 실과 같은 관계일 듯하다. 그러나 정작 신년사에는 글로벌에 관한 부분이 하나도 없다. 전 세계를 불안하게 만드는 테러, 신년에 들어서기 무섭게 터진 중국 경제 붕괴, 유언비어를 양산한다는 한일 위안부 협상의 후폭풍, 미국 대통령 선거와 한국 외교에 관한 얘기가 전혀 없다. 평소 박 대통령이 강조하던 글로벌 발상과 전혀 딴판인 국내 문제에 99.99퍼센트 집중하는 내용으로 채워져 있다.

네 번째 특징은 슬로건 형 메시지에 관한 부분이다. 앞서 밝혔듯이 '4대 개혁' 같은 부분이다. 4대 개혁은 물론 창조 경제가 무엇을 의미하는지, 마지막에 언급된 '경제 혁신 3개년 계획'이 월급, 취직, 정년과 어떤 관계를 갖는지? 필자는 4대 개혁, 창조 경제, 경제 혁신 3개년 계획 같은 단어를 '집단주의, 사회주의, 결과주의' 경제 체제의 표본으로 해석한다. 구체적 내용에 대한 국민적 이해는 필요 없다. 일단 내려진 슬로건에 맞춰 앞으로 나아가기만 하면 된다.

시진핑이 말한 '12차 5개년 계획 성공'과 비슷한 맥락이다. 12차 5개년 계획은 공산당 간부들이 정한 슬로건일 뿐 일반 국민의 관심이나 실익과는 거리가 멀다. 흔히 말하듯 피부로 와 닿는 소통형 메시지가 박 대통령 신년사에는 드물다. 필자의 개인적 판단이지만 아베 총리는 물론 시진핑 주석에 비교한다고 해도 도를 넘어선 '집단주의, 사회주의, 결과주의'에 충실한 슬로건들이다.

/ 대의명분에 집착하는 한국의 외교와 정치 /

〈타임 100〉은 매년 연말 발표되는 홍미로운 읽을거리다. 부제인 '세계에서 가장 영향력이 있는 사람(The Most Influential People in the World)'에서 보듯 100명의 글로벌 뉴스메이커를 통해 지난해를 되돌아보는 식이다. 2015년 한국인으로 〈타임 100〉에 오른 인물은 아무도 없다. 역대 대통령을 비롯한 정치인과 기업 대표, 운동선수로 100인 리스트에 올랐던 나라지만 2015년에는 제로다. 북한의 김정은은 5년 연속 100인 범주에 들어갔다. 〈타임 100〉이 국가 위상이나 국민 수준을 가늠하는 전부는 아닐 것이다. 〈타임 100〉에 한국인이 없어도 좋다. 필자가 주목하는 부분은 〈타임 100〉의 한국인 유무가 아니다. 〈타임 100〉에 한국인이 전무하다는 사실에 대해 너무도 무심한 한국적 분위기가 신기할 뿐이다. 세상에 대한 관심이 없다는 말이다. 2015년 〈타임 100〉 가운데 아시아 출신은 16명이다. 중국인 네 명, 일본인 두 명, 인도인 두 명이 들어가 있다. 중국, 일본, 인도의 오늘과 내일을 알 수 있도록 만드는 근거가 이들 100인 멤버를 통해 알 수 있다.

〈타임 100〉과 더불어 독일 총리 메르켈이 '〈타임〉 2015년 올해의 인물'에 뽑힌 것도 해외 토픽 정도로 간단히 처리된다. 수많은 잡지 중 하나인 〈타임〉 기사에 왜 신경을 써야 하냐고 반문할지 모르겠다. 〈타임〉은 세계의 흐름을 압축해서 전해주는 매체다. 메르켈이 〈타임〉 올해의 인물이 된 것은 강한 독일을 배경으로 한다. 메르켈의 등장은 유럽의 맏형 통일독일의 복권이란 식으로 연결될 수 있다. 전전(戰前) 체제의 완전한 부활이다. 따라서 1945년 이전 이뤄진 삼국 동맹 일원인 일본의 완전한 복권과 부활도 곧 이어질 것이라는 분석이 가능해진다. 개인적인 판단이지만 가까운 시일 내에 아베가 〈타임〉 올해의 인물에 오를 것으로 추정된다. 이웃나라 지도자가 세계를 움직이는 지도자에 오를 수 있다는 얘기다. 한국에서는 그 같은 논의나 관심이 전무하다.

〈타임 100〉 얘기를 꺼낸 이유는 대통령이 전한 신년 메시지 속 특징을 재차 살펴보기 위해서다. 박 대통령의 신년 메시지의 네 가지 특징 가운데 필자가 주목하는 것은 세 번째 부분이다. 글로벌 이슈에 관한 얘기나 대응에 관한 메시지가 전무하다는 것이다. 천동설과 지동설은 15세기 갈릴레이 시대의 상황에 그치지 않는다. 한국의 외교, 나아가 정치를 보면 모든 세상이 나를 중심으로 움직인다는 천동설 신자로 메워져 있다. 밖의 얘기를 하거나 다른 관점의 분석을 하면 지동설 미치광이로 매도되기 쉽다.

그 난리를 치다가 허무하게 끝난 산케이신문 지국장 기소 문제는 천동설 신자들의 해괴한 발상이 어디까지 갈 수 있는지를 보여준 좋은 증거다. 아무리 미워도 언론 자유 민주주의라는 국제적 상식을 무시할 수 없다는 지동설 지지자들의 생각은 철저히 무시됐다. 천동설 신자들의 눈에는 코앞에서 변해가는 하늘만 보이는 법이다. 세상이 한국을 중심으로 돌아가기 때문에 국제 문제에 적극 대응하거나 글로벌 무대에 애써 나설 필요가 없다고 믿는다.

한국이 아니라 바깥세상이 칼자루를 쥐고 있다고 말하는 지동설 지지자들의 생각은 사대주의적, 비애국적으로 치부될 뿐이다. 천동설 신자의 특징이지만 대의명분에 집착한다. '목숨을 걸고 역사와 민족의 이름으로'라는 식의 세계관으로 배수진을 친다. 전략 전술로서의 정치 외교와 전혀 무관하다. 필자는 천동설 세계관의 압축판이 바로 2016년 한국 대통령의 신년사라 믿는다. 연설 대필자가 임의로 쓴 글이 아니라 평소 한국 대통령의 사고에 맞춘 세계관이 2분 8초 짜리 메시지에 드러나 있다.

/ 〈타임 100〉의 무관심은 우연이 아니다 /

종군위안부 문제는 시작부터 끝까지 천동설 대일관이 드러낸 또 하나의 호례다. 시작은 2013년 3월 1일 "가해자와 피해자라는 역사적 사실은 1,000년이 흘러도 변할 수 없다"라는 발언에서 시작된다. 국내 피해자를 고려한 정치적 발언이다. 10년, 길면 100년까지 이어질 한을 1,000년까지 끌어올린 것이다. 1만 년까지 올라가지 않은 것을 다행으로 여길 수도 있겠지만 과연 전 세계에서 1,000년 동안 한을 품고 살아가는 나라나 민족이 어디에 있을까? 설령 그 같은 생각을 갖고 있다 해도 밖으로 표현하는 것 자체가 이상하다. 상상하고 싶지 않지만 1,000년이라는 숫자에서 묻어나는 샤먼적인 냄새가 머릿속 끝까지 파고든다. 진짜 검사(劍士)는 상대에게 악담을 퍼붓거나 코너로 몰지 않는다. 아무 말 없이 조용히 처리하면 된다. 칼에 피를 묻히지 않는 것도 진짜 칼잡이다.

국내 여론을 고려한 천동설 발언들이 지난 3년간 남발됐다. 천동설 신자들이 주도해온 '만병통치약으로서의 반일'이다. 3년간 천동설 발언에 살아온 국민들은 황당하게 끝난 종군위안부 합의 결과를 목격하게 된다. 1,000년 한의 결과치고는 너무도 빈약하고 애매하다. 국민의 기대가 처음부터 컸다고 볼 수는 없다. 3년에 걸쳐 국민의 기대를 한없이 키운 장본인은 바로 현 정권이다.

필자는 종군위안부 합의 결과를 부정하지는 않는다. 누군가 언젠가는 해결해야 할 큰 산을 넘었다는 점에서 '자괴적(自愧的)' 박수를 칠 뿐이다. 국민적 기대를 한없이 높인 지난 3년의 천동설 대일관이 애처로울 뿐이다. 중요한 문제는 종군위안부 합의 이후의 한일 관계다. 필자는 합의 직후 일본 외무성에서 일하는 미주 담당 외교관 친구에게 내부 반응이 어떤지 물어봤다. 대답은 '안티 차이나 스쿨(Anti China School)'에 관한 부분부터 시작됐다.

'과거 외무성 고위 관료에 오르려면 한국과 중국 부임이 필수 요건이었다. 이른바 차이나 스쿨, 코리아 스쿨이다. 유학을 통해 중국어와 한국어가 가능하고 현지 지인도 많은 외교관들이다. 아시아를 중시한 총리 다나카 가쿠에이(田中角栄) 외교의 영향이기도 하지만 단카 이세대 외교관들의 반미 정서가 아시아 스쿨 득세의 이유일 것이다. 21세기에 들어 아시아 스쿨은 다른 얼굴로 변해간다. 작은 규모의 코리아 스쿨은 말할 것도 없고 차이나 스쿨 외교관도 점차 사라진다. 그 대신 안티 차이나, 안티 코리아 스쿨이 나타난다. 오늘날 아시아 스쿨이라 하면 반중, 반한을 기본으로 한 외교관을 의미한다. 그렇지만 한국, 중국을 제외한 아시아 제국 일본과 긴밀하다. 외무성 내 분위기만을 본다면 종군위안부 합의는 아시아 스쿨 내에서 안티 코리아 스쿨이 사라진다는 것을 의미한다. 양국 간 현안이 해결된 상태에서 미국과 동맹 관계에 있는 한국을 굳이 적으로 돌릴 이유는 없다. 그렇지만 남은 안티 차이나는 한층 더 힘을 발휘할 것이다. 중국 문제를 다루는 최고위 외교관은 중국어를 모르는 인물들로 채워져 있다. 중국어가 가능하다는 것이 오히려 출세에 장애가 될 정도다. 주의할 부분은 안티 코리아 스쿨이 사라진다고 해서 반대로 프로 코리아 외교관이 나온다는 의미는 아니라는 점이다. 예전처럼 한국을 우선시하고 프리미엄을 주던 프로 코리아 스쿨 주도 하의 대한(對韓) 외교는 끝났다. 실무형, 법률형, 중립형 코리아 스쿨이 종군 위안부 문제 합의 이후 일본 외무성의 얼굴이 될 것이다.'

안티 코리아 스쿨이 사라진 상태에서 한일 간에 이뤄질 실무 차원의 공동 관심사로 과연 무엇이 부각될 수 있을까? 그 같은 문제를 언급하기 전에 2016년 워싱턴의 분위기를 살피는 것이 중요하다. 잘 알려져 있듯이 종군위안부 문제 합의에 이르는 과정에서 미국의 역할은 절대적이었다. 천동설 신자들은 부정할지 모르지만 합의 이후의 국면을 제대로 이해하기 위해서도 미국의 흐름을 제대로 파악해야만 한다.

최근 워싱턴에서는 '오프쇼어 밸런싱(Offshore Balancing)'이라는 용어가 유행 중이다. 직역하면 '역외 균형' 정도로 표현할 수 있다. 간단히 말해 미국이 글로벌 컨설턴트로 나선다는 의미다. 미국 밖에서 무력 충돌 가능성이 있을 경우 글로벌 카우보이인 미군이 직접 나서는 것이 아니다. 충돌 당사자들을 불러 다독거리며 서로 간의 세력 균형을 꾀하는 글로벌 컨설턴트로 나서는 국제 정치다. 극단적으로 보면 고립주의와 비슷한 개념이지만 완전히 손을 떼는 것이 아니다. 지역 내 영향력을 통해 중재하지만 마지막까지 안 될 경우 무력 개입에 나설 수 있다는 점에서 고립주의와는 다르다. 오바마 전 대통령이 우크라이나, 시리아에 미군을 파견하지 않고 관계국들과의 대화에 열중하는 것도 오프쇼어 밸런싱이란 측면으로 해석할 수 있다. 오프쇼어 밸런싱은 미군 파병을 자제하려는 민주당의 생각과 일치

하지만 남부에 기반을 둔 정통 공화당원들도 지지하는 외교 정책이다.

워싱턴 보수계 싱크탱크의 한 연구원은 한일 종군위안부 합의 문제를 미국의 동아시아 오프쇼어 밸런싱의 출발점이라 해석한다. 아시아 전문가이자 필자의 10년 지기이기도 한 연구원의 분석이다. '중국이 아시아 패권을 차지하기 위해 전쟁을 벌일 경우 이외에 한해, 앞으로 동아시아 안보는 지역 내 이해 관계자들이 직접 맡아야 할 것이다. 다시 말해 중국을 상대로 한 일본의 센카쿠 문제나 곧 닥칠 한국의 이어도 문제의 경우, 각국이 직접 처리하는 식으로 갈 것이다. 북한의 경우도 핵 문제를 논외로 할 경우 남북 당사자의 문제로 처리될 것이다. 사실 한국이 부딪힐 진짜 시련은 미국과의 협상을 통해 북한 핵이 해결된 이후부터 시작될 가능성이 높다. 북 핵이 있기에 한미 동맹이 기능하지만 북 핵이 사라질 경우 한반도는 한국이 직접 처리해야 할 과제로 남을 것이다. 일본도 똑같은 상황이다. 동맹국 미국이 측면 지원은 하겠지만 궁극적으로 일본을 적대시하는 중국을 상대할 나라는 바로 일본 자신이다. 언제까지 갈 지는 모르겠지만 중국은 아직까지 미국을 적대시하지 않는다. 결론적으로 보면 오프쇼어 밸런싱에 근거해 큰 그림은 미국이, 작은 그림은 당사국이 직접 해결하는 방식이 펼쳐질 것이다. 크고 작은 그림의 경계가 어디까지가 될지는 미국과의 대화를 통해 도출해낼 과제다. 동맹 관계라 해서 모든 것을 미국이 떠안는 상황은 더 이상 없다. 단순한 무력시위나 정보 보급 차원의 도움은 있겠지만 피를 흘리는 전쟁 참가는 '극히' 예외적인 경우에만 일어날 것이다. 트럼프 대통령 아래서도 상황은 변하지 않을 것이다. 한일 두 나라가 좋은 관계를 갖는다는 것은 미국의 지역 내 오프쇼어 밸런싱 역할이 보다 더 효과적이 될 수 있다는 의미다. 모두가 잘된 것이다.'

/ 무혈로 이루어지는 디지털 전쟁의 시작 /

군사 안보 문제는 오프쇼어 밸런싱 정책 여부에 관계없이 가장 먼저 닥칠 한일 협력 분야다. 한반도 유사시를 대비한 한일 간 군사 협력 부분이다. 핵심은 2016년 11월 체결된 군사정보포괄보호협정(GSOMIA)이다. 2016년 초 북한 김정은의 수소폭탄 실험에서 보듯 한국은 관련 정보를 사전에 입수하지 못한 것으로 드러났다. 일본과 미국은 실험 이전에 이미 상황을 파악하고 있었다. 한반도에서 일어난 사건을 한국만 모른 채 미국과 일본이 사전에 파악하고 있었다는 얘기다. 한국을 미일 군사 체제로 끌어들이기 위한 '음모론적 누수(leak)'로도 느껴지지만 분명한 것은 대세가 한미일 정보 공조로 흘러간다는 점이다. 정보 공유는 얻는 것만이 아닌 주는 것을 전제로 한 것이다. 앞으로 드러나겠지만 한국의 경우 사람을 통한 아날로그 정보, 일본의 경우 위성과 테크놀로지를 통한 디지털 정보가 주를 이

룰 것이다. 미국 발 정보를 한국이 일본과 균등하게 받을지 여부도 짚고 넘어가야 할 부분이다.

군사정보포괄보호협정과 관련해 한국은 사이버(cyber) 및 스페이스(space) 보안에 주목해야 한다. 사이버와 스페이스는 2016년 워싱턴 펜타곤의 최대 현안이 될 전망이다. 2015년 오바마가 시진핑에게 사이버 도둑질을 그만두라고 경고했지만 중국은 예전 버릇을 고치지 못하고 있다. 계속해서 사이버 도둑질을 벌이고 있다. 거꾸로 2016년 중국의 군사 개편을 통해 전략 미사일 부대로 알려진 제2 포병을 '로켓 군'으로 승격하고 사이버, 스페이스 전쟁을 염두에 둔 '전략 지원 부대'도 신설했다. 사이버와 스페이스는 동전의 양면과 같다. 오바마의 경고에 대한 정면 도전인 셈이다. 피를 흘리는 전쟁이 아니라 무혈로 이뤄지는 디지털 전쟁이 2016년 아시아 무대에서 시작되었다. 일본은 이미 그러한 상황을 예상하고 '미일동맹 3.0'으로 나아가고 있다. 워싱턴의 분위기에 근거한 필자 개인의 판단이지만 미국 동맹국으로서 한국이 맞이할 중국과의 갈등은 곧 닥칠 사드 한반도 배치에 국한되지는 않을 것이다. 군사정보포괄보호협정이 이뤄질 경우 사이버 및 스페이스 보안으로 이어지는 것은 당연하다. 평창 동계올림픽을 앞둔 한국 입장에서 보면 군(軍)만이 아니라 정부, 기업, 민간 모두에 활용될 사이버 보안이 절실하다.

문제는 협정 체결 후 한국이 원하는 만큼의 기술과 정보가 미국이나 일본에서 제공될 수 있을 것인가, 라는 부분이다. 자칫하다가는 협정을 통해 정보 식민지나 일본의 제2 중대 같은 역할에 머물 수 있다. 정보 협정은 물론 사이버 및 스페이스 보안 협력 자체도 중요하지만 질적인 면에서 한국이 얼마나 얻어내고 공헌할 수 있을지도 한일 간 대화를 통해 풀어나가야 한다. 시기적으로 보면 평창 동계올림픽 2년 뒤인 2020년 도쿄 하계올림픽이 열린다.

일본은 도쿄 올림픽을 사이버 보안의 원년으로 삼으려 뛰고 있다. 정부만이 아니라 기업 및 개인에 이르기까지 사이버 테러에 견딜 수 있는 난공불락 보안 체제로 무장할 계획이다. 한국의 주민등록번호와 비슷한 마이넘버(My Number) 제도도 순식간에 도입됐다. 한국 입장에서 보면 주민등록번호 체제 하의 아날로그 및 디지털 경험을 전해주면서 평창과 도쿄 올림픽에서의 사이버 보안 공유 체제를 구축하는 것도 의미가 있을 것이다.

글을 쓰는 이 순간, 10년간 중단됐던 한일 공무원 교류가 시작된다는 뉴스가 들린다. 한국인 치고 일본의 악행을 기억하지 않는 사람은 없을 것이다. 그러나 시간은 미래로 흘러가고 있다. 어제를 강조하는 것은 좋지만 어제에 매달려 살 필요도 없다. 현재 벌어지는 상황을 따라가고 주워 담기에도 힘에 부친다. 한국의 근현대사는 왕조 몰락, 식민지, 남북 전쟁이란 세 개의 초대형 폭탄으로 초토화됐다. 가장 큰 원인은 세상과 문을 닫고 사는 천동설 세계관에서 찾을 수 있다. 지금까지 겪은 것만으로도 충분하다.

가까운 시일 내에 한일 정상이 만날 것이다. 빠르면 빠를수록 좋다. 많은 문제들이 논의될 수 있을 것이다. 한국이 일본을 필요로 하듯 일본 역시 한국을 절실히 필요로 한다. '1,000년의 한'이 아니라 앞으로 한일 간 이뤄질 희망찬 '1,000년 왕국'이 양국의 대화 중심에 서길 기대한다.

미일동맹 3.0

/ 미일동맹 2.0 그 이후 /

세상을 보는 눈(目)은 두 가지로 나뉜다. 관찰하고 비교하는 '관(觀)'
과 오감 중 하나인 시각에 의존하는 '견(見)'으로서의 눈이다. 머리를
필요로 하는 것이 '관', 눈의 조리개를 활용한 것이 '견'이라 볼 수 있
다. '백 번 듣는 것보다 한 번 보는 것이 낫다(百聞不如一見)'라는 말이
있지만 백 번 듣는 것을 압도하는 단 한 번의 위력은 '견'이 아니라
'관'에 있다. '견'으로 세상을 대할 경우 백 번 봐도 소용이 없다. 눈앞
에 드러난 것이 아무리 많아도 자기가 보고 싶은 것만 보는 것이 인
간 생리다. 불교의 보살(菩薩) 가운데 대표적인 것이 관세음(觀世音)이

다. 견세음(見世音)이 아니다.

2015년 11월 초 도쿄를 방문한 것은 '견'이 아니라 '관'으로서 일본을 이해하기 위해서다. 거창하게 얘기하자면 불교의 천태종에서 말하는 '지관(止觀)'을 통한 탐구다. 근본적인 부분에 주목하면서 지혜를 통해 사물의 진리를 파악하자는 것이 지관이다. 종교만이 아닌 현실 세계에도 그대로 적용된다. 일본에 가서 일본인의 생각과 일본 사회의 공기를 피부로 절감하는 것은 지관에 이르는 기본 조건에 해당된다.

11월에 앞서 필자는 2월에 일본을 찾았다. 9개월 만에 다시 찾았지만 변화가 엄청나다. 일희일비(一喜一悲)하는 '견'으로서 일본을 본다면 10년 전과 별다를 바가 없다. 반면 꾸준히 살펴보면서 이해하는 '관'으로서 대하면 달라진다. 필자의 주관적 판단이지만 불과 9개월 동안 경천동지(驚天動地)할 변화가 생겼고 현재도 진행 중인 나라가 일본이다.

2015년 12월 열도 변화의 핵으로 자리잡은 주역은 안보법 제정이다. 지난 9월 중순 일본의회에서 통과된 법이다. 전후 일본, 아니 메이지유신 이후 열도의 상황을 근본적으로 바꾼 행동 준칙에 해당한다. 한국의 신문, 방송을 통해서도 잘 알려져 있듯이 안보법의 골자는 '자위대의 미군 2중대 편입을 위한 법적 장치'로 압축된다. 미일협력에 관한 가이드라인 개정을 통해 업그레이드된 '미일동맹 2.0' 체제를 지지하는 법이다. 미일동맹에 근거해 미군과 함께 전 세계 어디든 함께 갈 수 있고 갈 의향을 가진 나라가 현재의 일본이다. 패전 직후 만들어진 평화 헌법은 자위대의 공격용 무력 개입을 전면 금지해왔다. '미일동맹 2.0' 실행을 가로막았던 법적 문제가 안보법을 통해 '전부' 해결된다.

안보법 통과를 보면서 필자의 머리에 떠오른 것은 영일동맹(英日同盟)이다. 1902년 이뤄진 일본 역사상 최초의 군사 동맹이다. 잘 알려져 있듯이 영일동맹은 러시아를 타깃으로, '미일동맹 2.0'은 중국을 가상 적으로 여긴 군사 협력 체제다. 113년 시차는 있지만 일본의 안보에 직결되는 동맹이다. 서로 비슷하게 보이지만 안보법을 통한 '미일동맹 2.0'의 위상과 위력은 20세기 초 영일동맹을 압도한다. 20세기 초 영국은 이미 꺼져가는 대제국에 불과했다. 러시아와 독일이 승천하고 프랑스를 비롯한 유럽 제국의 식민지 경영이 절정기에 달했다. 영일동맹이라고 하지만 양국이 전면적인 차원에서 상대의 안보를 책임질 것이라 믿는 사람은 아무도 없었다. 부분적인 군사 협력은 이뤄지겠지만 외교나 정보 차원의 상호 협조가 동맹의 골자다. 그 같은 제한적 관계임에도 불구하고 일본은 영일동맹을 충분히 활용한다.

영일동맹 구축 2년 뒤인 1904년 닥친 국가적 위기를 영국의 도움으로 해결해낸다. 러시아 발틱함대의 일본 정벌이다. 일본 해군은 영국의 군함 제조 기술을 도입해 해군력 강화에 총력을 기울인다. 영국의 정보력에 의존해 러시아의 화력 작전, 나아가 군의 사기까지 충분히 알고 있는 상황에서 해전에 임한다. 무적함대 발틱함대의 전설은 막 탄생된 신흥 해군 국가 일본에 의해 한순간 사라진다. 느슨한 동맹관계였지만 일본은 영국을 통해 국난을 극복한다.

'미일동맹 2.0'은 기술이나 정보에 국한되지 않는다. 함께 작전을 벌이면서 '혈맹(血盟)'으로서 함께 싸우는 체제다. 글로벌 패권에서 멀어져 가는 나라라고는 하지만 21세기 미국의 위상과 위력은 20세기 초 영국에 비교할 수 없을 만큼 넓고도 깊다. 안보법은 그 같은 나라와의 일체화를 보장한 최종 확인서에 해당한다.

도쿄 도착 후 안보법 제정 이후의 일본을 이해하기 위해 만난 사람은 현직 외교관이다. 현재 '미일동맹 2.0'과 관련된 핵심 부서에서 일하는 인물로 필자와는 15년 지기 친구이기도 하다. 대화는 익명을 전제로 이뤄졌다. 시작은 '마이너스에서 제로로 올라섰다'는 아베 신조 총리의 외교에 관한 얘기다.

/ 민주주의와 동맹에 근거한 외교의 완성 /

"일본은 이제 겨우 땅에 착지한 상태다. 전후 어둠 속에서 여러 나라에 떠밀려 방향을 잃고 헤매던 것이 일본 외교다. 모두가 방향을 잡고 원칙과 가치에 근거해 나아가게 됐다. 싫어하는 사람도 많겠지만 아베가 그 같은 나침판을 만들어낸 주인공이란 점은 부인할 수 없을 것이다."

일본이 말하는 원칙과 가치가 무엇인지 물어봤다. 대답은 간단했다.

"민주주의에 근거한 동맹이다. 인권의 자유, 언론의 자유를 무시하는 나라와는 같은 배를 타기 어렵다. 물론 원칙과 가치가 다르다고 해서 글로벌 시대의 비즈니스까지 막지는 않을 것이다. 사실 막을 수도 없다. 그렇지만 마음을 트는 친구가 될 수는 없다. 긴장 속의 관계 정도라 해둘까? 아시아에서 진짜 민주주의를 향유하는 나라는 일본, 한국, 대만, 인도 정도에 불과하다. 일본은 이들 나라와의 관계 증진을 최우선시 한다. 안타깝게도 한국은 그 같은 일본의 노력에 부정적이다. 한국과 달리 인도, 대만과의 협력 체제는 한층 강화되고 있다."

필자가 도쿄에 들른 시기는 한중일 3국 정상회담이 끝난 직후다. 박근혜 정부의 외교 최우선 과제로 자리잡아왔던 종군위안부 문제는 어느 틈엔가 꼬리를 내린 채 사라져 가고 있다. 3년 가까이 한국 외교가 총력을 기울였던 종군위안부 문제는 '연내 타결 요구'라는 한국 측의 일방적 통보로 막을 내렸다. 그러나 그 같은 문구는 한국 측의 일방적 요구일 뿐이다. 일본은 '조기 해결을 위한 교섭 가속화'가 한일 간 합의 사항이라고 말한다. 연내 타결도 아닌 조기 타결, 그것도 지금 당장 시작하는 것이 아니다. 조기 타결을 위한 교섭의 가속화다. 교섭을 많이 한다는 전제 하에 조기 타결에 나서겠다는 것이다. 연내 타결과는 엄청난 거리를 가진 문구다.

한국 외교의 모든 것을 건 종군위안부 문제는 결국 아무런 결론 없이 일본의 '관용'에 매달리는 식으로 사라지는 중이다. 한국 정부가 내세운 연내 타결이란 마지노선이 지켜지리라 믿는 사람은 아무도 없다. 사실 연내 타결 데드라인인 2015년 12월 31일이 지나도 박 대통령이 던질 카드는 거의 없다. 미중, 미일 사이의 판세를 읽는 사람이라면 연내 타결 데드라인이 끝난 2016년 1월 1일 이후 한국 외교의 행보를 '간단히' 전망할 수 있다.

동아시아 외교의 주도권은 일본으로 넘어갈 것이다. 한국은 일본의 도움을 필요로 하는 '동의 요청서'에 목을 맬 것이다. 한중 FTA 지상주의자에 의해 철저히 무시된 TPP 가입 문제는 대표적인 예다. 한일 정상회담 후 한국 정부는 '한국 TPP 가입 일치'란 식의 발언을 흘렸다. 일본은 어떨까? '한중일 FTA 추진 일치'를 내세웠다. 일본은 한국의 TPP 가입 문제가 아니라 한중일 FTA 추진을 우선시한다. 한중일 FTA에 TPP 룰을 그대로 적용하겠다는 것이다. 저작권과 환율 조작 금지는 가장 중요한 사항이다.

5년 전 한국이 중국에 올인하는 순간 일본은 TPP에 총력을 기울인다. 결국 아시아의 대형(大兄) 자리에 올라선다. 미국에 가서 TPP 문제를 논의하려 해도 결국은 일본에 가서 알아보라는 식의 답만 얻어냈다. 한국으로서는 받아들이기 어렵겠지만 옳고 그르고를 떠나 그런 상황은 이미 기정사실로 자리잡고 있다. '당당, 호탕, 통 큰'이란 부사 및 형용사로 통하던 한국의 외교는 명사, 동사, 숫자를 통한 일본 외교에 철저히 공략될 운명이다.

/ 더 이상 사용할 외교 카드는 없는가 /

한국에서는 거의 무시되고 있지만 산케이신문 지국장 문제도 한국이 아니라 일본의 카드로 적극 활용될 전망이다. 대통령에 대한 체면은 살리겠지만 오래 끌면 끌수록 한국 외교에 불리하다. 국내에서는 통하겠지만 외국에서는 언론 자유에 반하는 대표적인 예로 거론된 지 오래다. 국제 언론 단체는 물론 국제연합자유규약위원회(Human Right Committee)가 산케이 지국장 징역형에 대한 우려의 메시지를 던지고 있다. 아베는 이들 단체들의 성명을 근거로 한국을 언론 탄압국으로 몰아가고 있다.

결국 종군위안부 해결을 위한 카드는커녕 거꾸로 일본이 너무도 많은 카드로 한국에 맞대응할 상황만이 기다리고 있을 뿐이다. 목소리는 높일 것이다. 그러나 일본은 미동도 안 할 것이다. 아베가 도쿄로 돌아간 바로 다음날 '연내 타결 불가'를 언론에 흘린 것은 너무도 당연하다. 그 같은 말에 대응할 만한 박 대통령의 카드가 별로 없기 때문이다.

외교의 원칙과 가치는 '결코' 정권 내 문제에 국한되지 않는다. 길어야 대통령 임기인 5년 만에 끝날 수준의 외교는 전략 전술과 여러 차원의 수단에 불구하다. 원칙과 가치는 대통령을 넘어선 장기적, 보편적 관점의 세계관이다. 정권 내에서나 통하는 반일에 근거한 외교는 국내 정치용 지지율 상승 카드의 일환에 불과하다. 만병통치약이 될 수는 있지만 범위는 국내에 국한된다. 대통령의 대일 강력 발언과 함께 아베는 규탄 대상이 되고 덩달아 정권 지지율은 올라간다. 국내 정치가 혼미할수록 반일 만병통치약의 효과는 강력해진다.

빛이 강할수록 어둠은 한층 더 강하게 다가온다. 반일 목소리를 높이던 정권이 바뀌는 순간 다시 말해 대일 규탄 발언의 주역이 사라지는 순간 남겨진 피해는 차기 정권이 전부 뒤집어쓰게 된다. 결코 '달갑지 않은' 상황 하에서 차기 정권은 한층 더 약발이 강한 반일 전략 전술에 매달릴 것이다. 현재의 한일 관계는 이명박 정권 말기부터 이어진 전(前) 정권의 유산이자 연장선이기도 하다.

국제정치학의 기본이지만 분명한 원칙과 보편적 가치는 소국이 대국을 상대하는 최후의 무기에 해당된다. 적당한 선에서 정치적으로 타협하거나 밀실외교로 대국과 상대할 경우 그 피해는 자자손손 후대로 이어진다. 최악의 외교는 최근 3~4년간 한국 외교를 풍미한 국내 정치의 연장선으로서의 무원칙, 무가치 외교다. 반일을 열심히 부르짖는 동안 이미 잃었거나 잃어갈 국익이 어느 정도인지 알고나 있는지 궁금하다. 전략 전술을 원칙과 가치라 믿는 사람들은 '그렇다면 친일로 가는 것이 원칙이자 가치란 말인가?'라고 반문하면서 몰아세운다. 외람되지만 필자는 그 같은 사람들을 감히 '바둑알 머리'라 부르고 싶다. 세상의 돌은 흑과 백만 있는 것이 아니다.

'견'이 아니라 '관'으로 세상을 보는 한, 일본이 한국보다 약하다고 믿는 사람은 드물 듯하다. 그런 일본이 민주주의와 동맹을 21세기 외교의 나침반으로 잡아둔 상태다. 박 대통령의 요구에 맞춰 아베 총리가 연내 타결을 시행하지 않을 경우 한국 외교의 원칙과 가치는 과연 어디로 흘러갈까? 아니 보다 근본적인 차원의 궁금증으로, 흑백 바둑돌을 넘어선 한국 외교의 원칙과 가치는 과연 무엇일까? 한미동맹, 천안문광장에서 행한 중국과의 우정 아니면 아스라한 기억으로 사라지고 있는 민주주의 한국일까?

일본 외교관과의 대화는 민주주의와 동맹에 근거한 일본의 향후 계획에 대한 얘기로 이어졌다. '안보법으로 발판을 굳힌 상태에서 일본 외교의 차기 목표는 무엇인가?' 해답은 미일동맹론에서 시작됐다. '미일동맹을 보다 심화하는 것이 일본 외교의 핵심 현안이다.' 일본 자위대가 2중대로 나선 상태에서 무엇을 할 수 있는지가 궁금했다.

'가이드라인 개정과 안보법 이후의 미일 관계는 나토(NATO)나 미영(美英) 정도라 해석할 수 있다. 일본의 목표는 나토를 넘어서 미국과 이스라엘의 관계에 준하는 수준으로 나아가는 것이다. 함께 전투에 나서는 혈맹으로서만이 아니라 정보와 기술에 근거한 '머리 동맹'이다. '블러드(blood)'에서 '브레인(brain)'으로 옮겨간다는 의미다. 주된 분야는 사이버테러 대응과 우주 협력 체제 구축이다. 미일동맹 3.0 정도라 부를 수 있을 듯하다. 지난 9월 말 시진핑 주석의 미국 방문을 기억할 것이다. 당시 오바마 대통령이 제시한 최대 현안은 사이버테러 문제다. 중국에게 사이버 도둑질을 당장 그만두라고 요구했다. 21세기형 안보 영역으로 자리잡은 것이 사이버테러 문제다. 미국이 치를지도 모를 중국이나 러시아와의 전쟁은 육탄전이 아니라 사이버 전쟁에서 시작될 것이다. 우주 협력 체제는 우주선에서 양국 우주인들이 함께 유영을 하고 사진을 찍는 수준에 그치지 않는다. 인공위성을 통한 정보전이나 우주에서의 전쟁도 미일이 함께 대응하는 식이다. 미국의 인공위성이 공격을 받을 경우 일본이 지원에 나서는 방식도 있다.'

구체적으로 이스라엘이 어떤 모델로 자리잡고 있는지 물어봤다. '사이버, 우주 분야에서의 미국과 이스라엘의 관계는 굳건하고도 특별하다. 정보만이 아니라 안보 분야의 인적 교류도 엄청나다. 이미 시작된 미일동맹 3.0은 '아시아에서 이스라엘 같은 일본'을 목표로 한다. 이스라엘이 그러하듯 일본의 정보와 기술을 통해 아시아에서 미국의 군사적 우위가 확보되는 셈이다. 미국은 하루라도 빨리 일본이 제2의 이스라엘로 자리매김해주길 기대하고 있다. 사이버 우주 분야의 전문가는 아니지만 앞으로 5년 내 이스라엘 수준의 미일동맹 3.0이 구축될 것으로 본다. 항공모함이나 최신 전투기에 비교할 경우 사이버나 우주에서의 협력 체제는 그렇게 많은 시간이나 예산을 필요로 하지 않는다. 사실 필요한 사람 수도 수천, 수만 단위가 아니다. 짧은 시간 안에 제한된 예산과 인력만으로도 협력 체제를 충분히 구축해낼 수 있다. 물론 그 같은 협력 체제는 깊은 상호 신뢰를 기반으로 한 것이다. 자연스러운 관계가 되겠지만 일본과 이스라엘과의 협력 체제도 보다 더 활발해지고 굳건해질 것이다.'

/ 한국에 대한 미국의 신뢰도 문제 /

미일동맹 3.0이 시작되는 순간, 서울에서는 한국형 전투기(KF-X)의 기술력에 대한 얘기가 연속 드라마처럼 이어지고 있다. '일급비밀'이라는 그럴듯한 타이틀과 함께 미국 기술력의 80퍼센트에 준하는 자체 기술력을 갖고 있다는 얘기도 들린다. 축하해주고 싶지만 사실 발표 그대로 믿기는 어렵다. 군사 기술이라는 것이 최첨단 기술에 근거한 0.01퍼센트 싸움이란 점을 감안할 때 80~90퍼센트 기술력이 무슨 의미를 가질 수 있는지도 의문이다. 왜 그 같은 얘기들이 기술력 이전 요청에 'No'라는 답이 나온 직후부터 '줄기차게' 터져 나오는지도 궁금하다. 더불어 F35 전투기 몇 대를 구입하고 동맹이란 이유로 기술 이전을 요구하는 한국 정부의 '당찬 용기'에 감탄하지 않을 수 없다. 그 같은 요청을 실무진이 아닌 미국 국방장관에게 곧바로 들이대는 한국 국방부장관의 '애국적 충정'은 한층 더 놀라울 뿐이다.

첫 단추가 잘못 맞춰지면서 옷 전체가 비틀려 가는 것이 기술 이전을 둘러싼 한미 관계의 현주소다. 필자는 도쿄로 날아가기 직전, 워싱턴 근처 로슬린(Rosslyn)에서 IT 관련 군납업체로 일하는 미국인을 만난 적이 있다. 1년에 한 번쯤은 한국 내 미군기지에도 들리는 아시아통이다. 대화 중 한국형 전투기 기술 이전에 관한 얘기가 나왔다. '전직 군인으로 미국 국방장관이 'No'라고 말한 것을 어떻게 생각하는가?' 답은 간단했다. '군사 기술이란 것이 외국에 넘기고 싶어도 넘길 수 없다. 의회의 동의가 필요하고 관련 개별 기업과의 관계도 복잡하다. 그렇지만 최근 분위기로 보면 국제정치적 배경도 무시할 수 없다. 한국에 이전될 경우 중국으로 곧바로 넘어갈 수 있기 때문이다.' 한국 정부를 못 믿겠다는 것인지를 물어봤다. '불신이라기보다 관리 체제 자체를 확신하기 어렵다. 꼭 정부 차원이 아니라 해도 한국 기업이나 개인 차원의 동기나 실수에 의해 중국으로 넘어갈 가능성이 높다.' 일본 외교관의 '블러드, 브레인 론'에 근거한다면 미국이 한국과 함께 브레인 동맹으로 나갈 가능성이 크게 낮다는 것을 알 수 있다. 한국에 대한 미국의 신뢰도는 블러드 차원에서조차 의문시되고 있다.

일본 외교관과의 대화 말미에 한일 관계에 대한 외무성 내 분위기를 물어봤다. 답은 차이나 스쿨이 사라졌다는 얘기부터 시작됐다. '외무성 내 양대 산맥으로 차이나 스쿨과 아메리칸 스쿨이 있다. 코리안 스쿨은 미미하지만 차이나 스쿨과 아메리칸 스쿨의 연장선에서 있는 중간지대쯤으로 보면 된다. 차이나 스쿨은 다나카 가쿠에이 총리 당시 일본 외교를 주도했던 그룹으로 주로 단카이세대의 세계관에 연결돼 있다고 보면 된다. 중국에 대한 과거사 반성과 함께 국익을 위해 미국만이 아니라 중국도 적극 활용해야 한다는 논리다. 그러나 그 같은 생각은 아베 총리가 들어서면서 달라졌다. 그나마 약화되던 차이나 스쿨이 찬밥 신세로 전락한다. 중국 담당 외교팀에서부터 동남아시아 같은 아시아 대부분의 최고 담당관은 아메리칸 스쿨 외교관으로 채워진다. 조직을 다양화해야 한다는 목소리도 강하지만 중국의 무력 행사 가능성이 높아지는 과정에서 동맹국인 미국을 잘 아는 아메리칸 스쿨이 주요 보직을 차지하게 된다. 당분간 그 같은 상황은 계속될 듯하다. 따라서 미국의 생각을 염두에 둔 한일 관계가 외무성의 상식으로 자리잡고 있다. 한국이 어떻게 생각할지 모르지만 일본에서 보면 한미 관계는 결코 순탄치 않다. 박 대통령의 천안문 등장은 과연 한국 외교가 무엇을 지향하는지 궁금하게 만든다.'

일본의 엄청난 변화 가운데 필자가 주목한 것 중 하나는 '1억 총활약 담당상'이라는 새로운 타이틀의 장관직이다. 지난 10월 초 아베 총리가 총리로 재신임을 얻은 뒤 행한 개각을 통해 탄생된 신설 부서의 장(長)이다. 1955년생 5선 중의원의 가토 가츠노부(加藤勝信) 관방부장관이 기용됐다. 가츠노부 장관은 여성 활약 담당, 재챌린지

담당(再チャレンジ担当), 납치 문제 담당, 국토강인화 담당(国土強靭化担当) 같은 자리도 함께 맡았다.

장관급 자리의 양산은 아베 정권이 안정될 수 있는 요인이자 특징으로 손꼽을 수 있다. 한국 중앙 부처의 부(部)에 해당하는 성(省)에 속한 장관이 아니다. '1억 총 활약 담당상'처럼 태스크포스(TF)의 수장으로서의 장관이다. 예산은 물론 부하 직원도 제한적이지만 장관 타이틀을 주면서 아베 총리에 충성을 다하도록 만드는 정치 스타일이다. 일부에서 반발도 일지만 아베 1강 체제로 나아가는 중요한 카드로 활용된다. 일단 장관 타이틀을 갖고 있는 만큼 의전 예산과 더불어 TF를 위한 각 부처 전문가들의 도움도 받을 수 있다. 따라서 가츠노부 장관은 복수의 TF를 섭렵한 아베 파벌의 중심에 해당된다.

'1억 총 활약 담당상'이 신설됐다는 얘기를 들었을 때 필자의 머리에 떠오른 이미지는 두 단어로 압축된다. 1억 옥쇄(玉碎)와 1억 총특공(總特功)이다. 파블로프 개의 본능적 반사처럼 '1억=옥쇄, 총특공'으로 와 닿는다. 옥이 깨질 때 들리는 아름다운 소리처럼 한순간 삶을 접자는 옥쇄와 비행기든 폭탄이든 육탄으로 돌격해 적을 무찌르자는 자살 특공은 패전 직전 일본을 상징하는 광풍(狂風) 슬로건에 해당한다. 1억 모두 죽음으로서 적을 맞이하자는 탈레반 원리주의 같은 사고가 77년 전 열도를 압도했다. 당시 일본 인구는 1억이 아닌 7,000만 명 정도다. 나머지 3,000만 명은 조선, 대만, 만주 내 인구다. 아무 상관도 없는 주변국을 전쟁으로 끌어들여 자신들과 함께 죽자는 '집단 광기'가 1억 옥쇄, 1억 총특공이란 단어 속에 묻어 있다. 필자는 1억 총활약 담당이란 낯선 타이틀을 접하면서 아베 총리가 역시 우향우의 화신이란 점을 다시 한 번 피부로 느끼지 않을 수 없었다. 전쟁 전 분위기를 암시하는 신설 부서를 통해 마치 결전에 임하듯 외부는 물론 내부 적과 싸워나가자는 결의다. '1억 총 활약 담당상'이 맡을 주 임무는 크게 세 가지로 나뉜다. 첫째, 명목 GDP 490조 엔을 600조 엔으로 증대. 둘째, 적극적 육아 대책을 통한 출산율 1.4를 1.8로 향상. 셋째, 안심할 수 있는 사회보장 확산.

부서의 명칭은 대단하지만 내용은 노인 저출산 해결을 위한 선진국병을 해결하자는 것이 주된 목표라는 것을 알 수 있다. 그러나 필자가 주목하는 것은 세 개의 업무 내용에 관한 것이 아니다. 업무를 실현하기 위한 논의 과정이 핵심이다. 아베가 이미 천명했고 가츠노부 장관도 취임 즉시 강조했지만 '국민회의 개최'가 논의 과정의 핵심이다. 일본식 직접민주주의라는 슬로건과 함께 국민이 한자리에 모여 세 개 핵심 문제를 논의하는 식이다. 아직 한 번도 개최된 적이 없지만 많은 정치 분석가들은 결국 '초대형 우향우 광장'으로 자리매김하게 될 것으로 전망한다.

현재의 일본 공기를 이해한다면 최하 수백, 수천 단위가 될 국민의회의 흐름이 어떤 식으로 나아갈지 너무도 분명하다. 초기에는 현실적이고도 실용적인 내용에 주력하겠지만 시간이 흐를수록 열도 전체의 공기를 반영하는 홍위병 식 회의가 될 가능성이 높다. 혐한으로 얼룩진 일본 내 공기를 감안할 때 국민회의를 통해 험한 정서를 일본 전체의 상식으로 굳힐 가능성도 배제할 수 없다.

다양한 배경을 가진 엄청난 수의 사람이 모일 경우 목소리가 크거나 조직을 배경으로 한 사람에 의해 주도되기 쉽다. 이는 중우(衆愚)정치다. 물론 아베는 프로듀서, 가츠노부는 총감독에 해당한다. 공기로 움직이는 국민회의, 바로 전쟁 직전의 광기에 찬 일본 모습이다. '1억 옥쇄, 1억 총특공'으로 이어지던 1940년대의 어두운 그림자가 신장개업하는 식으로 21세기에 재등장하는 것이다. 국민회의 식발상과 더불어 18세 선거권으로 확정된 지난 6월의 개정법도 우향우 일본으로 나아가는 배경이 될 듯하다. 젊을 경우 극으로 달릴 가능성이 높다. 현재 일본 공기가 우향우임을 감안하면 청년 일본인의 정치 성향이 어디로 흘러갈지 짐작해낼 수 있다. 젊은 피를 기반으로 사회 전체를 하나로 결속해 집단 일본으로 만드는 환경이 하나씩 완결되고 있는 셈이다.

/ 고령자 시대에 맞춘 100엔 숍의 진화 /

필자가 주목한 일본의 변화로 100엔 숍도 인상 깊다. 100엔 숍은 잃어버린 20년을 견지해온 저가 상품의 대명사다. 가격은 100엔이지만 품질과 디자인, 견고성을 감안해보면 미국에서 팔리는 10달러짜리 물건에 비견될 정도다. 11월 방문에서 필자는 종래 알고 있는 100엔 숍과 전혀 다른 상품을 접할 기회가 있었다. 도쿄 동북쪽 미나미센쥬(南千住) 역 주변 꽃 관련 전시회에 참가했다가 근처에 있는 로손 100엔 숍을 경험했다. 로손은 편의점이다. 일반 가게에 비해 다소 비싼 곳이 편의점이지만 일본에서는 거꾸로 편의점이 100엔 숍으로 바뀌고 있다. 더불어 일용 잡화만이 아닌 먹는 음식까지 100엔 숍이 될 수 있다는 사실을 알고 깜짝 놀랐다.

과자, 음료수, 통조림 같은 음식이 100엔 숍에 있다는 점은 원래부터 알고 있었다. 새롭게 접한 것은 김치찌개, 과일, 두부, 콩나물, 파, 두유, 양배추, 소바, 생선회, 소고기 같은 것들이다. 건강을 고려한 저칼로리 고혈압과 당뇨병 예방 통조림도 있다. 어떻게 생산하고 판매망을 구축했는지 믿어지지 않을 만큼 싼 식품으로 가득 차 있다. 맛이 어떨지 모르겠지만 최소한 기본은 갖춘 100엔짜리 도시락이 존재한다는 사실 자체도 경이롭다. 한국에서 비슷한 수준의 상품을 구입할 경우 최소 세 배 아니 다섯 배는 지불해야 할 물건들이다.

미나미센쥬는 저소득 고령자들이 모여 사는 곳으로 유명하다. 길에서 만난 사람들의 평균 연령이 70세는 됨직하다. 길에 쓰러져 잠을 자는 노인도 있다. 한국에도 이미 구체화되고 있는 고령사회의 참상이 과연 어떤 것인지 미나미센쥬 주변을 걷는 것만으로도 충분하게 와 닿는다. 생활용품에 이어 100엔짜리 식품이 편의점에까지 침투한 것은 바로 그 같은 저소득 독거노인을 위한 방안이라 볼 수 있다.

실제로 미나미센쥬 로손 100엔 숍의 주된 고객은 70~80세를 넘나드는 초고령자들이다. 편의점 스태프에게 로손 100엔 숍의 현황을 물어봤다. 아직은 도쿄를 중심으로 확산되고 있지만 일본 전역으로 퍼져가는 것은 시간문제라는 답이 돌아왔다.

언제부턴지 모르겠지만 한국의 신문과 방송은 과거사와 역사라는 키워드로 밤을 새는 듯 느껴진다. 종군위안부, 한강 기적, 파독광부, 역사교과서, 친일명부 같은 어제의 역사가 중요한 이슈로 자리잡고 있다. 좌나 우에 관계없이 과거를 통한 비난이나 반목에 올인하는 상태다. 미래는커녕 오늘 얘기도 주워 담기 바쁜데 까마득한 어제의 성공담이나 상처를 캐고 또 캐낸다. 과거사와 역사를 이야기하는 과정에서 1회성 슬로건이나 아니면 말고 식의 통 큰 목소리도 사회 전반에 넘실거린다.

9개월 만에 만난 일본은 정치, 외교, 경제, 사회 각 분야에서 미래에 대응하는 업그레이드 공화국처럼 느껴진다. 일본 2.0의 업그레이드 키워드는 미래다. 더 이상 과거는 없다. 논의하고 준비하며 실행하는 나라로서 방향은 '미래'다. 50여 년 인생을 되돌아볼 때 필자가 몸과 마음으로 확인해온 믿음이 하나 있다. '하늘은 스스로 노력하는 자를 돕는다.' 한국은 과연 스스로 노력하면서 미래를 준비하고 있는가? 하루 종일 과거에 매달리는 과정에서 어쩌면 미래라는 말 자체를 잊어버린 것은 아닐까?

일본직설 2

초판 인쇄 2017년 2월 20일 **초판 발행** 2017년 2월 28일

지은이 유민호
디자인 신중호
펴낸이 천정한 **펴낸곳** 도서출판 정한책방 **출판등록** 2014년 11월 6일 제2015-000105호
주소 서울 마포구 모래내로7길 38 서원빌딩 301-5호
전화 070-7724-4005 **팩스** 02-6971-8784
블로그 http://blog.naver.com/junghanbooks **이메일** junghanbooks@naver.com

ISBN 979-11-87685-07-4 (03300)

이 도서의 국립중앙도서관 출판예정도서목록(CIP)은
서지정보유통지원시스템 홈페이지(http://seoji.nl.go.kr)와
국가자료공동목록시스템(http://www.nl.go.kr/kolisnet)에서 이용할 수 있습니다.
(CIP제어번호: CIP2017003590)